विचार का अनंत

[निबंध]

विचार का अनंत

पुरुषोत्तम अग्रवाल

राजकमल प्रकाशन

ISBN : 978-81-267-0009-7

मूल्य : ₹495

पहला संस्करण : 2000
तीसरा संस्करण : 2020

प्रकाशक : राजकमल प्रकाशन प्रा.लि.
1-बी, नेताजी सुभाष मार्ग, दरियागंज
नई दिल्ली-110 002

शाखाएँ : अशोक राजपथ, साइंस कॉलेज के सामने, पटना-800 006
पहली मंजिल, दरबारी बिल्डिंग, महात्मा गांधी मार्ग, इलाहाबाद-211 001
36 ए, शेक्सपियर सरणी, कोलकाता-700 017

वेबसाइट : www.rajkamalprakashan.com
ई-मेल : info@rajkamalprakashan.com

मुद्रक : बी.के. ऑफसेट
नवीन शाहदरा, दिल्ली-110 032

VICHAR KA ANANTA
Essays by Purushottam Agrawal

स्वर्गीय बाबूजी—फूलचंद अग्रवाल—की
स्मृति में
—'चौधरी'

उम्मीद तो है ही...!

भूमिका के रूप में कुछ ज्यादा नहीं कहना है।

यहाँ संकलित निबंध—1992 से फरवरी 2000 तक के बीच लिखे गए हैं।

इन निबंधों में मेरी चिंताएँ तो मौजूद हैं ही, उन दिशाओं के संकेत भी हैं, जिनकी ओर खोजी मन दौड़ता रहा है। भक्ति साहित्य को पढ़ने के ढंग की समस्या, उन्नीसवीं सदी की उलझनें, इक्कीसवीं सदी की संभावनाएँ, कल्पनाएँ और बीसवीं सदी में होने का उल्लास और संताप।

बहुदेववादी आस्थाओं को संवेदनशील ढंग से परखने की जरूरत, अस्मिता और व्यक्तित्व के संबंधों और द्वंद्वों पर पुनर्विचार का अहसास, सर्जनात्मकता के आत्मसंघर्ष और समाज के साथ उसके संबंध को समझने की बेचैनी, आस्था और जिज्ञासाओं के तनाव—इन सबसे लेखक के मुखामुखम का कुछ साक्ष्य सुधी पाठक इन निबंधों में पा सकेंगे—ऐसी उम्मीद है। उम्मीद तो है ही !

बाकी तो आप हैं और पुस्तक में संकलित ये निबंध—इस आस्था के साथ कि सबकुछ का अंत भले ही हो गया हो, इक्कीसवीं सदी में प्रवेश करते समय हम विचार के मानवीय उपक्रम की सार्थकता और संवाद में तो विश्वास रख ही सकते हैं।

यहाँ संकलित निबंधों में से एक—'जाति जुलाहा मति का धीर'—जून 1999 में हाइडलबर्ग में आयोजित 'कबीर सेमिनार' में पढ़े गए अंग्रेजी आलेख का हिंदी पुनर्लेखन है। इस पुनर्लेखन के लिए आलेख के हिन्दी रूपांतर का पहला मसौदा रुचिता सहाय ने तैयार किया। उसका आभार। '1857 और हिंदी नवजागरण' शीर्षक निबंध 'देशकाल' और 'ईस्ट एंड वेस्ट एजुकेशनल सोसाइटी' द्वारा दिसंबर 1997 में पटना में आयोजित संगोष्ठी में पढ़ा गया था। ये दोनों निबंध अब तक अप्रकाशित हैं। 'इक्कीसवीं सदी की दहलीज पर...' इसी पुस्तक के लिए लिखा गया है।

पाठक लक्ष्य करेंगे कि यहाँ संकलित निबंधों में से पाँच निबंध भक्ति संवेदना और कबीर की कविता की कुछ पड़ताल करते हैं। कबीर की कविता मेरे साथ पिछले तेईस बरस से है, अब उसका आशय मन में

कुछ-कुछ गूँजने लगा है। ये निबंध उसी गूँज को शब्दबद्ध करते हैं, कबीर संबंधी पुस्तक की रूपरेखा का भी साथ-साथ संकेत करते हुए। 'बालम आव हमारे गेह रे...' मेरा नवीनतम निबंध है—जनवरी-फरवरी 2000 में लिखित। इसी पुस्तक के लिए लिखा गया है यह निबंध, इस उम्मीद के साथ कि कबीर के प्रेम से सीधा संवाद 'विचार के अनंत' को अधिक आत्मीय और वास्तविक बनाएगा।

बाकी निबंध 'हंस', 'समास', 'कथादेश', 'पूर्वग्रह', 'बहुवचन', 'कला-प्रयोजन', 'समकालीन भारतीय साहित्य' और 'हस्तक्षेप' (राष्ट्रीय सहारा) में प्रकाशित हुए हैं। सभी संपादकों का आभार। पांडुलिपि तैयार करने में युवा मित्र प्रेम तिवारी और चंदन ने बड़ी सहायता की। उनका आभार।

अंत में उन दोनों लोगों का आभार जिनके द्वारा लगातार धकियाए बगैर 'विचार का अनंत' अनंतकाल तक प्रकाशित न हो पाता—सुमन केशरी और अशोक महेश्वरी। सो जाहिर है कि यदि पुस्तक आपको श्रेय देने लायक लगे तो मुझे दें और कुश्रेय देने लायक लगे तो श्रीमती सुमन केशरी और राजकमल के श्री अशोक महेश्वरी को।

अब आप जानें और किताब जाने !

वसंत पंचमी, 2000 —**पुरुषोत्तम अग्रवाल**
ज. ने. वि.
नई दिल्ली

अनुक्रम

इक्कीसवीं सदी की दहलीज पर

1

विचार का अनंत

बीसवीं सदी के इस अंत समय में जब कई विचारक यह कहते हैं कि भारत सरीखे उत्तर औपनिवेशिक समाज के बुद्धिजीवी की नियति ही है कि वह यूरोप के वैचारिक उपक्रमों, विमर्शों का या तो अनुकरण करे या उनके प्रति प्रतिक्रिया करे तो जाहिर है कि बड़ी कोफ्त होती है। इस मान्यता में उत्तर औपनिवेशिक समाजों के बुद्धिजीवियों की ऐतिहासिक स्थिति और उनकी बौद्धिक तेजस्विता दोनों पर टिप्पणी शामिल है। हम सारे संसार की स्थिति पर तो क्या, स्वयं अपनी स्थिति पर अपना एजेंडा स्वयं तय नहीं कर सकते—यह सुनकर किस एशियाई, अफ्रीकी या लैटिन अमेरिकी को कोफ्त नहीं होगी ? लेकिन यदि उपरोक्त टिप्पणी सच ही हो तो ?

हम अपने देश तक ही सीमित रखें अपनी बात को। 1909 में गाँधीजी ने एक छोटी सी पुस्तिका लिखी 'हिंद स्वराज'। स्वयं गाँधीजी के शब्दों में, "आधुनिक सभ्यता की सख्त टीका।" इतनी सख्त, अनगढ़ और मूलगामी है यह टीका कि गोखले ने 1912 में भविष्यवाणी की, 'गाँधी स्वयं इस पुस्तक को जल्दी ही नकार देंगे।' ऐसा हुआ नहीं। आधुनिक सभ्यता, उसके सहज उपादानों और मूलभूत वैचारिक प्रस्थानों का ऐसा दो टूक नकार 'हिंद स्वराज' में है कि इसे गाँधीजी के सहयोगी भी उनकी विचित्र सनकों का पुलिंदा ही मानते थे। रेल, तार, हस्पताल, अदालत, संसदीय लोकतंत्र—इन सभी सांस्कृतिक उपलब्धियों को 'हिंद स्वराज' का लेखक संदेह की दृष्टि से देखता है, इन्हें ज्यादा-से-ज्यादा छूट दें तो 'आवश्यक बुराई' मानता है, और उसकी कल्पना के आदर्श स्वराज में इन सांस्कृतिक उपलब्धियों की कोई जरूरत नहीं पड़ने वाली। जाहिर है कि ऐसे दृष्टिकोण को आज हम भी सनकों का पुलिंदा ही मानेंगे। लेकिन क्यों ?

इस प्रश्न को फिलहाल यहीं छोड़ थोड़ा और पीछे चलें। बंगाल नवजागरण के अंग्रेजीदाँ बुद्धिजीवी हों या अंग्रेजी शिक्षा से मुक्त संस्कृत के प्रकांड पंडित दयानन्द सरस्वती—उन्नीसवीं सदी के बौद्धिक यह सिद्ध करने के लिए आकाश पाताल एक कर देते हैं कि हिंदू धर्म भी तत्त्वतः एकेश्वरवादी है—बहुदेववाद तो परवर्ती विकृति है। महाभारत और रामायण विक्टोरियाई नैतिकता के प्रतिमानों पर पढ़े जाते हैं, और इस पाठ से उत्पन्न होने वाले नैतिक-सांस्कृतिक 'एंबेरेसमेंट' से पिंड छुड़ाने की जो सांस्कृतिक

रणनीति उभरती है, उसे बंकिमचंद्र इस तरह व्यक्त करते हैं कि "भागवत के कृष्ण पौराणिक हैं, महाभारत के ऐतिहासिक। महाभारत के कृष्ण पूज्य हैं, भागवत के त्याज्य। भागवत में तो कृष्ण को स्त्रैण और व्यभिचारी बना दिया गया है। ऐसे कृष्ण हमें विदेशियों के सामने लज्जित करते हैं।"

लगभग यही राय दयानंद सरस्वती की है। रेखांकन इस बात पर करें कि एक कृष्ण के त्याज्य होने और दूसरे के पूज्य होने का प्रतिमान अपनी परंपरा से अर्जित विवेक नहीं, बल्कि अंग्रेजों की विक्टोरियाई नैतिकता है, जिनके सामने 'भागवत के कृष्ण हमें लज्जित करते हैं।' ठीक उस तरह जैसे कि इस वक्त से पहले की वैदिक पाठ-परंपरा के लिए वेदों को एकेश्वरवादी सिद्ध करना कोई मुद्दा ही नहीं था, जबकि इस दौर में वह जाति के सांस्कृतिक जीवन-मरण का प्रश्न बन जाता है। निर्गुण भक्तों का सर्वात्मवाद और अवतार विरोध अपने सामयिक अनुभवों से उत्पन्न चेतना को व्यवस्थित करने का रूपक था, 'दुनिया के सामने' खुद को भी एकेश्वरवादी (और इसीलिए सभ्य) सिद्ध करने का प्रयत्न नहीं। निर्गुण भक्तों की सहज संवेदना और औपनिवेशिक बुद्धिजीवी की परिस्थितिजन्य हीनताग्रंथि, बल्कि कहिए सांस्कृतिक ट्रैजेडी का यह अंतर ध्यान में रखना चाहिए।

क्या यह सांस्कृतिक ट्रैजेडी उपनिवेशवाद के साथ समाप्त हो गई ? ऐसा लगता तो नहीं। आखिर आज भी स्थिति यही तो है कि भर्तृहरि के स्फोटवाद और धर्मकीर्ति, दिङ्नाग के शब्दार्थ चिंतन की विचारोत्तेजकता और समकालीन साहित्य विमर्श के लिए उसकी प्रासंगिकता हम बजरिए लाकाँ, ल्योतार ही 'डिस्कवर' कर पाए। दूसरी ओर उपन्यास को जातीय रूपक की तरह पढ़ने का प्रस्ताव किया गया और इस प्रस्ताव का प्रतिवाद यह कि भारत जब एक राष्ट्र ही नहीं था, उन्नीसवीं सदी में; तो यहाँ का उपन्यास 'नेशनल एलेगरी' भला कैसे हो सकता है ? और क्या सचमुच नॉवल को उपन्यास की बजाय 'कादंबरी' कहने से स्थिति में कोई महत्त्वपूर्ण फर्क पड़ जाता ?

ऐसी स्थिति में, उत्तर औपनिवेशिक बुद्धिजीवी के अनुगमन या प्रतिक्रिया मात्र के लिए अभिशप्त होने की मान्यता को निराधार कहना तो मुश्किल ही है। तो क्यों न इसे एक सहज, स्वाभाविक स्थिति मान लिया जाए ? क्यों न इस स्थिति को 'स्वाभाविक' बल्कि 'वरेण्य' माना जाए कि इस वक्त अपने देश में, खासकर परिवर्तनगामी हलकों में, पर्यावरण और 'जेंडर' दोनों का विमर्श बहुतायत से उपलब्ध है। पर्यावरण का मामला तो यहाँ तक पहुँच गया है कि फ्रैंक व्हेलिंग की सलाह का अनुकरण करते हुए बहुत से लोग राम को पर्यावरण प्रेम के आद्यबिंब के रूप में 'डिस्कवर' कर रहे हैं। काश कि, 'जाति' से मिलती-जुलती कोई समस्या यूरोपीय मानस को भी मथ रही होती, और हमें 'अनुगमन और प्रतिक्रिया' के बीच चुनाव करने का एक और क्षेत्र हासिल हो जाता !

विचारों के इतिहासकार अब मान रहे हैं कि सारी समस्याओं के बावजूद उन्नीसवीं सदी के ठीक पहले का भारत 'ज्ञान की संस्कृति' के क्षेत्र में किसी अंधकार युग से

नहीं गुजर रहा था। सामाजिक समीक्षा के लिहाज से भी, नवजागरण से ठीक पहले के भारत की तथाकथित जड़ता ऐतिहासिक तथ्य कम, प्राच्यवादी 'कंस्ट्रक्ट' अधिक है। उपनिवेश निर्माताओं के नैतिक आत्मसंतोष के लिए ऐसे 'कंस्ट्रक्ट' जरूरी थे। आखिरकार मूर्तिपूजा के बर्बर चलन से पवित्र, ईसाई और आधुनिक घृणा किए बगैर रॉबिन्सन क्रूसो अपनी दूसरी यात्रा के दौरान बर्बरों की 'घृणित' मूर्तियाँ भला कैसे तोड़ सकता था ? भला कैसे वह ऐसे 'सेवेजज' को 'हंट' कर सकता था ? यह भी ठीक है कि औपनिवेशिक बुद्धिजीवी की वैचारिक ट्रैजेडी उसकी ऐतिहासिक स्थिति की परिणति थी। लेकिन क्या मनुष्य मूलतः इसी से परिभाषित नहीं होता कि वह ऐतिहासिक स्थिति से टकराए, उससे परे जाए ? जो गुजर गए, उनसे तो भला क्या शिकायत, लेकिन जो हैं क्या उनसे भी उम्मीद नहीं की जा सकती कि 'अनुगमन और प्रतिक्रिया' की उत्तर औपनिवेशिक नियति से टकराएँ ?

सवाल यही है कि टकराएँ तो क्यों ? क्या मानवमूल्य सार्वभौम नहीं होते ? क्या सही विचार सभी समाजों, सभी समयों के लिए सही नहीं होते ? क्या प्राकृतिक विज्ञानों की ही तरह सामाजिक विज्ञानों की भी पद्धतियाँ 'यूनिवर्सल' नहीं होतीं ? अनुभव तो यही बताता है कि 'सार्वभौम मूल्यों' में व्यक्त होने वाली मानवीय आकांक्षाएँ तो सार्वभौम होती हैं, लेकिन ऐसी आकांक्षाओं के मार्ग में बाधाएँ हर समाज की अपनी विशिष्ट होती हैं। इन विशिष्टताओं के गहन और तुलनात्मक अध्ययन के आधार पर विमर्श के व्यापक संदर्भ विकसित किए जाते हैं। विशिष्ट से सार्वभौम तक की यह यात्रा तार्किक विमर्श की पद्धति विकसित करने की पहली शर्त है। लेकिन विशिष्ट के चुनाव में ही यदि खोट हो ? या फिर सार्वभौम विमर्श के लिए इस्तेमाल किए गए विशिष्ट के तत्त्व किसी पूर्वग्रह के कारण या सीमित जानकारी के कारण भ्रामक ढंग से अपनाए गए हों, तो ?

अमूर्त से लगने वाले उपरोक्त सवालों की सामाजिक परिणतियाँ गौरतलब हैं। मार्क्सवाद ही नहीं, भारतीय समाजशास्त्र की मुख्यधारा भी 'जाति' को सार्वभौम विमर्श की इकाई 'वर्ग' का भारतीय रूप मात्र मानती रही है। स्वाभाविक रूप से 'जाति' की समस्या को संस्कृति की, सुपरस्ट्रक्चर की, सामाजिक मान्यताओं की समस्या माना जाता है। अधिरचना के धरातल पर वर्गचेतना का विकास और आधार के धरातल पर तीव्र औद्योगीकरण—इन दोनों के संयुक्त प्रभाव से जाति और जातिवाद का ऐतिहासिक सफाया हो जाना चाहिए—यह सैद्धांतिक पोजीशन है। जातिगत आरक्षण को 'सामाजिक न्याय' की दिशा में पहला कदम मानने वाली राजनीति का सक्रिय समर्थन किया जाए—यह व्यावहारिक राजनीति है। सैद्धांतिक विमर्श की मूल स्थापना ही व्यावहारिक राजनीति से कट रही है—क्या यह विसंगति इस लायक नहीं कि इस पर कुछ गहरा विचार किया जाए ?

विशिष्ट से सार्वभौम तक की जैसी प्रक्रिया से वर्ग केंद्रित इतिहास दृष्टि का विकास हुआ—उसकी अपनी ऐतिहासिक सीमाओं को स्वीकारने और उनसे बौद्धिक मुठभेड़ करने से मार्क्स की हेठी नहीं होती। भारतीय इतिहास के बारे में मार्क्स के मुख्य

स्रोत—एक तरफ हीगेल, दूसरी तरफ यूरोपीय यात्री और प्रशासक—भला अपने वक्त की सीमाओं से कैसे मुक्त हो सकते थे ? मार्क्स की अंतर्दृष्टि का प्रमाण यह है कि 'वर्ग' को 'यूनिवर्सल कैटेगरी' मानते हुए भी प्राक् पूँजीवादी रूपाकारों की विशेषताओं पर ध्यान देने की जरूरत उन्होंने रेखांकित की। लेकिन भारतीय मार्क्सवाद ने इस रेखांकन का क्या किया ?

एक चमत्कार तो यह किया गया कि सामंती-संबंधों (अर्थात् जाति व्यवस्था) को तोड़ने वाला सौदागरी-पूँजीवाद कभी सोलहवीं तो कभी बारहवीं सदी के भारत में खोज निकाला गया; दूसरा चमत्कार यह किया गया कि जाति व्यवस्था को थोड़े बहुत फर्क के साथ यूरोपीय सामंतवाद का ही भारतीय रूप सिद्ध कर दिया गया। व्यावहारिक परिणति वही कि जाति व्यवस्था के अपने विशिष्ट स्वरूप का सैद्धांतिक विमर्श विकसित करने की जरूरत ही नहीं। उल्टे जाति के विशिष्ट स्वरूप पर बल देने के 'लोहियावादी' प्रयत्नों को विचार और राजनीति में प्रतिक्रियावाद का अचूक प्रमाण अवश्य मान लिया गया। जाति व्यवस्था और औद्योगीकरण, राष्ट्रराज्य का गठन और सामाजिक अस्मिताओं की बेचैनी—इन सबके आंतरिक और पारस्परिक संबंधों की गतिशीलता का विस्फोट जब हुआ, तब सिद्धांत और व्यवहार में फाँक स्पष्ट होनी ही थी। औपनिवेशिक नियति की मार यह कि जेंडर, नेशनलिटी, एथनिसिटी—सबका वामपंथी विमर्श सुलभ है—जाति का नहीं। जो गैरवामपंथी विमर्श जाति के सवाल पर सहानुभूति बल्कि महिमामंडन तक का रवैया अख्तियार करता है—उसके भी बौद्धिक प्रेरणा स्रोत यूरोपीय ही हैं। लगभग उसी तरह जैसे 'भारत भारती' के कवि के लिए प्राचीन भारत की महान् उपलब्धियों के प्रमाण अंततः मैक्समूलर ही थे।

नहीं, बात सिर्फ राष्ट्रीय स्वाभिमान की नहीं है, और इसलिए स्थिति का उपचार यह नहीं हो सकता कि आपको ऋग्वेद में सिर्फ प्रकृति के साथ मनुष्य का संघर्ष नजर आए। आप ऋग्वेद को इतिहास निरपेक्ष रूपक की तरह पढ़ जाएँ (जैसा रामविलास शर्मा करते हैं), या फिर आपको भारतीय संस्कृति में सिर्फ मोक्ष की तलाश नजर आए, आप भारतीय संस्कृति में 'पावर' की अवधारणा के अस्तित्व तक से इनकार कर दें (जैसा निर्मल वर्मा करते हैं)। सबसे दुखदायी विडंबना शायद यही है कि उत्तर औपनिवेशिक नियति से निकलने के ऐसे प्रयत्नाभास वस्तुतः इतिहास, समाज और मनुष्य के बारे में ऐसी 'यूनिवर्सल' मान्यताओं के ही सपाट आत्मसातीकरण की सूचना देते हैं, जिन मान्यताओं का 'यूनिवर्सल' होना ही सर्वाधिक संदिग्ध है।

यह दुखदायी विडंबना सर्जनात्मक साहित्य में और भी अधिक स्पष्ट है। साहित्य रूपों से लेकर प्रवृत्तियों और फैशन तक के मामले में हम अंतर्राष्ट्रीय (जिसका वास्तविक अर्थ है यूरोपीय) स्रोतों पर कुछ अधिक ही निर्भर करते हैं। इस तथ्य का मनोरंजक समकालीन उदाहरण 'पोस्ट-मॉडर्न' का संकीर्तन है। उत्तर-आधुनिकता के समर्थक 'डिसेंटरिंग' की कला 'सेंटर' से ही सीखते हैं और उसके विरोधी यूरोपीय ज्ञानोदय की सार्वभौम मनुष्य-परकता का गुणगान करते हैं—यह भूलते हुए कि विश्व व्यवस्था के रूप में

उपनिवेशवाद का जन्म ज्ञानोदय से संपन्न यूरोप में ही हुआ था। मनुष्य-प्रेम सार्वभौम तो था, लेकिन मनुष्य का गौरव उसी को हासिल था जो 'निर्विवाद' (!) ईसाई मूल्यों से संपन्न हो। क्रूसेड से लेकर औद्योगिक क्रांति के जमाने तक, बल्कि आज तक यह पदबंध—'ईसाई मूल्य' अन्य धार्मिक सांस्कृतिक परंपराओं को जाँचने के मनमाने प्रतिमान का काम करने के साथ-साथ युवा और वृद्ध दोनों तरह के पूँजीवाद के नैतिक औचित्य निरूपण का काम भी बेहिचक करता आया है। पदबंध में 'ईसाई' की जगह हिंदू, मुस्लिम या भारतीय शब्द को स्थापित कर देने का लालच स्वाभाविक है, लेकिन असली समस्या तो कुछ और है—सांस्कृतिक निजत्व और बौद्धिक तेजस्विता अर्जित करने की समस्या। इसके समाधान इतने आसान नहीं। ईसाई या आधुनिक मानवतावाद का विकल्प तो इस्लामी समाजवाद या हिन्दुत्व केंद्रिक सभ्यता अवश्य हो सकती है, लेकिन ऐसी चीजें सोच की उस पद्धति का विकल्प नहीं हो सकतीं जो मानवीय बहुवचन को, मानवीय सांस्कृतिक अनुभव की विविधता को सारी मुसीबत की जड़ मानते हुए दुनिया-भर के मसले हल करने के वास्ते कोई एक तरीका खोज लेना चाहती है। खोज भी अगर सचमुच दुनिया-भर की बौद्धिक ऊर्जा के सहयोग से हो, तो बहुत सार्थक होगी—यहाँ तो फार्मूले पहले से तैयार हैं। जरूरत उन्हें दुनिया-भर के समाजों पर सपाटे से लागू कर देने-भर की है। इन फार्मूलों का स्रोत वही है, जिसके पास सबको परिभाषित करने की सामर्थ्य हो ! नतीजा यह कि योग और एक्यूपंक्चर तब तक अंधविश्वास हैं, जब तक उन्हें यूरोप 'डिस्कवर' न कर ले, उसके बाद तो वे विश्व स्वास्थ्य संगठन से मान्यता प्राप्त वैकल्पिक चिकित्साशास्त्र हैं।

उत्तर औपनिवेशिक बौद्धिक की विडंबना कोई स्वायत्त वस्तु नहीं है। वह अर्थतंत्र, राजसत्ता, सांस्कृतिक शक्तितंत्र—इन सबसे गुँथी हुई समस्या है। जिस खगोलीकरण से हम इन दिनों आर्थिक क्षेत्र में आतंकित हैं, वह खगोलीकरण (वैसी ही परनिर्भरता और स्वत्वहीनता के साथ) वैचारिक क्षेत्र में तो बरसों पहले हो चुका है। आर्थिक खगोलीकरण एशिया, अफ्रीका, लैटिन अमेरिका के आर्थिक स्रोतों का जैसा दोहन इस समय आर्थिक-राजनीतिक नेतृत्व की सहमति से कर रहा है, वैचारिक सरोकारों और स्रोतों का वैसा ही दोहन बौद्धिक नेतृत्व की चाही-अनचाही स्वीकृति के साथ पहले ही हो चुका है। आर्थिक खगोलीकरण में निहित औपनिवेशिक संबंध वैचारिक खगोलीकरण में निहित औपनिवेशिक संबंध (और इस संबंध के शिकारों द्वारा इसकी सोल्लास स्वीकृति) की ऐतिहासिक परिणति ही तो है।

'हिंद स्वराज' में व्यक्त 'सनकों' का अर्थ उपरोक्त खगोलीकरण की डरावनी विडंबना के संदर्भ में खुलता है। सभ्यता के सवालों का जो निदान और उपचार गाँधीजी प्रस्तावित करते हैं, उससे सहमत हुए बिना भी इतना तो अब समझा ही जा सकता है कि उनका प्रयत्न सभ्यता के वैकल्पिक प्रतिमान प्रस्तुत करने का था। अपने जीवन के अंतिम दिनों में गाँधीजी कहा करते थे कि "भारतीय बुद्धिजीवी की पत्थरदिली मेरे लिए सबसे भयावह दुःस्वप्न है।" 'हिंद स्वराज' के विचित्र तर्क साधारण भारतीय के

नजरिए से इसी दुःस्वप्न का उपचार करने का प्रयत्न करते हैं। 'हिंद स्वराज' का शब्दशः अनुगमन करने की माँग से ज्यादा जरूरी है उसका ऐतिहासिक अर्थ और सांस्कृतिक मर्म समझना। उसकी व्यावहारिकता पर बहस करने से ज्यादा सार्थक है—अपने समाज की स्थिति के प्रति संवेदनशील, उसकी विशिष्टताओं के प्रति सजग बौद्धिक विमर्श विकसित करना।

जब दो पक्ष पहले से सुलभ हों, तो किसी भी नए प्रस्ताव को उनमें से एक के साथ नत्थी कर देना आसान होता है। अधिक संभावना यही है कि इस निबंध को परंपरा का महिमामंडन करने वाले, 'विदेशी' को अछूत मानने वाले संकीर्ण स्वदेशीवाद और उसकी प्रतिक्रियावादी राजनीति के साथ नत्थी करके पढ़ा जाएगा। इसीलिए पूर्वपक्ष के यत्किंचित खंडन के बाद अब सिद्धांत पक्ष की प्रस्तुति आवश्यक है।

सबसे पहली बात तो यही है कि उत्तर-आधुनिकता को रामबाण मानकर विविध प्रसंगों में 'अंत' की घोषणा करने से या फिर समूची उत्तर-आधुनिकता को 'मनुष्य विरोधी' घोषित करने की निचाट मूर्खता करने से बेहतर है कि उन महत्त्वपूर्ण सवालों पर ठीक से विचार किया जाए, जो उत्तर-आधुनिकता विषयक बहस की बदौलत बौद्धिक एजेंडा पर प्रबल रूप से आ गए हैं। बुनियादी तौर पर ये सवाल शक्तिविमर्श और विभिन्न समाजों में उसके विशिष्ट स्वरूपों के सवाल हैं। सार्वभौम मानवीय आकांक्षाओं की उपलब्धि के मार्ग में देशकाल रंजित विशिष्ट बाधाओं के सवाल। 'सत्य' के किसी एक पाठ के निर्भ्रान्त, अंतिम और एकमात्र होने की मान्यता के नकार से उपजे किसी निरपेक्ष सत्य की संभावना या असंभावना के सवाल। और इसी से उत्पन्न—किसी कर्म की नैतिक वैधता के प्रतिमान का सवाल। ये सवाल अभूतपूर्व नहीं हैं। अभूतपूर्व है बेचैनी और किंकर्तव्यविमूढ़ता का वह बोध; सत्ता के संबंधों और स्वरूप में परिवर्तन की संभावना या असंभावना में से नैतिक चुनाव की जरूरत, उसकी तीक्ष्णता का वह बोध—जो बीसवीं सदी के अंत समय में इन सवालों से जुड़ गया है। एक वैचारिक उपक्रम के रूप में उत्तर-आधुनिकता ऐन इसी वजह से महत्त्वपूर्ण है कि वह नैतिक तीक्ष्णता और बेचैनी के इस बोध को व्यंजित करती है।

उत्तर-आधुनिक दुनिया ऐतिहासिक अनुभव है। उत्तर-आधुनिकता के नाम से उपलब्ध वैचारिक उपक्रम इस अनुभव की व्याख्याओं का एक पुंज है। जरूरी नहीं कि यही एकमात्र व्याख्या हो। ऐसी व्याख्याएँ भी कम-से-कम सिद्धांततः तो संभव हैं ही जो सिर्फ व्याख्या करने की नहीं, दुनिया को बदलने की प्रतिज्ञा के साथ शुरू हों। हाँ, यह जरूर है कि बदलने के जोश में हम यह समझना न भूल जाएँ कि दुनिया आज कहाँ तक पहुँच चुकी है। यह पूछना न भूल जाएँ कि यूरोपीय ज्ञानोदय, तज्जनित आधुनिकता और उसके प्रस्थानों की, उसके आख्यानों की प्रासंगिकता कितनी बाकी बची है।

इस प्रासंगिकता का आकलन कैसे हो ? हम दो परस्पर संबद्ध बातों का निहितार्थ समझें। एक तो यह कि औपनिवेशीकरण के पहले एशिया, अफ्रीका, लैटिन अमेरिका में स्पंदनशील ज्ञान प्रणालियाँ और विचार की परंपराएँ मौजूद थीं। दूसरी यह कि

औपनिवेशीकरण के कारण विभिन्न समाजों के निकट अतीत और वर्तमान के बीच गहरा विच्छेद उत्पन्न हो गया। औपनिवेशिक बुद्धिजीवी को, औपनिवेशिक सत्ता को न केवल अपरिहार्य बल्कि भगवान् की कृपा मानने के लिए प्रशिक्षित किया गया। अपने समाज की परंपराओं के साथ उसका संबंध न केवल असहज, बल्कि हीनताग्रंथि से ग्रस्त हो गया। निकट अतीत को शर्मनाक और अंधकारमय मानते हुए सुदूर अतीत में 'स्वर्णयुग' की खोज, आधुनिक संस्थाओं और विचार पद्धतियों के मूलरूप वेद या कुरआन में खोज निकालने का दावा इस हीनताग्रंथि का सबसे त्रासद रूप था। एक ईश्वर की तरह एक ही परंपरा (जिसकी हर समस्या, हर द्वंद्व, जिसमें निहित शक्तिविमर्श से आँखें मूँद लेना ही जिसके प्रति वफादारी का सबूत है) या आग्रह, रूढ़ि और परंपरा के बीच विभेद करने की अनिच्छा—ये भी इसी हीनताग्रंथि के रूप थे, जिनसे हमारा बौद्धिक विमर्श आज तक मुक्त नहीं है। इस स्थिति से टकराने के क्रम में ही ज्ञानोदयजनित आधुनिकता के प्रस्थानों, प्रतिमानों की हमारे लिए प्रासंगिकता का मूल्यांकन किया जा सकता है।

यह भी अनुभवपुष्ट सचाई है कि आधुनिकता के विचार संदर्भों—चाहे वे व्यक्तिपरक हों, चाहे वर्गपरक—का उपयोग विभिन्न समाजों में वास्तविक शक्ति-विमर्श पर परदा डालने, उसके संदर्भ में नैतिक 'पोजीशन' लेने से बचने के लिए किया गया है। इतिहास की गति अनिवार्यतः राष्ट्र-राज्य या वर्गहीन समाज की ओर है—ऐसे आख्यानों के आधार पर जाति, संस्कृति और लिंग से जुड़े उत्पीड़न के इतिहास को नकारने, विदेशी और देशी उपनिवेशीकरण को इतिहास यात्रा के स्वाभाविक पड़ाव बताने के लिए किया गया है। प्राक् औद्योगिक, प्राक् औपनिवेशिक भाव प्रणालियों और विचार संस्कृतियों के प्रति तनिक सी भी सजगता ऐसे आख्यानों की नैतिक वैधता को ही नहीं, उनकी ऐतिहासिक तथ्यात्मकता को भी संदिग्ध बना देती है; और परंपरा के शक्तिविमर्श, सांस्कृतिक कल्पना के बहुवचन तथा 'पावर' के समाजसापेक्ष विशिष्ट रूपों के सवाल महत्त्वपूर्ण हो उठते हैं।

आधुनिकता के प्रस्थान सार्वभौम हैं, यह एक अतिवाद है, तो समग्र मानवीय स्थिति पर विचार संभव ही नहीं है—ऐसा मानना दूसरा अतिवाद ! एक अति से दूसरी पर जाना पेंडुलम के लिए स्वाभाविक हो सकता है, मनुष्य की चेतना के लिए नहीं। बृहद् आख्यान अनावश्यक हो सकते हैं, लेकिन संवाद नहीं। किसी एक सांस्कृतिक परंपरा को, किसी ऐतिहासिक बिंदु विशेष पर जन्मे संस्कृतिबोध को मनमाने ढंग से बाकी सभी संस्कृतियों के लिए प्रतिमान बना देना निश्चय ही तानाशाही है। लेकिन मनुष्य के सरोकारों की व्यापकता और सार्वभौमिकता की संभावना मात्र को नकार देना गहरी नैतिक असमर्थता में स्वयं को धँसा लेना है। जरूरत इस बात की है कि मनुष्य की सार्वभौम आकांक्षाओं से अपने-अपने विशिष्ट संदर्भों की बाधाओं के प्रसंग में विकसित होते बौद्धिक उपक्रमों और विमर्शों के बीच संवाद हो। ऐसा संवाद मानवीय स्थिति की समग्रता का जो बोध उत्पन्न करेगा वह वैचारिक धरातल पर बहुवचनात्मक और व्यावहारिक धरातल पर जनतांत्रिक होगा।

निर्विवाद माने गए आख्यानों, प्रस्थानों में से अधिकांश का अंत संभव है, हो गया हो, लेकिन व्यक्तियों और संस्कृतियों के बीच आत्मविश्वाससंपन्न, तेजस्वी संवाद की संभावनाओं का अंत कम-से-कम तब तक तो नहीं हो सकता जब तक कि मनुष्य के पास भाषा मौजूद है। विचार अब तक यदि आख्यानों के आरोपण का माध्यम था, तो अब संभावना है कि वह संवाद का सेतु बने। किसी प्रदत्त आख्यान के लिए नहीं, साझेदारी पर आधारित बोध के लिए विचार की संभावनाएँ बाकी हैं—बावजूद आख्यानों के अंत के ! या शायद इस 'अंत' के ही कारण...

[1999]

2

1857 और हिंदी नवजागरण

1857 के स्वाधीनता संग्राम और हिंदी नवजागरण के बीच क्या संबंध था ? क्या सचमुच भारतेंदु युग 1857 के साम्राज्य-विरोधी जागरण से जुड़ा हुआ है ? क्या सचमुच हिंदी नवजागरण 1857 में व्यक्त जनजागरण की ही अगली ऐतिहासिक अवस्था है ? क्या सचमुच हिंदी नवजागरण 1857 की राजनीति और उसकी संवेदना से प्रेरणा लेता है ?

या कि वास्तविकता यह है कि देशदशा पर दुखी होते हुए भी हिंदी नवजागरण उस दशा के 1857 द्वारा सुझाए गए निदान उपचार को अस्वीकार करता है ? क्या यह सच है कि नवजागरण की प्रतिनिधि आवाजें 1857 से प्रेरणा लेने की बजाय उससे दूर खिसकने की कोशिशें करती हैं ? साहित्यिक नवजागरण 1857 की राजनीतिक सांस्कृतिक संभावनाओं के फलीभूत होने को सूचित करता है या 1857 की संभावनाओं के त्रासद विघटन को ?

कहने की आवश्यकता नहीं कि ये सारे सवाल कोरे एकेडमिक विमर्श के सवाल नहीं हैं। यह तो सही है कि 'न इतिहास कल्पवृक्ष है—और न ही नवजागरण कामधेनु', लेकिन यह भी तो सच है कि नवजागरण में निहित चेतना, उस चेतना के जरिए रची आत्म और अन्य की छवियाँ, उसके द्वारा निर्धारित साहित्यिक-सांस्कृतिक प्रतिमान हमें विरासत में मिले हैं। बल्कि वे हमारे साहित्यिक-सांस्कृतिक संस्कारों के अंग हैं। इस हद तक कि हम उत्तर भारत में जातीयता के गठन और जातीय नवजागरण का पूरा विमर्श गढ़ लेते हैं—इस तथ्य की सहज उपेक्षा करते हुए कि यदि हिंदी जातीयता सचमुच है तो उसके कुछ सांस्कृतिक सरोकार, उसके कुछ आत्मसंघर्ष उर्दू की परंपरा में भी व्यक्त हुए हैं। यदि हम हिंदी शब्द का प्रयोग केवल उस परंपरा के लिए करें जो 1873 में हिंदी के 'नए चाल में ढलने' से शुरू होती है, तो और बात है, लेकिन यदि 'हिंदी' शब्द का प्रयोग उत्तर भारत की समस्त सांस्कृतिक परंपरा के अर्थ में किया जाए, यदि 'हिंदी' शब्द का प्रयोग जातीयता—नेशनलिटी—के अर्थ में किया जाए तो इस जातीयता के नवजागरण की चर्चा ग़ालिब, हाली और मास्टर रामचंद्र के बिना क्या अधूरी नहीं है ?

लेकिन चाहे 'देहली रेनेसाँ' की बात करने वाले उर्दूदाँ हों, चाहे हिंदी नवजागरण की चर्चा करने वाले हिंदी प्रेमी—दोनों अभिशप्त हैं उन्नीसवीं सदी की विरासत को एक

आँख बंद करके देखने के लिए। इरादे कितने भी नेक क्यों न हों, मुहावरे—जातीय परंपरा या गंगा-जमुनी कल्चर के—कितने ही मनोहर क्यों न हों यह सचाई अपनी जगह अटल है कि उन्नीसवीं सदी के नवजागरण के विविध रूपों में जो आत्मबोध व्यक्त होता है, वह विकराल रूप से विभाजित है। सामान्य जनता की एकता की बात करते हुए जो सांस्कृतिक आत्मबोध और साहित्यिक विमर्श विकसित होता है, वह उस जनता की परंपरा को बाँटते हुए—बल्कि इस बाँट को आत्म परिभाषा का आधार बनाते हुए। और हम अभिशप्त हैं—अपनी शैक्षणिक ट्रेनिंग, बौद्धिक परिवेश और संस्थाओं के वातावरण के चलते—कि इस विभाजन और अपवर्जन से जन्मे आत्मबोध को अपना संस्कार मान लें।

क्या यही थी 1857 की विरासत ?

आगे बढ़ने के पहले खुद को याद दिलाना जरूरी है कि उन्नीसवीं सदी के नवजागरण के विभिन्न नेताओं और प्रवृत्तियों पर सांप्रदायिकता का लेबल चस्पाँ करना जितना आसान है उतना ही फिजूल भी। सच तो यह है कि इस तरह का मूल्य निर्णय तत्कालीन सांस्कृतिक प्रक्रियाओं और उनसे उपजी चेतना की समस्याओं को समझने में उतना ही बाधक होगा जितना कि यह सरलीकृत वक्तव्य, "भारतेन्दु हरिश्चंद्र और उनके समकालीन लेखकों को 1857 से जोड़ने वाली दो मुख्य चीजें हैं—राष्ट्रीय स्वाधीनता का उद्देश्य और अंग्रेजी राज के स्वरूप की पहचान।" (डॉ. रामविलास शर्मा, 'भारतेन्दु हरिश्चंद्र और हिंदी नवजागरण की समस्याएँ'—नई दिल्ली, 1989, पृ. 13) नवजागरण कालीन बौद्धिकों ने अस्मिता को कैसे परिभाषित किया ? देशदशा और उसके निदान उपचार की व्याख्या कैसे की ? उनकी चेतना की संरचना और सामाजिक संरचना से उसके संबंध का स्वरूप क्या था ? ये सवाल इस चेतना में सांप्रदायिक तत्त्व खोजने वाली पद्धति से कहीं ज्यादा संवेदनशील और समग्रतापरक पद्धति की माँग करते हैं। हिंदी नवजागरण को भारतीय इतिहास और भूगोल के विस्तार में ठीक से स्थापित करने का प्रयत्न करते ही, इस नवजागरण के संदर्भ में सांप्रदायिकता और उसके विरोध के समकालीन विमर्श को लागू करने की सीमाएँ उजागर होने लगती हैं। इसका एक रोचक उदाहरण इतिहासकार सुधीरचंद्र के काम से मिलता है, जिन्होंने 1981 में उन्नीसवीं सदी के हिंदी साहित्य में सांप्रदायिक चेतना को रेखांकित किया, लेकिन 1992 में स्वीकार किया कि इस पद्धति से उन्नीसवीं सदी के 'अंतर्विरोधों, अस्पष्टताओं और अनसुलझे तनावों' को समझना असंभव है। (देखें 'दि ऑप्रेसिव प्रेजेंट', ऑक्सफोर्ड यूनिवर्सिटी प्रेस, दिल्ली, 1992, पृ. 156)

तो इस सावधानी के साथ हम 1857 और हिंदी नवजागरण के संबंध और हिंदी नवजागरण के अनसुलझे तनावों को समझने की कोशिश करें।

1857 के बारे में अब इतना निर्विवाद है कि सैनिकों का विद्रोह होते हुए भी यह सिर्फ सैनिक विद्रोह (म्यूटिनी) नहीं था। न केवल इसके कारण सैनिक असंतोष से कहीं अधिक व्यापक थे, बल्कि इसके सरोकारों में एक निश्चित सांस्कृतिक आत्मबोध, उस

आत्मबोध के आंतरिक तनाव और आत्मसंघर्ष और एक निश्चित राजनीति भी प्रकट होती है। विविध पत्रों, दस्तावेजों, इश्तेहारों और घोषणा पत्रों से 1857 के स्वाधीनता संग्राम के सांस्कृतिक आत्मबोध और राजनीतिक परिप्रेक्ष्य का काफी हद तक अनुमान लगाया जा सकता है। रामविलासजी का यह निष्कर्ष सही है कि "1857 के स्वाधीनता संग्राम का चरित्र असांप्रदायिक और राष्ट्रीय था और राजसत्ता की मूल समस्या सामंतों के नहीं जनता के हित में हल की गई थी।" महावीरप्रसाद द्विवेदी और हिंदी नवजागरण' राजकमल, नई दिल्ली, 1977, पृ. 910)

इतिहासकार रजतकान्त राय ने 1857 के राजनीतिक सिद्धांत को सूत्रबद्ध करने की कोशिश की है। उनके निष्कर्ष इस प्रकार हैं :

1. 1857 के स्वाधीनता संग्राम में, विविधता में एकता के मूलभूत भारतीय अनुभव को सिद्धांत का रूप देने का प्रयत्न किया गया।

2. हिंदू और मुस्लिम जनता के स्वायत्त सामाजिक-सांस्कृतिक अस्तित्व को स्वीकार करते हुए भी राजनीतिक धरातल पर उन्हें एक करने का प्रयत्न किया गया। यह सहज देशभक्ति को एक तरह से 'कनफेडरेट नेशनलिज्म' में विकसित करने का प्रयत्न था, जिसमें दो कौमें एक मुल्क के भाग्य-निर्माण में साझा कर सकती थीं। हिंदू और मुसलमान की सामाजिक-धार्मिक पहचानों को 'हिंदुस्तान के हिंदू और मुसलमान' की नई राजनीतिक कोटि में परिभाषित किया गया।

3. हिंदू-मुस्लिम के बीच मौजूद सांस्कृतिक वर्चस्व के संघर्ष और तनावों का समाधान करने का प्रयत्न किया गया। गो-वध पर पाबंदी इस समाधान की दिशा का एक प्रमाण है तो 'काफिर' शब्द का 'अंग्रेज-समर्थक' और 'गद्दार' के अर्थ में विस्तार दूसरा। (देखें मुशीरूल हसन द्वारा संपादित 'इंडियाज कॉलोनियल एनकाउंटर', मनोहर, नई दिल्ली, 1994 में रजतकान्त राय का लेख)

यह भी तथ्य है कि 1857 के स्वाधीनता संग्राम का परिप्रेक्ष्य पुरानी व्यवस्था को जस का तस पुनर्स्थापित कर देने का नहीं था। यह कल्पना की जा सकती है कि यदि 1857 का विद्रोह सफल होता तो पुरानी व्यवस्था का बाह्य रूप बना रहता लेकिन उसकी अंतर्वस्तु में बहुत कुछ बदल गया होता। संघर्ष केवल विदेशियों को मार भगाने के लिए नहीं, बल्कि साम्राज्यवादी शोषण, राजनीतिक पराधीनता और सांस्कृतिक दमन के जटिल अंतस्संबंध को समझते हुए, उस तंत्र के विरुद्ध चलाया गया था जिसके कारण यह शोषण, पराधीनता और दमन संभव हुए थे। विक्टोरिया के घोषणापत्र के जवाब में जारी किए गए बेगम हजरतमहल के घोषणापत्र और संघर्ष के आरंभ में ही जारी किए गए बहादुरशाह जफ़र के इश्तेहार का अध्ययन करने से यह बात एकदम स्पष्ट हो जाती है।

1857 की राजनीतिक-सांस्कृतिक संवेदना में दो बातें एकदम स्पष्ट थीं। एक तो यह कि देश की हर तरह की दुर्दशा का मूल स्रोत अंग्रेजी राज है, इसलिए इस संवेदना में राजभक्ति और देशभक्ति के उस तरह के सहअस्तित्व की गुंजाइश नहीं थी, जो कि

परवर्ती दौर के बौद्धिक उपक्रमों में पाया जाता है। दूसरी बात यह कि हिंदू-मुसलमान के पारंपरिक संघर्ष की सचाई की उपेक्षा किए बगैर भी 1857 के नेताओं का प्रयत्न तात्कालिक तौर पर इस संघर्ष का फायदा अंग्रेजों को न उठाने देने का और दूरगामी अर्थ में इस संघर्ष का समाधान आदान-प्रदान और समझौते के जरिए करने का था। यह संघर्ष कितना वास्तविक था और स्वयं विद्रोह के दौरान भी इसकी स्मृतियों के कारण कितनी विकट फाँक उत्पन्न हुई थी, यह शाहाबाद के राजा मानसिंह द्वारा नाना साहब को लिखे पत्र से स्पष्ट हो जाता है, "जिन्होंने हमारे मंदिर नष्ट किए, जबरन धर्मपरिवर्तन कराया, हिंदू स्त्रियों का सतीत्व हरण किया, जिनका मुँह तक देखना पाप है, ऐसे मुसलमानों के साथ मिलकर उन अंग्रेजों को मारने की बात की जा रही है जिन्होंने धर्म की पुनर्प्रतिष्ठा की, मंदिरों के पुनर्निर्माण में योगदान किया और जिनके कारण हम अपने त्यौहार फिर से मना सके।" (रजतकान्त राय द्वारा उद्धृत, पूर्वोक्त, पृ. 157)

संदेह और घृणा की यह भावना न तो सिर्फ सामंतों तक सीमित थी और न ही एकतरफा—इस तथ्य को ध्यान में रखें तो 1857 के नेताओं के स्वप्न और परिप्रेक्ष्य का महत्त्व और भी बढ़ जाता है। यह परिप्रेक्ष्य औपनिवेशिक व्यवस्था को भगवान की देन या असाध्य ऐतिहासिक विवशता मानने की बजाय पारंपरिक व्यवस्था को बदली परिस्थिति के अनुरूप ढालने का था। इसमें एक अंतर्निहित बहुलता थी, विभिन्न पारंपरिक वर्गों के अपने-अपने हितों की चेतना और वर्चस्व संघर्ष के विविध पहलुओं के प्रति संवेदनशीलता थी, भारतीय समाज के आंतरिक तनावों की वास्तविकता जितनी सच थी, उतना ही यह भी सच था कि 1857 की राजनीतिक संवेदना औपनिवेशिक सत्ता के मुकाबले इन तनावों को सुलझाने या कम-से-कम स्थगित कर देने की परिपक्वता से संपन्न थी। बुंदेलखंड के संदर्भ में 1857 के विद्रोह की राजनीति का अध्ययन करते हुए ताप्ती रॉय इसी नतीजे पर पहुँची हैं कि "आंदोलन का तर्क सिर्फ नकारात्मक नहीं था। लोगों के सामने भविष्य का रचनात्मक और सकारात्मक विजन था और वे उसके लिए संघर्षरत थे। 1857 और '58 के उन महीनों में लोग अपनी राजनीतिक आकांक्षाओं और आदर्शों के अनुरूप विकल्प गढ़ने में लगे हुए थे।" ('दि पॉलिटिक्स ऑफ ए पॉपुलर अपराइजिंग, ऑक्सफोर्ड यूनिवर्सिटी प्रेस, दिल्ली, 1994, पृ. 258)

1857 केवल सिपाहियों का नहीं, उत्तर भारत के विभिन्न पारंपरिक सामाजिक वर्गों का विद्रोह था; इन वर्गों में किसानों के अलावा पारंपरिक बौद्धिक वर्ग के प्रतिनिधि—पंडित, मौलवी, फकीर और दरबारी—अमले आदि, भी शामिल थे। साथ ही 1857 की राजनीतिक संवेदना केवल सक्रिय योद्धाओं तक भी सीमित नहीं थी। असल में, उस स्वाधीनता संग्राम के विविध धरातल थे, जिन्हें एक जटिल, संश्लिष्ट समग्रता में व्यक्त करने का प्रयास किया जा रहा था। किसानों का असंतोष, धार्मिक-सांस्कृतिक अस्मिता पर औपनिवेशिक आक्रमण से उत्पन्न बेचैनी, विभिन्न वर्गों के अपने-अपने विशिष्ट सवाल—ये सब इस समग्रता में शामिल थे। इस समग्रता की बौद्धिक बनावट भारतीय समाज के आंगिक बौद्धिकों द्वारा गढ़ी जा रही थी, और इसका मुहावरा सामाजिक-सांस्कृतिक

आंदोलनों की देसी परंपरा के आधार पर विकसित हो रहा था।

यहाँ थोड़ा सा विषयांतर करते हुए हम अठारहवीं-उन्नीसवीं सदी के रीतिकालीन हिंदी साहित्य की तुलना एक तरफ तत्कालीन सामाजिक आंदोलनों और दूसरी तरफ उर्दू साहित्य के रुझानों से करें तो यह बात और स्पष्ट हो जाएगी कि 1857 की राजनीतिक संवेदना का लोक-जीवन और शिष्ट साहित्य दोनों की बौद्धिक सर्जनात्मकता से क्या संबंध था ! और यह सवाल एक नया, दुःखदायी स्वर भी अर्जित कर लेगा कि 1857 को केंद्र में रखने वाली इतिहास-दृष्टि हिंदी जाति के सांस्कृतिक विकास की रूपरेखा बनाते हुए अठारहवीं सदी के सामाजिक आंदोलनों और उर्दू साहित्य की उपेक्षा कैसे और क्यों करती है ? क्यों हिंदी जाति और साहित्य के सांस्कृतिक इतिहास की प्रचलित रूपरेखा में इस युग का प्रतिनिधि स्वर रीतिकाल तक सीमित माना जाता है ! फिर आप चाहे रीतिकाल को पतनशील सामंती मनोवृत्ति का सूचक मानें--चाहे शुद्ध साहित्य की सर्जना का प्रमाण--लेकिन हिंदी साहित्य का प्रचलित इतिहास-बोध और उसका आधारभूत सांस्कृतिक आत्मबोध--1857 से ठीक पहले ही साहित्यिक बौद्धिक अभिव्यक्ति के प्रसंग में सीमित रीतिकाल तक ही रहता है--और यह उस सांस्कृतिक आत्मपरिभाषा का स्वाभाविक परिणाम है, जिसके आधार पर 1857 की विफलता के बाद हिंदी और उर्दू साहित्य के परंपराबोध और साहित्यिक कैनन विकसित हुए।

बहरहाल जहाँ तक 1857 की राजनैतिक संवेदना का सवाल है, वह बहुत स्पष्ट और मुखर रूप से औपनिवेशिक सत्ता के प्रति, 'सचेत वैरभाव'--Concious hostility पर आधारित थी। इस पदबंध का प्रयोग करते हुए रंजीत गुहा की मान्यता है कि 'यह सचेत वैरभाव संघर्ष में हिस्सा लेने वालों तक ही सीमित नहीं था।' (स्निग्धा सेन द्वारा 'दि हिस्टीरियोग्राफी ऑफ दि इंडियन रिवोल्ट ऑफ 1857' में उद्धृत, पृ. 53, पुंथी पुस्तक, कलकत्ता, 1992) इसी 'सचेत वैरभाव' का दूसरा पहलू हिंदू-मुस्लिम के वर्चस्व संघर्ष का उस सिद्धांत के जरिए समाधान करने का प्रयत्न था, जिसे रजतकान्त राय 'कनफेडरेट नेशनलिज्म' कहते हैं। इन दोनों पहलुओं को संश्लिष्ट आत्मबोध और संघर्ष की रणनीति में गूँथने का काम वे पारंपरिक बौद्धिक कर रहे थे जिन्होंने एक धरातल पर विद्रोह को समन्वित प्रयत्न का रूप दिया और दूसरे धरातल पर इश्तेहारों तथा घोषणापत्रों के माध्यम से औपनिवेशिक सत्ता की आलोचना के साथ-साथ भविष्य की रूपरेखा भी प्रस्तुत की। यह स्वाभाविक ही था कि 1857 की संवेदना में राजनीतिक और सामाजिक के बीच कोई फाँक नहीं थी--ऐसा नहीं था कि औपनिवेशिक सत्ता को ईश्वरीय वरदान मानते हुए देश दशा सुधारने का प्रयत्न किया जाए या फिर अपने देश और समाज की सारी समस्याओं को नकारते हुए विदेशी राज के विरोध को ही एकमात्र एजेंडा मान लिया जाए।

पारंपरिक वर्गों से संबद्ध 1857 के विद्रोहियों के विपरीत हिंदी (या बांग्ला या मराठी) नवजागरण के नेताओं तथा उनके लक्ष्यीभूत श्रोता/पाठक (ऑडिएंस) का संबंध नए मध्यवर्ग से था। इस मध्यवर्ग का उदय ब्रिटिश जरूरतों की पूर्ति के लिए ब्रिटिश

शिक्षा-नीति के संदर्भ में हुआ था। आत्मबोध और देशदशा की व्याख्या करने के लिए इस नए मध्यवर्ग के पास एक ओर औपनिवेशिक मुहावरा था, दूसरी ओर पारंपरिक। नवजागरण की संवेदना में ये दोनों मुहावरे (जो अपने आपमें भी कोई बहुत सुपरिभाषित और स्थिर वस्तु नहीं थे) सक्रिय थे और इनके द्वंद्वात्मक संबंध से तीसरे मुहावरे का विकास भी हुआ। इस तीसरे मुहावरे में एक ओर परंपरा के कोण से 'निज स्वत्व भारत गहै' की चिंता थी तो दूसरी ओर स्वत्व और परंपरा का बोध औपनिवेशिक मुहावरे में ही गढ़ा जा रहा था। इसीलिए एक तरफ अंग्रेजों और मुसलमानों—दोनों के 'अहले-किताब' होने पर जोर दिया जा रहा था तो दूसरी ओर कहा जा रहा था, "किसी समय हिंदुस्तान में लोग राजा को ईश्वर मानते थे परंतु मुसलमानों के अत्याचारों से यह राजभक्ति लोगों से निकल गई।"

1857 के विद्रोह के कड़े दमन के फलस्वरूप पारंपरिक बौद्धिक वर्ग की क्षमता बहुत घट गई, नए तंत्र में जगह हासिल करने की पहली शर्त हो गई अंग्रेजी ढंग की शिक्षा। इसका सबसे गहरा नतीजा हुआ बौद्धिक परंपरा के प्रवाह का टूटना। नए मध्यवर्ग के लिए परंपरा धीरे-धीरे एक तात्कालिक, सहज और परिवेशगत अनुभूति की बजाय ऐसी वस्तु बनती गई जिसका अनुसंधान सुदूर अतीत में किया जाना था। खैर, यह अलग चर्चा का विषय है।

1857 की राजनीति का मूल स्वर यदि 'सचेत वैरभाव'—Concious hostility का था तो हिंदी नवजागरण की राजनीति का मूल स्वर 'सचेत राजभक्ति'—Concious loyalty का था। 1857 को हिंदी नवजागरण की पहली और भारतेन्दु युग को उसकी दूसरी मंजिल मानने में बाधा सिर्फ इतनी नहीं है कि "भारतेंदु कालीन साहित्य में शायद 1857 के संग्राम का स्पष्ट प्रशंसात्मक उल्लेख नहीं है"—जैसा कि रामविलासजी को लगता है। (भारतेंदु हरिश्चंद्र और हिंदी नवजागरण की समस्याएँ, पृ. 13) इस तथ्य को नकारने से क्या फायदा कि 'प्रशंसात्मक उल्लेख' तो नहीं ही है, स्पष्ट रूप से निंदात्मक उल्लेख अनेक हैं। ऐसा भी नहीं है कि शिवप्रसाद सितारेहिंद राजभक्त थे और भारतेंदु हरिश्चंद्र देशभक्त; वास्तविकता यह है कि हिंदी नवजागरण में राजभक्ति और देशभक्ति एक ही सिक्के के दो पहलू हैं। इन दोनों भावनाओं के बीच जैसा तीक्ष्ण अंतर्विरोध 1857 के विद्रोह में फलीभूत हुआ, उसकी जगह हिंदी नवजागरण में ऐसी दृष्टि ले लेती है जो राजभक्ति के फ्रेम के भीतर ही एक ओर सरकार के विभिन्न कदमों की प्रशंसा या निंदा करती है, दूसरी ओर देशवासियों का आह्वान करती है कि "इस समय में सरकार का राज्य पाकर और उन्नति का इतना समय पाकर" अपने को सुधारें। हिंदू और मुस्लिम दोनों ही समुदायों के नेताओं द्वारा अपने लिए चुनी गई ऐतिहासिक समस्या मूलतः एक ही थी—'नए शासनतंत्र के अंतर्गत अपने समुदाय की बेहतरी कैसे हासिल की जाए।' बाकी सवाल रणनीति के थे—बेहतरी का लक्ष्य पाश्चात्य सभ्यता को अपनाकर हासिल किया जा सकता है या अपनी धार्मिक परंपरा की विशुद्धता बनाए रखकर ? ब्रिटिश राज के साथ सक्रिय सहयोग कर अपने समुदाय की बढ़ती की जा

सकती है या उसके प्रति उदासीनता बरत कर ? इस स्थिति की यह व्याख्या ठीक ही है कि 'यह बात कम मूल्यवान नहीं है कि राजनीतिक मुक्ति का मार्ग अवरुद्ध पाकर नवजागरण के उन्नायक हाथ पर हाथ धरकर बैठ नहीं गए, बल्कि उन्होंने स्वत्व-रक्षा के अन्य मोर्चों पर संघर्ष जारी रखा। यह संघर्ष था—सांस्कृतिक मोर्चे का—सांस्कृतिक मोर्चे पर औपनिवेशिक मानसिकता और दिमागी गुलामी के खिलाफ संघर्ष।' (डॉ. नामवर सिंह—'हिंदी नवजागरण की समस्याएँ'—आलोचना—79, नई दिल्ली, पृ. 4)

लेकिन सवाल है 'स्वत्व' की अवधारणा का। जिस 'स्वत्व' की रक्षा के लिए हिंदी और उर्दू के नवजागरण संघर्षरत थे, उसका बोध 1857 की तुलना में व्यापक हुआ था या संकीर्ण ? नवजागरण कालीन साहित्य में प्रतिबिंबित 'स्वत्व' में भारतीय समाज के पारंपरिक सामाजिक सत्ता तंत्र के हाशिए पर पड़े लोगों की आवाजें कहाँ तक सुनाई पड़ती हैं ? जो दो बड़े धार्मिक समुदाय 1857 में अपने पारंपरिक वर्चस्व संघर्ष के अनसुलझे तनावों को सुलझाने का प्रयास कर रहे थे, उनके नेता नवजागरण के दौर में इस प्रयास को आगे बढ़ा रहे थे या भाषा को भी इस संघर्ष के प्रतीकों में से एक बना रहे थे ?

इस काल की चेतना में हम हिंदी को उसी तरह हिंदू अस्मिता का सांस्कृतिक प्रतीक बनते देखते हैं, जैसा प्रतीक गाय थी। भारतेंदु और उनके साथियों की चिंता हिंदी और गाय दोनों की रक्षा करने की थी। बाबू रामदीन सिंह को उन्होंने लिखा था :

"अब की बकरीद में भारतवर्ष के प्रायः अनेक नगरों में मुसलमानों ने प्रकाश रूप से जो गो-वध किया है इससे हिंदुओं की सब प्रकार से जो मानहानि हुई है वह अकथनीय है। पॉलिसी परतंत्र गवर्नमेंट पर हिंदुओं की किंकर्तव्यविमूढ़ता और मुसलमानों की उग्रता भली-भाँति विदित है, यही कारण है कि जानबूझकर भी वह कुछ नहीं बोलती किंतु हम लोगों को जो भारतवर्ष में हिदुओं के ही वीर्य से उत्पन्न हैं ऐसे अवसर पर गवर्नमेंट के कान खोलने का उपाय अवश्य करणीय है।...सब पत्र एक साथ कोलाहल करेंगे तब काम चलेगा। हिंदी, उर्दू, बंगाली, मराठी, अंग्रेजी सब भाषा के पत्रों में जिनके संपादक हिंदू हों एक बेर बड़े धूम से इसका आंदोलन होना अवश्य है..." (भारतेंदु समग्र, संपादक हेमंत शर्मा, वाराणसी, 1989, पृ. 1077)

मेरा तर्क यह कतई नहीं है कि गो-रक्षा की बात करने से भारतेंदु सांप्रदायिक हो जाते हैं। बात सिर्फ इतनी है कि जहाँ 1857 में गो-वध पर पाबंदी लगा दी गई थी वहाँ नवजागरण के दौर में गाय के आसपास वह प्रतीकात्मक संघर्ष फिर से उत्पन्न हो गया था, जिसमें प्रतापनारायण मिश्र को 'आलमे तसवीर' नामक अखबार को याद दिलाना पड़ा था "गो-रक्षा का उपदेश देना और उसका यत्न करना हिंदुओं के धर्म का मूल है और सरकार की मंशा है कि सब लोग अपने धर्म की रीति निर्द्वंद्वता से करें।" (प्रतापनारायण ग्रंथावली, संपादक विजयशंकर मल्ल, वाराणसी, 1992, पृ. 125) एक इसी लेख में नहीं, 'ब्राह्मण' के अनेक संपादकीय लेखों में प्रतापनारायण मिश्र गो-रक्षा के सवाल पर अनुनय-विनय सी करते नजर आते हैं और हताश होते हैं। गो-वध का

सवाल सांस्कृतिक संघर्ष का सवाल बन जाता है जिसमें एक पक्ष गो-रक्षा को अपने धर्म का मूल मानता है, तो दूसरा गोकुशी को अपना हक।

नवजागरणकालीन हिंदू अस्मिता का एक प्रतीक गाय है, दूसरा हिंदी। रोचक बात यह है कि 'हिंदी' शब्द का प्रयोग जब अतीत के संदर्भ में होता है तो उसकी व्याप्ति राजस्थान से लेकर मिथिलांचल तक की साहित्यिक परंपरा को समेट लेती है, लेकिन जब इसी शब्द का प्रयोग निकट अतीत के या समकालीन संदर्भ में होता है तो इन अंचलों की भाषाओं की सर्जनात्मकता उपेक्षणीय हो जाती है। उर्दू में सुरक्षित खड़ी बोली की अपनी साहित्यिक परंपरा तो खैर हिंदी साहित्य के इतिहास में किसी जगह की मुस्तहक बनती ही नहीं। हिंदी साहित्य का परंपराबोध किस प्रकार विकसित हुआ, उसकी चर्चा यहाँ अनावश्यक है, इस बारे में कुछ बात मैंने 'तीसरा रुख' में की है। (देखें 'हिंदी प्रदेश का वैचारिक संकट...' तीसरा रुख, वाणी प्रकाशन, नई दिल्ली, 1996, पृ. 99-104) यहाँ केवल इतना कहना है कि जिस नवजागरण को 1857 की अगली अवस्था बताया जाता है, उसमें हिंदी और उर्दू दोनों भाषाएँ दो संघर्षरत सामाजिक अस्मिताओं की प्रतीक बन गई थीं। ऐसे संघर्ष में स्वाभाविक ही था कि बहस सिर्फ भाषा तक सीमित न रहकर उसके समर्थकों के स्वभाव, चरित्र और इरादों तक चली जाती थी। हिंदी और उर्दू के समर्थक अपनी भाषा के गुण और प्रतिपक्ष की भाषा के अवगुण इसी समझ के साथ गिनते थे कि, ''अपने प्रतीक में कोई दोष स्वीकार नहीं किया जा सकता। प्रतीक सर्वथा निर्दोष होता है, या कम-से-कम उसे ऐसे रूप में प्रस्तुत किया जाना चाहिए।'' (क्रिस्टोफर किंग, 'वन लैंग्वेज टू स्क्रिप्ट्स', ओ यू पी, नई दिल्ली, 1994, पृ. 183) हिंदी-उर्दू में गिनाए जाने वाले गुणों-अवगुणों की जो सूची क्रिस्टोफर किंग (वही, पृ. 184) ने दी है, वह केवल सरकारी नौकरियों के संदर्भ में प्रतिस्पर्धा की नहीं गहरे सांस्कृतिक संकट बल्कि असुरक्षा ग्रंथि की सूचना देती है। नवजागरण की चेतना की एक विडंबना यह भी है कि हिंदू और मुस्लिम दोनों के सांस्कृतिक आत्मबोध में परस्पर संदेह और असुरक्षा की यह ग्रंथि बहुत गहरी और सक्रिय थी। भाषा का सवाल इस असुरक्षा ग्रंथि का एक और रूपक बन गया था। 1868 में नागरी अक्षरों की सरकारी स्वीकृति के बाद सर सैयद अहमद को निश्चय हो गया कि 'अब हिंदू और मुसलमान साथ नहीं रह सकते'; दूसरी ओर प्रतापनारायण मिश्र का यह कथन हिंदी नवजागरण की भाषा संबंधी चिंता को बहुत सटीक ढंग से व्यक्त करता है, ''हिंदी का पूर्ण प्रचार हुए बिना हिंदुओं का उद्धार असंभव है।'' (पूर्वोक्त, पृ. 304)

नवजागरण की जो समझ हिंदी-जगत में प्रचलित है, उसमें भारतेंदु देशभक्ति के प्रतीक हैं, और राजा शिवप्रसाद सितारेहिंद राजभक्ति के। भारतेंदु नायक हैं तो शिवप्रसाद खलनायक हैं। दिलचस्प बात यह है कि भाषा के सवाल पर तीखे मतभेद और बनारस के सार्वजनिक जीवन के संदर्भ में प्रतिस्पर्धा के बावजूद भारतेंदु और सितारेहिंद का सांस्कृतिक आत्मबोध और इतिहासबोध एक सा है—निस्संदेह भारतेंदु की सर्जनात्मक

प्रतिभा को सितारेहिंद कहीं नहीं छूते—लेकिन वह मुद्दा अलग है। अपने समकालीन बौद्धिकों द्वारा शिवप्रसाद को जो अस्वीकृति मिली, उसका असली कारण उनकी भाषा नीति ही थी, जिसमें वे हिंदी और उर्दू को दो अलग-अलग समुदायों, बल्कि कौमों की सांस्कृतिक अस्मिता के परस्पर संघर्षरत प्रतीक नहीं मान रहे थे। (देखें वसुधा डालमिया, 'दि नेशनलाइजेशन ऑफ हिंदू ट्रेडीशंस', ओ यू पी, दिल्ली, 1997 का चौथा अध्याय—'हिंदी इज दि नेशनल लैंग्वेज ऑफ दि हिंदूज')

बतौर हिंदू अस्मिता के प्रतीक के हिंदी के विकसित होने की प्रक्रिया का अध्ययन कई इतिहासकारों ने किया है। इन सारे अध्ययनों की समीक्षा का यहाँ अवकाश नहीं, लेकिन यह कहना जरूरी है कि जिसे हिंदू अस्मिता का गठन, हिंदू परंपराओं का राष्ट्रीयकरण या अंतर का निर्माण (मेकिंग द डिफरेंस) कहा जाता है, वह प्रक्रिया केवल उन्नीसवीं सदी के उतार-चढ़ाव तक सीमित नहीं थी। अस्मिताओं का संघर्ष-प्रतीकों और वास्तविक जीवन स्थितियों—दोनों ही के धरातल पर केवल आधुनिक काल की निर्मिति नहीं बल्कि मध्यकाल की विरासत थी। इस विरासत के आंतरिक डायनामिक्स को समझने के लिए 'सांप्रदायिकता' के मॉडल का सहारा लेना ही काफी नहीं है। उपनिवेशवाद के दौरान सांप्रदायिकता की निर्मिति या मध्यकाल में प्राक् सांप्रदायिकता की चर्चा के सहारे मध्यकालीन भारत के उस वर्चस्व संघर्ष को नहीं समझा जा सकता—जिसके फलस्वरूप उत्पन्न तनाव 1857 की राजनीतिक संवेदना में भी अनसुलझे ही रह गए। नवजागरण के दौर में तो ये तनाव स्वत्व बोध का आधार ही बनने लगे थे—और यह तथ्य हमें यह पूछने के लिए विवश करता है कि नवजागरण 1857 की संवेदना का विस्तार है या उसके विघटन का दुःखद रूपक ?

हिंदी नवजागरण को 1857 का विस्तार मानने वाले विमर्श में इस बात पर बहुत बल दिया गया है कि हिंदी नवजागरण देश की आर्थिक दुर्दशा की उसी तरह चर्चा करता है जैसे 1857 के घोषणापत्र करते थे। रामविलासजी के शब्दों में, "भारत की लूट के बारे में जो बातें 1857 के इश्तेहार लेखक जानते थे, उन्हें 1872 में हिंदी पत्रकार भी जानते थे। पंद्रह साल में लोग उन्हें भूल जाएँ यह असंभव था। भारतेंदु युग को जो कड़ी 1857 से जोड़ती है, वह साफ दिखाई दे रही है।" (पूर्वोक्त, पृ. 18) इस साफ दिखने वाली कड़ी को हिंदी नवजागरण में मौजूद राजभक्ति का स्वर काटता है, सो रामविलासजी का कहना है, "इस संदर्भ में याद रखना चाहिए कि (1) रानी विक्टोरिया के घोषणापत्र से कुछ लोगों के मन में वास्तविक भ्रम पैदा हुआ था कि देश की दशा सुधर जाएगी, (2) राजभक्ति का प्रदर्शन अधिकतर शाही खानदान के लोगों के प्रति होता था और उनसे अंग्रेज अधिकारियों को अलगाया जाता था, (3) राजभक्ति की आड़ में जनता की बदहाली पर ध्यान केंद्रित किया जाता था और अंग्रेज ऐसी राजभक्ति को शक की निगाह से देखते थे, (4) राजभक्ति का स्वर भारतेंदु युग का मूल स्वर नहीं है, हिंदी जनता ने राजभक्ति का प्रतिनिधि शिवप्रसाद सितारेहिंद को माना था, देशभक्ति का प्रतिनिधि भारतेंदु को, उसकी यह समझ बिलकुल सही थी, (5) भारतेंदु युग के

लेखक अंग्रेजी राज की आलोचना अंग्रेजी कानून की सीमाओं के भीतर ही कर सकते थे, उनके पास गैर कानूनी गुप्त पत्रिकाएँ नहीं थीं कि उनमें जो चाहते, वह लिखते; और (6) भारतेंदु कालीन लोकसाहित्य में 1857 की चर्चा खुले और तेजस्वी रूप में हुई है क्योंकि यह साहित्य अधिकतर मौखिक था और अधिकारियों की पकड़ के बाहर था।" (पूर्वोक्त, पृ. 19)

दूसरे शब्दों में, सितारेहिंद की राजभक्ति वास्तविक थी, भारतेन्दु की राजनीतिक ! जैसा 'सचेत वैरभाव' (अंग्रेजी राज के प्रति) 1857 की राजनीति का आधार था, लगभग वैसा ही सचेत वैरभाव हिंदी नवजागरण का मूल स्वर है, मजबूरी के कारण इस वैरभाव को राजभक्ति की आड़ दी जाती थी। हिंदी नवजागरण में भी देशभक्ति और राजभक्ति के बीच वैसा ही अंतर्विरोध था जैसा कि 1857 में और बीसवीं सदी के राष्ट्रीय स्वाधीनता आंदोलन में !

वास्तविकता क्या सचमुच यही है ?

तथ्यों को समग्रता में देखने से तो यही लगता है कि उपरोक्त समझ में वास्तविकता का बोध कम, इच्छा-चिंतन अधिक है। याद रखने के प्रसंग में हम यह भी याद करें कि 12 अप्रैल, 1884 को विक्टोरिया के चौथे पुत्र ड्यूक ऑफ अलबनी की मृत्यु पर आयोजित शोक सभा टाउन हॉल में होनी थी। शिवप्रसाद सितारेहिंद के कहने पर मैजिस्ट्रेट ने अंतिम समय में इस सभा की आज्ञा वापस ले ली। सभा के आयोजक भारतेंदु ने हार न मानी और सभा का आयोजन क्वींस कॉलेज में किया गया, अंततः सभा टाउन हॉल में ही हुई और मैजिस्ट्रेट ने माफी भी माँगी। सभा की सूचना न केवल वायसराय को बल्कि ड्यूक ऑफ कनॉट को भी भेजी गई और दोनों जगह से 'सभा के आयोजकों के माध्यम से बनारस के नागरिकों का धन्यवाद' कहने वाले पत्र भी आए। ये दोनों पत्र बाबू शिवनंदन सहाय द्वारा रचित 'हरिश्चंद्र' के जीवन चरित्र (1905) के पृष्ठ 283-84 पर प्रकाशित हैं।

इस सभा के प्रसंग में ही नहीं, अन्य प्रसंगों में भी ऐसा प्रतीत होता है कि वस्तुतः भारतेंदु और सितारेहिंद के बीच द्वंद्व देश-भक्ति बनाम राजभक्ति का नहीं, बल्कि दूसरे की तुलना में स्वयं को अधिक राजभक्त सिद्ध करने का था। जहाँ तक सितारेहिंद को लोक स्वीकृति प्राप्त न होने का सवाल है उसका कारण देशभक्ति बनाम राजभक्ति का द्वंद्व नहीं, बल्कि हिंदी बनाम उर्दू की प्रतिस्पर्धा में निहित था।

असल में, हिंदी नवजागरण के उन्नायकों की राजभक्ति को लेकर जो संकोच रामविलासजी के तर्क में निहित है, उसका कारण यही है कि एक ओर तो वे नवजागरण की संवेदना को 1857 की उस संवेदना का विस्तार मानते हैं, जिसमें देशभक्ति का राजभक्ति के साथ सीधा विरोध था, दूसरी ओर वे परवर्ती काल की राजनीतिक संवेदना को भारतेंदु युग में पढ़ लेना चाहते हैं। आज इस बात को लेकर किसी क्षमायाचना की जरूरत सचमुच नहीं है कि भारतेंदु युग में देशभक्ति और राजभक्ति परस्पर विरोधी नहीं पूरक ही मानी जाती हैं—लेकिन इसी के साथ इसकी भी जरूरत नहीं है कि हिंदी

नवजागरण को 1857 की राजनीतिक संवदेना का विस्तार जबरन सिद्ध किया जाए। यह सही है कि नवजागरण के नेता भारत की लूट के प्रति संवेदनशील थे, लेकिन साथ ही यह भी सही है कि उन्हें अंग्रेजी राज की न्याय-बुद्धि पर विश्वास था। कुशासन की आलोचना हो या स्वदेशी के लिए प्रोत्साहन—यह सब राजभक्ति के फ्रेम के भीतर ही था। इस फ्रेम के भीतर मुख्य चिंता 'स्वत्व' की थी, जो कि मध्यकाल से चले आ रहे वर्चस्व संघर्ष के संदर्भ में स्वयं को परिभाषित करना चाहता था। इस 'स्वत्व' में निश्चय ही आर्थिक लूट की वेदना शामिल थी, लेकिन साथ ही यह आशा भी कि इस वेदना की ओर 'राज' का ध्यान खींचा जा सकता है। भारतेंदु को देशभक्त और सितारेहिंद को राजभक्त के कड़े विभाजन में रखने से कहीं बेहतर है उस मानसिक उलझाव—एंबीवैलेंस—को संवदेनशीलता से समझना जो ब्रिटिश सत्ता के प्रति हिंदी या अन्य भाषाओं के नवजागरण के नेताओं के मन में लगातार मौजूद था। सुधीर चंद्र ने हिंदी, मराठी और गुजराती के संदर्भ में इस 'एंबीवैलेंस' का विचारोत्तेजक अध्ययन किया है। यह 'एंबीवैलेंस' न केवल राजसत्ता के प्रति, बल्कि सामाजिक प्रश्नों के प्रति नवजागरण के रवैए में भी स्पष्ट रूप से प्रकट होती है।

मिस्र में ब्रिटिश भारतीय सेना की विजय के उपलक्ष्य में 22 सितंबर 1882 को बनारस के टाउन हाल में एक सभा हुई, जिसमें भारतेंदु ने 'विजयिनी विजय पताका' शीर्षक कविता पढ़ी थी। इस सभा की रिपोर्ट 'भारतेंदु समग्र', पृ. 252 में उद्धृत की गई है, इसके अनुसार :

"Babu Harishchandra read an excellent poem in Hindi on the subject. The opening stanzas explain the cause of India's unusual cheerfulness...The honourable Raja Shivprasad C.S.I. then described the importance of Egypt as a highway to India and said that the British conquest has been extremely rapid. He thanked Babu Harishchandra for his excellent poem.

Mr. Bullock the collector warmly thanked Raja Shivprasad and Babu Harishchandra for sentiments of loyalty to the British government, expressed by people of Beraras."

> ["बाबू हरिश्चंद्र ने विषय पर एक उत्कृष्ट कविता पढ़ी। आरंभिक छंदों में भारत के अपूर्व हर्षोल्लास के कारण बताए गए हैं।...इसके बाद माननीय राजा शिवप्रसाद सी.एस.आई. ने भारत के मार्ग के रूप में मिस्र का महत्त्व बताया और कहा कि ब्रिटिशों ने युद्ध में विजय अत्यंत तीव्र गति से प्राप्त की है। उन्होंने उत्कृष्ट कविता के लिए बाबू हरिश्चंद्र को धन्यवाद दिया।
>
> बनारस के लोगों द्वारा प्रकट की गई राजभक्ति के लिए कलेक्टर मि. बुलक ने राजा शिवप्रसाद और बाबू हरिश्चंद्र को गर्मजोशी के साथ धन्यवाद दिया।"]

इस कविता की बारह प्रतियाँ भारतेंदु ने वायसराय को भेजी थीं और यह इच्छा प्रकट की थी कि कुछ प्रतियाँ महारानी को भेज दी जाएँ। वायसराय के प्राइवेट सेक्रेटरी ने 19 अक्टूबर, 1882 को भारतेंदु के नाम लिखे पत्र में इन प्रतियों की प्राप्ति स्वीकार की, और उन्हें सलाह दी :

"That if you wish them to be forwarded to the Queen Empress you may submit them in the first instance to his honour the Lt. Governer, N.W.P. in accordance with the recognised rules."

[''यदि आप इन्हें राज राजेश्वरी की सेवा में भेजना चाहते हैं, तो नियमानुसार पहले इन्हें उत्तर-पश्चिम प्रांत के माननीय लेफ्टिनेंट गवर्नर की सेवा में प्रस्तुत करें।'']

(देखें, शिवनंदन सहाय कृत 'हरिश्चंद्र', पटना 1905, पुनर्मुद्रण, लखनऊ 1975 पत्र खंड, पृ. 21)

अपनी राजभक्ति को सर्वोच्च अधिकारियों और स्वयं राज राजेश्वरी के नोटिस में लाने की यह उत्सुकता सूचित करती है कि भारतेंदु देशदशा विषयक चिंता और राजभक्ति को परस्पर विरोधी नहीं समझते थे। परस्पर विरोध की यह कल्पना 1857 से नवजागरण को जोड़ने वाले विमर्श की कल्पना है, समकालीन अध्ययन में 'पॉलिटिकली करेक्ट' होने और अपने चरितनायक को 'पॉलिटिकली करेक्ट' सिद्ध करने की उत्सुकता की परिणति है। ठीक उसी तरह जैसे शिवनंदन सहाय और ब्रजरत्नदास के लिए अपने चरितनायक को राजभक्त सिद्ध करना, उन्हें 'पॉलिटिकली करेक्ट' सिद्ध करने के लिए जरूरी था।

'विजयिनी विजय पताका' भारतेंदु की सर्जनात्मक चेतना में मौजूद 'एंबीवैलेंस' का मार्मिक प्रमाण है। इसमें यह वेदना है कि ''अब भारत में नाहिं वे रहे बीर जे लोग।'' और यह भी कि ''रोम ग्रीस पुनि निज बल पायो, सब बिधि भारत दुखित बनायो।' यह प्रश्न है कि ''ब्रिटिश सुशासित भूमि में रनरस उमरो गात। सबै कहत जय आजु क्यौं यह नहिं जानौ जात।'' और यह उत्तर है कि ''स्वामिभक्तिकिरतज्ञता दरसावन हित आज। छाँड़ि प्रान देखहिं खरो आरज बंस समाज।'' भीम, अर्जुन, परशुराम, हनुमान के वंशजों की निर्वीर्यता पर रोष है और अरब शत्रुओं की क्षय पर जोश, ''नासहु अरबी शत्रुगनन कहँ-कहँ करि छन महँ छय। करहु सब विजयिनी-राज महँ भारत की जय।'' इसी कविता में भारतेंदु कहते हैं : ''कठिन सिपाही जा जल बल नासी। जिन भय सिर न हिलाइ सकत कहुँ भारतवासी।'' इस उक्ति को आधार बनाकर ही कहा जाता है कि ''विद्रोह की स्मृति ऐसे ही सुरक्षित रखी जा सकती थी। लेकिन इस कविता का स्मृति तंत्र और रचना संदर्भ तो कुछ अलग ही प्रकार का है, जिसमें ब्रिटिश सिंह के अटल तेज का प्रकटीकरण निर्जीव भारत के सजीव हो उठने का कारण बन गया है, ''क्यों अजीव भारत भयो आजु सजीव लखात। क्यों मसान भूमि आजु बनि रंगभूमि सरसात।'' मसान भूमि रंगभूमि बन गई है क्योंकि ''बज्यो ब्रिटिश डंका गहकि धुनि छाई चहुँ ओर। जयति राज राजेश्वरी कियो सबनि मिलि सोर।''

देशदशा पर क्षोभ की अभिव्यक्ति, लेकिन साथ ही राजभक्ति प्रमाणित करने की उत्कंठा और डिसलायल समझे जाने पर केवल व्यक्तिगत रूप से नहीं, अपने पूरे समुदाय की ओर से वेदना की अभिव्यक्ति—यह उलझाव भारतेंदु और उनके समकालीनों की चेतना में लगातार मौजूद है। 1881 में रचित 'विजय वल्लरी' में देशदशा पर सच्चा दुःख है, यह असंतोष है कि, ''सुजस मिलै अँगरेज को होय रूस की रोक। बढ़ै ब्रिटिश

वाणिज्य पै हमको केवल सोक।'' और अंत में यह आशा भी है कि ''पिछली भूल सुधारि अबै करिहै भारत हित।'' 1878 में रचित 'भारत वीरत्व' (जिसके कुछ अंश बाद में 'विजयिनी विजय पताका' में भी दोहराए गए) में भारतेंदु कहते हैं :

साज-साज निज सेन सब जिय में भरि उछाह।
उठके रन हित चलते भे भारत के नर नाह।।
डिसलायल हिंदुन कहत कहाँ मूढ़ ते लोग।
दृग भर निरखहिं आज तें राजभक्ति संजोग।।

स्पष्ट है कि ऐसे प्रसंगों में 'हिंदू' का अर्थ भारत के समस्त निवासी नहीं, बल्कि एक समुदाय विशेष ही है, जिसे 'डिसलायल' कहने वाले मूढ़ लोग कौन हैं, इसका अनुमान किया जा सकता है।

1857 के मूलभूत सचेत वैरभाव के विपरीत जो सचेत राजभक्ति इस काल में दीखती है, उसी का एक पहलू नवजागरण के ऐतिहासिक स्मृति तंत्र से जुड़ता है। 1876 में रचित राजकुमार शुभागमन वर्णन में भारतेंदु कहते हैं :

जैसे आतप तपित को छाया सुखद गुनात।
जवन राज के अंत तुव आगम तिमि दरसात।।
मसजिद लखि बिसुनाथ ढिग परे हिय जो घाव।
ता कहँ मरहम सरिस यह तुव दरसन नर राव।।

घाव और मरहम के इस रूपक में आज के मुहावरे की सांप्रदायिकता देखना तो 'हिस्टॉरिकल बैक प्रोजेक्शन' होगा, लेकिन इतना तो कहा ही जा सकता है कि नवजागरण के दौर में जो 'स्वत्व बोध' विकसित हुआ, उसके हिंदू और मुसलमान दोनों ही रूप 1857 के 'कनफेडरेट नेशनलिज्म' से नहीं, मध्यकाल के वर्चस्व संघर्ष की स्मृतियों से प्रेरणा ले रहे थे। ऐसी स्थिति में यह स्वाभाविक ही है कि 'बंग भाषा की भारतमाता के आशय के अनुसार निर्मित' 'भारत जननी' (1877) ऑपेरा में भारतमाता कहती हैं, ''जो अँगरेजों का राज न होता तो अब तक तो मेरे प्राण न बचते।'' कारण यह कि ''मेरे शरीर का तो अब रक्त भी शेष नहीं, यवन सब चूस ले गए।'' आगे 'तर्जन गर्जन' करने वाले साहिब के बाद 'दूसरे साहिब' का प्रवेश होता है जो पहले साहिब को 'इंग्लैंड चंद्रलांछन' कहकर धक्का देते हैं और भारत जननी से कहते हैं :

''...तुम्हारा अश्रुपात देखने से जिनका स्वयं अश्रुपात नहीं होता ऐसे अंग्रेज बहुत थोड़े हैं। उनकी दयालुता, निष्पक्षपातिता और प्रजापालित्व तो संसार में प्रसिद्ध है...माता हम लोगों की महारानी परम कारुणिका और अति दयाशीला हैं। वह अपनी प्रजा के अनुरंजन के हेतु प्राणप्रिय आत्मपुत्रों का भी त्याग कर सकती हैं और इतर वस्तुओं की कौन गणना। उनके गुण अनंत हैं।...वह रामचंद्र से भी अधिक प्रजापालन में सदैव तत्पर रहती हैं।'' (भारतेंदु समग्र, 476-77)

जितनी सच्ची देशभक्ति थी, उतनी ही वास्तविक यह राजभक्ति—और यह स्थिति बांग्ला, मराठी, उर्दू के नवजागरण के साथ हिंदी नवजागरण की समानधर्मिता को रेखांकित करती है।

'विजयिनी विजय पताका' के रचयिता की ख्याति इंग्लैंड के संभ्रांत वर्गों तक पहुँच चुकी थी। 'नेशनल एंथेम फॉर इंडिया फंड' की ओर से 16 मार्च, 1883 को वेस्टमिंस्टर एबे के माइनर कैनन फ्रेडरिक हरफोर्ड ने भारतेंदु को लिखा :

"The fame your last poem on the Egyptian compaign which was partly read to me yesterday will, I trust, prove an excuse for my addressing you in the name of a very influential committee of English noblemen and gentlemen who are seeking to establish the well...known English hymn 'God save the queen' as the national anthem of India...We should esteem it a very high honour if you would make a Hindi version which would suit the rhythem of the melody..."

["मुझे विश्वास है कि मिस्र अभियान पर लिखी गई कविता के कारण आपको मिली ख्याति (इस कविता के कुछ अंश मुझे कल सुनाए गए थे) इस बात के लिए पर्याप्त हैं कि मैं इंग्लैंड के कुलीन तथा भद्र पुरुषों की अत्यंत प्रभावशाली कमिटी की ओर से आपको यह पत्र लिखूँ। इन भद्र पुरुषों की इच्छा है कि इंग्लिश गीत 'गॉड सेव द क्वीन' को भारत के राष्ट्रगान के तौर पर प्रतिष्ठित किया जाए। हमारे लिए बड़े सम्मान का विषय होगा यदि आप उक्त गीत के सुरताल और धुन के अनुकूल उसका हिंदी अनुवाद तैयार कर सकें..."]

(शिवनंदन सहाय द्वारा उद्धृत, पूर्वोक्त, पृ. 25)

स्पष्ट है कि सभी अंग्रेज भारतेन्दु की राजभक्ति को शक की निगाह से नहीं देखते थे। बहरहाल भारतेंदु ने 'गॉड सेव द क्वीन' का हिंदी अनुवाद तैयार किया, इस अनुवाद को भेजते समय जो पत्र उन्होंने फ्रेडरिक हरफोर्ड को लिखा, वह भी शिवनंदन सहाय ने प्रकाशित किया है। इसमें भारतेन्दु लिखते हैं :

"...I am very much rejoiced to read in your letter that my translation would if an opportunity presents itself be presented to her most Gracious Majesty.

" I hope you are aware that the people of India have a kind of superstitious reverence for their sovereign but next in reverence to God only.

" This being the case why should an humble subject of her gracious majesty like myself not feel happy and proud of the reverence for the person whom everyone regards as most honourable and most merciful under heaven."

["...आपके पत्र से यह जानकर मैं अत्यंत पुलकित हूँ कि मेरे द्वारा किया गया अनुवाद उचित अवसर पर परम कृपालु राज राजेश्वरी की सेवा में प्रस्तुत किया जाएगा।

" आशा है, आप इस बात से अवगत हैं कि भारत के लोग अपने सम्राट के प्रति लगभग अंधश्रद्धा पालते हैं—उससे ऊपर केवल ईश्वर को मानते हैं।

" ऐसी स्थिति में परम कृपालु राज राजेश्वरी का मुझ सरीखा तुच्छ सेवक क्यों न उस

व्यक्ति के प्रति श्रद्धा रखने पर हर्ष और गौरव का अनुभव करे जिसे सभी लोग संसार भर में सर्वाधिक सम्माननीय और पूज्य मानते हैं।]"

(पूर्वोक्त, पृ. 30)

भारतेंदु साधन-संपन्न और संपर्क-संपन्न थे और अपनी राजभक्ति को उपयुक्त लोगों के नोटिस में लाने का सचेत प्रयत्न करते थे—ठीक सितारेहिंद और सैयद अहमद की तरह। लेकिन यह राजभक्ति कोई उनकी व्यक्तिगत विशेषता ही नहीं थी। प्रतापनारायण मिश्र अपने लेख 'हम राजभक्त हैं' में लिखते हैं :

"...गीता में तो साफ लिखा है कि मनुष्यों में राजा भगवान् का रूप है। भगवान का रूप क्या साक्षात् भगवान होने का प्रत्यक्ष प्रमाण यही है कि मुसलमान, ईसाई, ब्राह्म आर्य सब हमको ईश्वरविमुख कहते हैं पर हम अपने अयोध्याधिपति भगवान रामचंद्र को अपना इष्टदेव मुक्तिदाता और धर्मसर्वस्व मानते हैं। इससे अधिक हमारी राजभक्ति का नमूना क्या होगा। जिस राजा ने हमको थोड़ा अच्छी तरह रखा हम उसी के उपासक हो जाते हैं।...हमारे समान कोई विरली ही जाति राजभक्त होगी। राजा की जाति, धर्म, आचार-व्यवहार कुछ भी हो हम उसे मान्य करते हैं।...फिर जो कोई हमारी राजभक्ति में संदेह करे, वह अवश्य न्याय के गले में छुरी फेरता है। हमारे इस सिद्धांत का खंडन आधुनिक गवर्नमेंट के झूठे खुशामदी सन् 1857 के बलवे के सिवा और कोई दोष नहीं लगा सकते। पर उन्हें भी समझना चाहिए कि वह अपराध प्रजा का न था, किसी प्रतिष्ठित हिंदू-मुसलमान का दोष न था, केवल थोड़ी-सी अदूरदर्शिता के कारण हमारे भारतीय नेशन मात्र को कलंक लगाना बुद्धिमत्ता से दूर है। यदि मान ही लें कि वह अपराध हिंदुस्तानियों ही का था तो भी इसका क्या उत्तर है कि उस घोर संकट के समय में हमारी सरकार को सचमुच सहायता किसने दी थी ? हमीं ने। क्योंकि हम राजभक्त हैं। राजभक्ति हमारा सनातन धर्म है। इतर उपधर्मों का हम तभी तक विचार करते हैं जब तक हमारी राजभक्ति में हानि न हो। खाने-पीने में छुआछूत, जहाज पर से विदेश-यात्रा, बिना स्नान किए हुए भोजन इत्यादि पर रोक (पु. अ.) हमारे धर्म के अंग हैं। पर राजा का काम लगे तो हमें उनमें किंचित आग्रह नहीं है। यह बात हम कई बेर दिखा चुके हैं फिर भी हमारी राजभक्ति में कोई संदेह करे तो लाचारी है। शरीफ हिंदू, मुसलमानों में ऐसा संदेह करना दूरदर्शिता की हत्या लेना है।" (ग्रंथावली, पृ. 148-49)

1857 के दोष से मुक्ति की चेष्टा और राजभक्ति को सनातन धर्म बतलाने की उत्कंठा के साथ इस उद्धरण में गौरतलब है 'भारतीय नेशन' पद का प्रयोग और 1857 की अदूरदर्शिता से संबंध-विच्छेद के लिए 'शरीफ़' हिंदू-मुसलमान दोनों की इच्छा का रेखांकन। संकट के समय राजा का साथ देने की याद प्रतापनारायण मिश्र 'ब्रैडला स्वागत' (1889) में भी दिलाते हैं :

सन् सत्तावन माहि जबहि कछु सेना बिगरी।
तब राजा दिशि रही सुदृढ़ है परजा सिगरी।।

ठौर-ठौर निज घर लुटवाए अरु फुँकवाए।
प्रान खोय बहु ब्रिटिश वर्ग के प्रान बचाए।।

ऐसे अनेक उदाहरण दिए जा सकते हैं, जिनसे स्पष्ट होता है कि हिंदी नवजागरण की संवेदना में ब्रिटिश राज के प्रति सचेत वैरभाव का स्थान सचेत राजभक्ति ने ले लिया था, साथ ही यह भी सच है कि इस काल में सामाजिक 'स्वत्व' की अवधारणा 1857 के अनुभव से कम और मध्यकालीन संघर्षों की स्मृति से अधिक प्रेरित थी। आज सवा सौ बरस बाद नवजागरण पर सपाट किस्म के मूल्यनिर्णय देना व्यर्थ है और उतना ही व्यर्थ है 1857 को हिंदी नवजागरण का गोमुख मानना। नवजागरण कालीन चेतना ने सभी आधुनिक भारतीय भाषाओं के साहित्यिक संस्कार गढ़ने में और हमारे आज के आत्मबोध के निर्माण में गहरा योगदान किया है। आज जबकि इस आत्मबोध की सीमाएँ और आंतरिक तनाव प्रकट हो रहे हैं, तो उन अनसुलझे तनावों का संश्लिष्ट समग्र बोध विकसित करना जरूरी है जिनसे नवजागरण कालीन चेतना टकरा रही थी। ऐसा बोध विकसित करने के लिए जरूरी है अनसुलझे तनावों से टकराना, अनपूछे प्रश्नों का पूछा जाना...

यह आलेख इसी दिशा में एक आरंभिक कोशिश है।

[1997]

3

साहित्य क्या है ?—एक बहुदेववादी उत्तर !

साहित्य क्या है ?

इस प्रश्न का उत्तर खोजने के लिए मैं सायास अतीत की ओर गया। डायरियों, नोट बुकों में यहाँ-वहाँ दर्ज की गई टिप्पणियों के सहारे अपने अतीत में और यहाँ-वहाँ देख-सुन ली दो-चार बातों और किताबों के सहारे अपने समय के अतीत में। ऐसा क्यों किया मैंने ? प्रश्न तो आज पूछा जा रहा है। अतीत का अटाला खँगालने की जरूरत ? एक तो यही कि प्रश्न (या कम से कम उसकी भंगिमा) गंभीर है, तो उत्तर भी ऐसा होना चाहिए, जिसमें अपने अब तक के यत्किंचित सोच-विचार की शिरकत हो। वह सिर्फ तात्कालिक प्रतिक्रिया न रह जाए। दूसरी बात यह कि प्रश्न गंभीर है, महत्त्वपूर्ण है, लेकिन अभूतपूर्व अवश्य ही नहीं है। सो अतीत का अटाला खँगालना ठीक ही था। हाथ जो लगा, उसकी सार्थकता निरर्थकता का निर्णय आप करें, अपनी ओर से तो प्रस्तुत है यह अंतरिम रिपोर्ट। अंतिम नहीं, अंतरिम।

आगे बढ़ने से पहले चेतावनी :

'साहित्य क्या है ?' यह प्रश्न उठाकर हम आशा न करें कि उत्तर में वह परिभाषा पा सकेंगे जो प्रश्न के चारों खूँटे घेर ले। परिभाषा का यह काम नहीं है। परिभाषा सहायक होती है, वह प्रश्नवाचक चिह्न को मिटा नहीं देती। परिभाषा द्वारा प्रश्नवाचक चिह्न को मिटा देने का यत्न हमें नहीं करना चाहिए। यह समझ लेना चाहिए कि हमारे सब प्रकार के ज्ञान के आगे और साथ, सदा प्रश्नवाचक चिह्न चलता है। हमारा कर्तव्य है कि हम इस चिह्न को ठेलकर आगे से आगे बढ़ाते रहें। पर, यह भी हम करें कि उसे अपनी आँखों की ओट कभी न होने दें। जब ऐसा होता है तभी आदमी में कट्टर अंधता (Dogma) आती है और उसका विकास रुक जाता है।

—(जैनेन्द्र कुमार, 'साहित्य क्या है ?')

चेतावनी के साथ एक सवाल भी, इस सवाल की जरूरत ही क्या है कि 'साहित्य क्या है ?'

[1]

'कांतासम्मित उपदेश' और 'जीवन की आलोचना' सरीखे सूत्रों से होड़ करते हुए कहा जा सकता है कि साहित्य मनुष्य की मजबूरी है। निश्चय ही हर मनुष्य की नहीं, बल्कि उस अवधारणा—'मनुष्य'—की जिसके जरिए हम गत, आगत और वर्तमान के असंख्य मनुष्यों की विशेषताओं और अनुभवों के सार को व्यक्त करते हैं। मजबूरी इसलिए कि साहित्य कोई खाने-कमाने या चरित्र चमकाने की तो चीज है नहीं। भाषा के अन्य, व्यावहारिक प्रयोगों के जरिए लोग दीन-दुनिया का ज्ञान हासिल करते हैं। सफल और सार्थक, जीवन बिताने की, समाज को संचालित करने की कला सीखते हैं। 'पंचतंत्र' सरीखे अपवादों को छोड़ दें, तो साहित्यिक कृतियाँ आम तौर से यह दावा नहीं करतीं कि वे साल-छह महीने में किसी मूर्ख को चतुर सुजान या किसी हत्यारे को संत-महात्मा बना देंगी। यदि किसी साहित्यिक कृति के कारण ऐसा हो जाए तो प्रभु की कृपा, लेकिन 'हृदय परिवर्तन' को साहित्य का व्यवच्छेदक लक्षण या मूल्यांकन का प्रतिमान तो नहीं ही बनाया जा सकता। रुद्रट का कथन याद करें तो :

न हि कविना परदारा एष्टव्या नापि चोपदेष्टव्याः
कर्तव्यतयान्येषां न च तदुपायोऽभिधातव्यः
किंतु तदीयं वृत्तं काव्यांगतया स केवलं वक्ति
आराधियुतुं विदुषस्तेन न दोषः कवरेत्र।।

कवि के लिए 'परदारा' की ऐषणा या उसके लिए उपाय-उपदेश का सवाल उतना महत्त्वपूर्ण नहीं है, जितना कि ऐसे वृत्त के काव्यांगपरक कथन का सवाल। साहित्य का काम एक तरफ 'हृदय परिवर्तन' से कुछ भिन्न है, तो दूसरी तरफ परदारा प्राप्ति के उपाय निरूपण से भी। साहित्य की सार्थकता बहसतलब हो सकती है, लेकिन किसी 'व्यावहारिक लक्ष्य की तत्काल सिद्धि' के प्रसंग में उसकी निरर्थकता तो स्वयंसिद्ध है।

फिर भी न केवल, अपेक्षाकृत जटिल, तथाकथित 'उच्चतर' सभ्यताओं में, बल्कि सरल संवेदनों, प्रत्यक्ष सामाजिक अंतस्संबंधों पर आधारित मानव समूहों में भी हम देखते हैं कि भाषा के सारे प्रयोग केवल व्यावहारिक, सूचनापरक या ज्ञानमूलक नहीं होते। एक तरफ भाषा के ऐसे प्रयोग हैं, तो दूसरी तरफ अनिवार्यतः ऐसे प्रयोग भी, जिन्हें सर्जनात्मक, लालित्यपूर्ण, संवेगात्मक आदि कहा गया है। तो क्या हम यह भी मानें कि साहित्य की पहचान के लिए भाषा का सर्जनात्मक प्रयोग पर्याप्त लक्षण है ? ऐसा मानने की कठिनाइयाँ भी स्वयंसिद्ध हैं। कई बार नितांत व्यावहारिक, घोषित रूप से तात्कालिक लक्ष्य (बल्कि लाभ) की प्राप्ति के लिए किए जाने वाले प्रयोगों की भाषा भी सर्जनात्मक, लालित्यपूर्ण होती है। मसलन पुराने जमाने की राजाज्ञाओं की और इस जमाने के विज्ञापनों की। तो क्या ये सब साहित्य हैं ?

जाहिर है कि भाषा की सर्जनात्मकता भी साहित्य को परिभाषित करने के लिए उसी

तरह नाकाफी है, जैसे कि हृदय परिवर्तन की क्षमता। यहाँ हम थोड़ा सोचें कि इस पूरे प्रयत्न की जरूरत ही क्या है कि हम पूछें कि साहित्य क्या है ?

जब यह सवाल पूछा जाता है कि 'साहित्य क्या है ?' तो आमतौर से आशय यह होता है कि साहित्य क्यों है ? उसका प्रयोजन क्या है ? कहा जा सकता है कि साहित्य भाषा का विशिष्ट प्रयोग तो होता है ही, उसमें पूछना क्या ? जिज्ञासा यही होनी चाहिए कि साहित्य क्यों है ? साहित्य के प्रयोजन के बारे में ऐसी जिज्ञासा तभी व्यापक रूप से उत्पन्न होती है कि जब प्रचलित परिभाषाएँ और प्रदत्त प्रयोजन अपर्याप्त लगने लगें। हमारी अपनी परंपरा में अपर्याप्तता का ऐसा बोध औपनिवेशिक दौर में बहुत सघन था। साहित्य की लोकोत्तर आनंदपरक या शुद्ध सौंदर्यपरक परिभाषाओं से असंतुष्ट सांस्कृतिक चेतना ने साहित्य को सामाजिक प्रासंगिकता या उपयोगिता के प्रसंग में देखना चाहा। इस नए ढंग से साहित्य को परिभाषित करने के प्रयत्नों की एक महत्त्वपूर्ण परिणति है—आचार्य महावीरप्रसाद द्विवेदी का निबंध—'साहित्य की महत्ता'। जैसे उन्नीसवीं सदी के इंग्लैंड में साहित्य 'पोलाइट पासटाइम' की बजाय 'ऑटोबायोग्राफी ऑफ नेशन' का रूप ले रहा था, वैसे ही औपनिवेशिक भारत में भी साहित्य जातीय अस्मिता के अनुष्ठान में बदल रहा था। सारी परंपरा का पुनर्गठन सामाजिक और जातीय प्रासंगिकता के प्रतिमानों पर किया गया, और हम देखते हैं कि देव और बिहारी के बीच श्रेष्ठता का विवाद न केवल 'आउटडेटेड' बल्कि उपहासास्पद बन गया; तुलसीदास मुख्यतः भक्त की बजाय मुख्यतः कवि बन गए। उनकी भक्ति उनकी कविता को समझने का माध्यम बन गई। यह और बात है कि साहित्यिक और एकेडमिक विमर्श के बाहर अभी भी तुलसीदास की कविता उनकी भक्ति के संप्रेषण का माध्यम है। इस विमर्श से बाहर की जनता के लिए 'रामचरितमानस' अभी भी प्रधान रूप में धर्मग्रंथ ही है।

परंपरा का पुनर्पाठ, साहित्यिकता का नए सिरे से निर्धारण—अपने आपमें, साहित्य की उस वक्त उपलब्ध परिभाषाओं के प्रति असंतोष का प्रमाण है। 'पूर्वग्रह' द्वारा इस वक्त यह सवाल उठाए जाने के पीछे भी क्या इसी तरह का असंतोष है ? होना तो चाहिए। जब राष्ट्र की अवधारणा ही संदिग्ध हो उठी है, तो साहित्य को 'राष्ट्र की आत्मकथा' के रूप में कैसे पढ़ा जाए ? जब राष्ट्र के विभिन्न टुकड़े अपनी-अपनी अस्मिता का पुरजोर रेखांकन कर रहे हैं—(टुकड़े भौगोलिक अर्थ में नहीं, सामाजिक सांस्कृतिक अस्मिता के अर्थ में) तो क्यों न साहित्य को अस्मिताओं (मसलन नारी या दलित) की 'आत्मकथा' के रूप में पढ़ा जाए ? जब साहित्य (और कला) की सामाजिक जिम्मेवारी की अवधारणा सृजनात्मक रचनाकारों पर राक्षसी आक्रमणों के रूप में फलीभूत हो रही तो क्यों न साहित्य और कला को सामाजिक संदर्भ से सर्वथा स्वायत्त करके देखा जाए ? क्यों न साहित्य को हर तरह के महत् प्रयोजन से मुक्त करने की वकालत की जाए ? जितना स्वाभाविक साहित्य की उपलब्ध परिभाषाओं की अपर्याप्तता का बोध है, उतना ही स्वाभाविक है, उपर्युक्त दो में से किसी एक रास्ते पर चल पड़ने का प्रलोभन।

लेकिन क्या रास्ते ये दो ही हैं ?

[2]

असल में समस्या यह है कि साहित्य को परिभाषित करने का कोई भी प्रयत्न अन्य परिभाषा प्रयत्नों से असंबद्ध नहीं हो सकता। जो चेतना साहित्य को परिभाषित करने का प्रयत्न करती है, वह यह भी तो निर्धारित करना चाहेगी कि इतिहास क्या है ? संस्कृति क्या है ? धर्म क्या है? ईश्वर क्या है ? ऐसे प्रश्नों के उत्तर परस्पर संबद्ध भी हो सकते हैं–कम-से-कम तार्किक सुसंगति की ऐसी माँग है। जरूरी नहीं कि वास्तविक व्यवहार में भी ऐसा ही हो। बल्कि होता तो यही है कि हममें से अधिकांश साहित्य में इहलोकवादी, संस्कार में धर्मवादी और व्यावहारिक जीवन में अवसरवादी ढंग से जीने को या तो विवश हैं, या उत्सुक। बहरहाल, परिभाषा-निर्धारण के तार्किक धरातल पर तो यह कठिन ही है कि आप साहित्य को तो समाज का दर्पण मानें और इतिहास को ईश्वर की इच्छा। सवाल किसी परिभाषा के सही या गलत होने का नहीं, परिभाषाओं की परस्पर संबद्धता का है। यह संबद्धता विभिन्न मानवीय प्रयत्नों के प्रयोजनों की परस्पर संबद्धता की सूचना देती है।

यह संबद्धता याद दिलाई जाए–यह जरूरी है। महत् प्रयोजन और महावृत्तांत के आत्यंतिक दबाव का जो प्रतिवाद इन दिनों फैशनेबल है, उसका इतना ज्यादा जोर 'अन्यत्व', 'भिन्नता' और 'अस्मिता' पर है कि दो अत्यंत महत्त्वपूर्ण तथ्य हम भूलते जा रहे हैं। एक तो यह कि सार्वभौमिकता का दावा करने वाला, अपने आपको स्वाभाविक सत्य के रूप में आरोपित करने वाला तानाशाह 'रीजन' (यूरोप को संसार का केंद्र मानना जिसका स्वभाव है) और मनुष्य का संवादधर्मी, साझा चैतन्य एक ही चीज के दो नाम नहीं हैं। 'रीजन' सांस्कृतिक परंपरा विशेष को प्रतिमान बना देता है; प्रगति का प्रमाण यह हो जाता है कि कोई समाज अपनी आंतरिक और बाहरी बनावट में यूरोप के कितना निकट पहुँचा। संवादधर्मी चैतन्य ऐसी यूरोपकेंद्रिक दृष्टि की प्रतिक्रिया मात्र तक सीमित नहीं रह सकता; वह अस्मिता संरक्षण के नाम पर आत्ममोह की प्रतिष्ठा नहीं कर सकता। एक संभावना यह है–दुर्भाग्य से अभी तक संभावना ही–कि विभिन्न सांस्कृतिक परंपराएँ परस्पर संवाद करें और वह संवाद, भागीदारी पर आधारित–इस अर्थ में 'यूनिवर्सल'–तर्क और नैतिकता में फलीभूत हो। यह असंभव नहीं है–लेकिन तभी जब हम महसूस करें कि सारी भिन्नता के बावजूद मनुष्य की अवधारणा में, उसकी विविध सांस्कृतिक फलश्रुतियों में कुछ साझा भी है। यह साझापन भी उतनी ही दूर तक तथ्य और कंस्ट्रक्ट है, जितनी दूर तक अस्मिता। जितना महत्त्वपूर्ण अस्मिताओं का रेखांकन है, उतना ही संबद्धता का स्मरण भी।

इसी के साथ है दूसरा महत्त्वपूर्ण तथ्य। बल्कि इसी तथ्य का व्यावहारिक रूप। कोई भी मनुष्य अपने सामाजिक अस्तित्व में सिर्फ अस्मिता विशेष को ही नहीं, संबद्धता को भी धारण करता है। सच तो यह है कि अस्मिता का बोध ही संबद्धताओं के समुच्चय पर निर्भर करता है। औपनिषदिक उपमा याद करें। जो एक का पिता है, वही

दूसरे का पुत्र भी। एक प्रसंग में उसका आचरण इन संबंधों से निर्धारित होता है, तो दूसरे प्रसंग में, आत्मज्ञान के प्रसंग में, संबंधातीत होने से। ये दोनों प्रसंग एक दूसरे को खारिज नहीं करते। अस्मिता विमर्श के उत्साह में भूल नहीं जाना चाहिए कि व्यक्तित्व का अपना अर्थ है, अपनी परिणतियाँ। सामाजिक रूप से दलित अस्मिता को धारण करने वाला व्यक्ति—एक व्यक्ति के रूप में, एक कर्ता के रूप में—स्वयं दलनकारी भी हो सकता है।

इन दो तथ्यों की उपेक्षा कर, महावृत्तांत का प्रतिवाद करने वाला विमर्श दो रूप धारण करता है। एक रूप में वह 'आइडेंटिटी', 'जेंडर' और 'एथनिसिटी' की असंबद्धता और स्वायत्तता का बखान करता है, तो दूसरे रूप में साहित्य, कला और सर्जनात्मकता की हर तरह के महत प्रयोजन से मुक्ति की वकालत।

'साहित्य क्या है ?' जैसे प्रश्न उठाने की जरूरत इसलिए भी है कि हम महावृत्तांत की यथावत् स्वीकृति बनाम परस्पर संबद्धता के पूर्ण नकार के सुविधापूर्ण चयन से बाहर निकलकर साझे मानवीय चैतन्य की संभावनाएँ टटोल सकें।

[3]

इन संभावनाओं का एक रास्ता तो यहीं से खुलता है कि हम स्वीकार करें कि प्रश्न शाश्वत है; उत्तर इतिहास सापेक्ष ही हो सकता है। प्रश्न सार्वभौम है, उत्तर संस्कृति सापेक्ष ही होगा। 'साहित्य क्या है ?' यह सभी परंपराएँ पूछती रही हैं, और भिन्न-भिन्न उत्तरों से स्वयं को संतुष्ट करती रही हैं। हर संतोष सिद्धांततः दूसरे संतोष जितना तार्किक या अतार्किक हो सकता है। एक इतिहास-सापेक्ष उत्तर को शाश्वत, एक संस्कृति-सापेक्ष उत्तर को सार्वभौम और अन्यों को धर्मद्रोही अथवा प्रतिक्रियावादी मानना व्यर्थ है। ध्यान दें, मैंने कहा इतिहास-सापेक्ष और संस्कृति-सापेक्ष। इस सापेक्षता की सहज स्वीकृति जरूरी है ताकि हम किसी भी उत्तर को तानाशाही का रूपक न बना बैठें और इस बात का परीक्षण कर सकें कि इस (या किसी भी) एक प्रश्न के विभिन्न परंपराओं में अर्जित उत्तरों के बीच सम्मानपूर्ण संवाद की जमीन कहाँ है।

इस संवाद की जमीन का एक कोना तो हम अभी पहचान सकते हैं। इतना माना जा सकता है कि 'साहित्य' (विभिन्न संस्कृतियों में इसकी परिभाषा के बारे में जो भी आम राय बनी हो या न बनी हो) का संबंध मनुष्य की किसी एक गतिविधि, मनुष्यत्व के किसी एक पहलू से न होकर उसकी समग्रता से है। कवियों के प्रति प्लेटो की विख्यात वितृष्णा का कारण यही था कि प्लेटो के अनुसार मनुष्य की चेतना को समग्रता में प्रभावित करने का, उसे 'दिशा निर्देश' देने का एकाधिकार दर्शन का है, और प्लेटो को लगता था कि साहित्य दर्शन द्वारा निर्धारित सत्य एवं मर्यादा का अनुगमन करने की बजाय खुद अपने लिए यह अधिकार तलब करता है कि वह मनुष्य चेतना की

समग्रता के साथ संवाद स्थापित कर सके। इसीलिए प्लेटो के अनुसार, "कविता और दर्शन का झगड़ा बहुत पुराना है।"

यूरोपीय चिंतन-परंपरा की केंद्रीय समस्याओं में से एक रही है, इस झगड़े का निदान करने की कोशिश। एक दिशा यह है कि साहित्यकार को मानवात्मा का शिल्पी होना चाहिए, लेकिन शिल्प का नक्शा उसे प्राप्त करना चाहिए दर्शन/धर्म/विचारधारा/यूटोपिया या सीधे सत्ता से। दूसरी दिशा यह है कि साहित्य भाषा का वह प्रयोग है, जो आत्मसंदर्भित ही होता है। इसी झगड़े का एक समाधान यह भी है कि प्राक्‌आधुनिक संस्कृति में मनुष्य की आत्मा को छूने का जो काम धर्म करता था, वह विज्ञान द्वारा धर्म को निस्तेज कर दिए जाने के औद्योगिक युग में कविता करेगी। साहित्य के प्रति आशंका की प्लेटोनिक स्थिति हो या साहित्य से आध्यात्मिक अपेक्षाओं की आधुनिक स्थिति, साहित्य द्वारा मानवीय समग्रता के स्पर्श की स्वीकृति दोनों में अंतर्निहित है।

व्यक्तिगत आत्म, सामाजिक अस्मिता और सांस्कृतिक विशिष्टता से रूपायित होते हुए भी रचना विशेष की साहित्यिकता का गहरा संबंध मानवीय अनुभव और चेतना की समग्रता से है। साहित्य—लेखक और पाठक दोनों के आत्म का विस्तार करता है, उन्हें व्यावहारिक अनुभव की सीमाओं के परे जाने का अवसर देकर। वास्तव में आप जिन लोगों और जिन स्थितियों से कोई वास्ता नहीं रखते, साहित्य के जरिए न केवल उन्हें पहचान सकते हैं, शायद उनसे 'आइडेंटीफाई' भी कर सकते हैं। दृश्य माध्यमों के सर्वथा विपरीत, शब्दों से अपनी दुनिया गढ़ने के कारण साहित्य पाठक को बहुत बड़ी हद तक स्वायत्तता भी देता है कि वह रचना द्वारा उकेरे गए चित्र में रंग अपनी ओर से भर सके। अपनी स्मृतियों को रचना के पाठ से जोड़कर दोनों का अर्थानुसंधान कर सके। 'गोदान' का होरी मुझे मुहल्ले के गनपतिया चमार से भी जोड़ सकता है और फिल्म 'गोदान' में होरी का रोल करने वाले अभिनेता से भी।

अस्मिता-विमर्श से प्रेरित रचनाएँ हों, या अस्मिता-विमर्श के साक्ष्य के रूप में उद्धृत रचनाएँ, उनकी साहित्यिकता का निर्धारण किसी प्रदत्त सौंदर्यशास्त्र की कसौटियों पर नहीं बल्कि इस बात पर निर्भर करता है कि वे भाषा की सर्जनात्मक संभावना और लेखक-पाठक दोनों के आत्मबोध का कितना विस्तार कर पाती हैं। पाठक की संवेदना को पहले से तय निष्कर्षों की ओर ले जाने की बजाय उसके अपने विवेक संवेदन के लिए कितना अवकाश छोड़ती है। परंपरा और समकालीनता में स्थित मनुष्य को जो रचना जितना ज्यादा अवसर या उत्तेजन इस बात का दे कि वह अपने बौद्धिक, संस्कारगत और सामाजिक आत्म के परे जाकर 'अन्य' को समझ सके, वह शायद उतनी ही ज्यादा साहित्यिक रचना होगी।

साहित्य—लेखक और पाठक दोनों के लिए—भाषा के माध्यम से परकाया प्रवेश की साधना है।

[4]

उपर्युक्त परिभाषा, जाहिर है कि साहित्य की एक विशेषता को रेखांकित करती है, लेकिन क्या यह सदा सर्वदा के लिए निर्धारित है कि कौन सी रचना इस प्रकार के परकाया प्रवेश के रूप में पढ़ी जा सकती है, कौन सी नहीं ? साथ ही, क्या यही साहित्य की एकमात्र विशेषता है ? इन प्रश्नों के अनेक उत्तर संभव हैं, हम उन पर ध्यान केंद्रित करें जो इन दिनों लोगों का ध्यान आकर्षित कर रहे हैं।

यह 'पोयटिक जस्टिस' का ही एक नमूना है कि जिस यूरोपीय परंपरा में साहित्य को दर्शन के बराबर की हैसियत देने में लगातार हिचक महसूस की गई, उसी के उत्तरआधुनिक पड़ाव में सारे बौद्धिक अनुष्ठान को मात्र 'लेखन' माना जा रहा है। 'सत्य' और 'तथ्य' पर इतिहास, दर्शन आदि के किसी विशेषाधिकार को रद्द करते हुए, उन्हें मूलतः 'पाठ' माना रहा है और उन उपकरणों से ही उनका मूल्यांकन करने का प्रस्ताव किया जा रहा है, जिनसे अब तक साहित्य को जाँचा जाता रहा है। इस बुनियादी परिवर्तन की ही तार्किक परिणति है कि स्वयं साहित्य की किसी प्रदत्त, अंतर्निहित 'साहित्यिकता' को नकारा जा रहा है।

देरिदा के शब्दों में :

"ऐसा कोई पाठ नहीं जो अपने में साहित्यिक हो। साहित्यिकता पाठ का कोई स्वाभाविक सत्त्व या उसका आभ्यंतरिक गुण धर्म नहीं है। वह तो पाठ के प्रति एक अभिप्रेत संबंध के साथ अन्योन्याश्रित है, अभिप्रेत संबंध जो अपने भीतर एक घटक या अभीष्ट तह के रूप में उन नियमों की कमोबेश अस्पष्ट चेतना समोए रहता है जो या तो अभिसामयिक हैं या संहितात्मक हैं–हर स्थिति में सामाजिक। निश्चय ही इसका यह मतलब नहीं कि साहित्यिकता–हर पाठक की आनुभविक आत्मपरकता या सनक के अर्थ में–महज प्रक्षेपात्मक या आत्मपरक है। पाठ का साहित्यिक चरित्र अभिप्रेत लक्ष्य के सिरे पर, चाहें तो कह लें कि उसकी अर्थ-ग्रामीय संरचना में, अंकित होता है, महज बौद्धिक क्रिया के आत्मपरक सिरे पर नहीं। पाठ 'में' ऐसे लक्षण मौजूद होते हैं जो साहित्यिक पठन की माँग करते हैं और साहित्य के अभिसमय, संहिता या इतिहास का प्रत्याह्वान करते हैं।" (पूर्वग्रह–103, पृ. 23-24)

इस कथन के साथ दो और कथन पढ़ें तो देरिदा की (और उनके बहाने यूरोपीय चिंतन परंपरा की) बेचैनी और स्पष्ट हो जाएगी :

साहित्य में आप एक ऐसी चीज को हमेशा उत्कीर्ण कर सकते हैं, जिसकी नियति मूलतः साहित्यिक होने की नहीं थी।

X X X

साहित्य संभवतः हर चीज के सीमांत पर खड़ा होता है, खुद समेत लगभग हर चीज के परे। वह दुनिया की सबसे दिलचस्प चीज है, शायद दुनिया से अधिक दिलचस्प चीज,

और यही कारण है कि यदि इसकी कोई परिभाषा नहीं है तो जो कुछ भी साहित्य के नाम पर घोषित और नामंजूर किया जाता है उसे किसी अन्य प्रवचन के साथ मिलाकर नहीं देखा जा सकता। वह कभी भी वैज्ञानिक, दार्शनिक, संवाद विषयक नहीं होगा।

(पूर्वग्रह–103, पृ. 25)

सत्य के विशेषाधिकारी दावों के बरक्स साहित्य की अपनी शख़्सियत का यह रेखांकन अपने आपमें तो रोचक है ही, ऐतिहासिक रूप से इस अर्थ में महत्त्वपूर्ण है कि इसके द्वारा चिंतन-परंपरा विशेष में साहित्य के अपने अवकाश की स्पष्ट अवधारणा का न होना व्यंजित हो रहा है। 'सत्य' के एक ही वैध पाठ की जो अवधारणा दूसरे समाजों को उपनिवेश बनाती है, वह अपने 'आत्म' में भी 'सत्य' के किसी एक निरूपण को अन्यों की हैसियत तय करने का विशेषाधिकार प्रदान करती है। इस अवधारणा की परिणतियों का जो प्रतिवाद देरिदा की 'पोजीशन' को परिभाषित करता है, वह स्वयं आत्यंतिक हो जाता है, जबकि वे 'तमाम प्रवचनों के प्रति खुलेपन' के बावजूद यह कहते हैं कि साहित्य को 'किसी अन्य प्रवचन के साथ मिलाकर नहीं देखा जा सकता।' ऐसी मान्यता महावृत्तांतों और सत्य के विशेषाधिकारी पाठों के शक्तिविमर्श में निहित पदानुक्रम के प्रतिवाद की प्रभावी भंगिमा तो हो सकती है, लेकिन इसे सिद्धांत बनाना कठिन है। वजह यह कि साहित्य का माध्यम–भाषा–अपने स्वभाव से ही अन्य सर्जनात्मक माध्यमों से इस अर्थ में विशिष्ट है कि वह मनुष्य मात्र को सर्वाधिक सामान्य रूप से सुलभ माध्यम भी है–अभिव्यक्ति का ही नहीं, अनुभूति का भी। यही कारण है कि **भाषा में ही** संभव होने वाले 'अन्य प्रवचनों' के कारण **भाषा में ही** संभव होने वाले साहित्य का संबंध सिर्फ खुलेपन तक सीमित न होकर घुलेमिलेपन के सीमांतों तक पहुँचता है। जिस बात पर बल देने की जरूरत है वह यह कि ऐसा संबंध किसी एक प्रयत्न या प्रवचन की प्राथमिकता के बजाय सभी की पारस्परिकता पर भी निर्भर हो सकता है।

[5]

संस्कृत काव्यशास्त्र और उससे प्रेरित आधुनिक आलोचना दृष्टियों को हम साहित्य एवं अन्य प्रवचनों–विमर्शों–की ऐसी पारस्परिकता की संहिता विकसित करने के प्रयत्न के रूप में पढ़ सकते हैं। प्रयत्न के ही रूप में, फलश्रुति के रूप में नहीं। एक प्रस्थान के रूप में, परिणति के रूप में नहीं। हाँ, इस प्रस्थान में यह संभावना अवश्य है कि हम साहित्य और अन्य विमर्शों के संबंध को प्राथमिकता और पदानुक्रम के स्थान पर पारस्परिकता की ओर उन्मुख कर सकें।

यहाँ केवल संक्षिप्त संकेत करें। निस्संदेह संस्कृत काव्यशास्त्र एक बृहत्तर नैतिक, वैचारिक विश्व का नागरिक है। ऐसा विश्व जिसे प्रश्नविद्ध तो किया ही जा सकता है,

खारिज भी किया जा सकता है। लेकिन प्रस्तुत तर्क के लिए महत्त्वपूर्ण है वह प्रयोजनमूलक स्वायत्तता जो इस विचारलोक में काव्य को हासिल है। धर्माधर्मनिर्णय, कलियुग का निवारण और संशय का शमन—ये सब इस विचारलोक में साहित्य के प्रयोजन नहीं हैं। उलटे उसे इस बात का अधिकार प्राप्त है कि वह ऐसे किसी भी निर्णय, निवारण और शमन पर अपने ढंग से संदेह कर सके। साझे विचारलोक की नागरिकता के बावजूद उसे हक है कि वह वर्चस्वशील विचारधारा के उपदेश के बरक्स अपने उपदेश का प्रस्ताव कर सके। हम ऐसे विचारलोक की कल्पना इस उत्तरआधुनिक समय में कर सकते हैं, जिसमें साझेदारी की हैसियत रखते हुए साहित्य दर्शन और विचारधारा का मात्र वहन करने के लिए विवश न हो, बल्कि अपनी प्रयोजनमूलक स्वायत्तता बनाए रख सके। जरूरत पड़ने पर उस विचारलोक की सीमाओं के परिवर्तन या विस्तार का प्रस्ताव भी ऐन अपनी शख्सियत के साथ कर सके, किसी साहित्येतर वैचारिक निर्मिति का अनुगमन करने के लिए विवश होकर नहीं। संस्कृत काव्यशास्त्र के प्रस्थान बिंदु और उसके स्वयंसिद्ध इस बात की प्रबल संभावना रेखांकित करते हैं कि हम साहित्य में 'कुछ भी कह सकें', बल्कि कहना चाहिए कि 'कुछ भी पूछ सकें' (देखें—वागीश शुक्ल का लेख 'कथा श्रृणोतिः इन्द्रः...क्या इन्द्र सुनता है ?' पूर्वग्रह—103, विशेषकर, पृ. 51)—और यह बिना धर्मद्रोही होने का संताप झेले। निश्चय ही, 'कुछ भी पूछ लेने' की व्यावहारिक परिणति यदि साझे विचारलोक की आधारभूत सामाजिक संरचना के ही विरुद्ध जाए तो बात अलग हो जाएगी। लेकिन हम संस्कृत काव्यशास्त्र के स्वायत्तता रेखांकन के विस्तार की बात कर रहे हैं, न कि उसके विचारलोक और उसे धारण करने वाले समाजबोध को ज्यों का त्यों अपना लेने की।

'पाठ' की साहित्यिकता के निर्धारण के प्रसंग में भी संस्कृत काव्यशास्त्र की प्रयोजन और तात्पर्य विषयक अवधारणाएँ अत्यंत महत्त्वपूर्ण हैं। 'तात्पर्य' लेखक का नहीं, बल्कि रचना का अभिप्राय व्यंजित करता है। दूसरी ओर 'प्रयोजन' से स्पष्ट होता है कि पाठक साहित्यिक पाठ के समीप क्योंकर जाए। यह ध्यान देने योग्य है कि जब संस्कृत काव्यशास्त्र को आधुनिक, समाजपरक साहित्य-विमर्श से अनुकूलित किया गया, तो 'रामचरितमानस' को ही साहित्य की तरह पढ़ा गया, 'रामाज्ञाप्रश्न' को नहीं। 'पद्मावत' को ही सर्जनात्मक माना गया, 'आखिरी कलाम' को नहीं। इसे मानने का आधार केवल भाषा की सर्जनात्मकता नहीं है। निर्धारण का मुख्य आधार वाक्य या वाक्य समुच्चय में प्रयुक्त भाषा की 'साहित्यिकता' नहीं, बल्कि रचना के तात्पर्य की साहित्य के सामान्य प्रयोजन के साथ अनुकूलता है।

साहित्य—संभावना के धरातल पर—सर्वाधिक सार्वजनीन सर्जनात्मक प्रयत्न है, कुछ भी पूछने का—अनुव्याहरण का। सर्वाधिक सार्वजनीन इस अर्थ में कि उसका माध्यम—शब्द—प्रकृति से ही सर्वाधिक सार्वजनीन माध्यम है।

इस सार्वजनीन माध्यम में संभव होने वाले जो महावृत्तांत जीवन की समग्रता को और विचार के साझेदारीपरक स्वभाव को नकारते हैं, वे वस्तुतः एकेश्वरवाद के विविध रूपक हैं। समाज, ईश्वर, राष्ट्र, विचारधारा ये सब **एक** के विविध-रूपक हैं जिनकी ओर सारी गतिविधियाँ संचालित हैं या उन्हें होना चाहिए। वह **एक** जो सारी नैतिकता का स्रोत और सारी-सर्जनात्मकता का प्रतिमान है।

क्या एक ऐसे विमर्श की कल्पना संभव नहीं है जिसमें एक ईश्वर के स्थान पर अनेक देवता हों। जो परस्पर संवाद भी करें और झगड़ा भी। अपने अवकाश में जो अपनी हैसियत रखते हैं। अपने-अपने पुराणों में जिन्हें सर्वोच्च स्वीकार किया जा सके—और जो फिर भी एक साझे नैतिक विचारलोक के सदस्य हों, जो किसी ब्रह्मांडबोध की व्यापक सीमाओं को सामान्यतया स्वीकार करते हुए भी उनका अनुव्याहरण कर सकें—कुछ भी पूछ सकें।

यदि ऐसे किसी विमर्श की कल्पना संभव हो तो साहित्य अपने स्वभाव के फलस्वरूप, उस विमर्श का कारण भी है और परिणाम भी।

[1998]

4

कला का स्वधर्म : संस्कृत काव्यशास्त्र में काव्य और पुराण

'स्वधर्मे निधनंश्रेय परधर्मोभयावह...' गीता के इस प्रसिद्ध श्लोक में 'स्वधर्म' की पहचान वर्णाश्रम से होती है, लेकिन हम यदि 'धर्म' का अर्थ प्रकृति (स्वभाव) और सहज नैतिक बोध से लें, तो क्या कला का ऐसा कोई स्वधर्म हो सकता है, जिसके लिए कला प्राणों तक की आहुति देने को तैयार हो ? जाहिर है कि रूपक के बाहर तो यह आहुति कलाकार (या लेखक) के प्राणों की ही होगी। जहाँ तक स्वयं रचना का सवाल है, उसका तो मामला वैसा है जैसाकि मिखाइल बुल्गाकोव के उपन्यास 'मास्टर ऐंड मारग्रेटा' के उस पात्र ने अनुभव किया था, 'बड़ी मुश्किल से जलता है वह कागज जिस पर लिखावट का आवरण हो।'

बहरहाल, क्या कला, साहित्य, नाटक, नृत्य गरज कि सर्जनात्मक अभिव्यक्ति का ऐसा कोई स्वभावगत नैतिक बोध हो सकता है, जिसका पालन करते हुए निधन भी श्रेयस्कर हो और जिसका किसी परधर्म के लिए त्याग करना भयावह माना जाए ?

समाज और व्यक्ति के आधुनिक विमर्श और उसके विविध मुहावरों में उपरोक्त प्रश्न के अनेक उत्तर उपलब्ध हैं। इन मुहावरों में कला के स्वधर्म की पहचान राष्ट्र, क्रांति, परिवर्तन, समाज आदि के संदर्भ में होती है। कला का स्वधर्म यही तो है कि वह भावक को इस या उस सामाजिक प्रयोजन के निकट लाए। या तो उसे राष्ट्रप्रेमी बनाए या क्रांतिकारी। अपने लक्ष्य में विरोधी होते हुए भी ऐसी अपेक्षाएँ कला से रिश्ता बनाने के धरातल पर एक ही रास्ते चलती हैं। कला का काम किसी-न-किसी 'अन्य' द्वारा खोजे गए सत्य के अनुरूप स्वयं को ढालना, फिर अपने भावक को उस सत्य के अनुकूल बनाना है। मनुष्य की आध्यात्मिक वेदनाएँ हों या उसकी सामाजिक स्थिति कला को उन तक किसी 'अन्य' के बनाए रास्ते पर ही चलकर पहुँचना चाहिए। कला की कलात्मकता उसके अपने आंतरिक (गठन) से जाँची जा सकती है, लेकिन उसकी महानता तो इसी से तय होगी कि जिस 'अन्य' के बताए रास्ते पर चलना कला ने मंजूर किया, वह 'अन्य' कितना 'महान्' था।

दूसरी ओर कुछ लोग कला (या किसी भी सर्जनात्मकता) को आत्म-संदर्भित मानते हैं। कला का अस्तित्व इतिहास या समाज से परे, अपने आपमें स्वयं पूर्ण है। जितना

समाज या इतिहास कला में आता भी है वह तो सिर्फ एक बहाना है—कला द्वारा स्वयं को निखारने का। इस 'निखार' के प्रतिमानों के ऐतिहासिक, सामाजिक संदर्भों की बात भी करना फिजूल है, क्योंकि ऐसी कोई भी बात कला को उसके उच्च स्थान से हटाकर तुच्छता की ओर ले जाती है।

तो, एक समझ के मुताबिक कला का स्वधर्म है किसी अन्य द्वारा कमाए गए सत्य का गुणगान, किसी अन्य के बताए रास्ते पर चलना और दूसरी समझ के मुताबिक कला का स्वधर्म है, सिर्फ अपने लिए, सिर्फ अपने संदर्भ में जीना। कला या तो किसी-न-किसी 'मर्यादा' के अनुकूल हो सकती है, या फिर मर्यादा के सभी प्रश्नों, उनसे जुड़ी सभी असुविधाओं से उदासीन।

कला के 'स्वधर्म' की पड़ताल आगे बढ़ाने से पहले जरा सोचें—क्या उपरोक्त विकल्प कला के स्वभाव को ठीक-ठीक दरसाते हैं ? क्या सचमुच सारी महान् कला या कविता इसलिए महान् है कि वह किसी-न-किसी महत् प्रयोजन के अधीन लिखी गई है ? या सच्चाई इससे उलटी है ? कहीं ऐसा तो नहीं कि किसी समय मान्यताप्राप्त महत् प्रयोजन द्वारा कला की उपलब्ध परंपरा अपने प्रोजेक्ट में खींच ली जाती है ? जब हम इतिहास के एक खास मोड़ पर साहित्य को 'राष्ट्र की आत्मकथा' घोषित कर देते हैं, उसके बाद ही शेक्सपियर या तुलसीदास राष्ट्रीय गौरव के पुरस्कर्ता कवि कहे जाने लगते हैं। या जब हमें जाति के सवाल से मुँह चुराना हो, पारंपरिक वर्चस्व को ही आधुनिक राष्ट्रवाद का जामा पहनाना हो तो हमें कबीर लोक विद्वेषी और तुलसीदास 'समन्वयवादी' नजर आने लगते हैं। यह सवाल पूछना तक मर्यादा-विरोधी लगने लगता है कि स्वयं तुलसीदास की चेतना में 'समन्वय' का अर्थ और 'विवेक' का मतलब क्या था ? दूसरी ओर हम घोषित करते हैं कि कबीर की कविता में निहित वेदना असल में दलित धर्म की स्थापना के लक्ष्य से प्रेरित थी। तुलसी या कबीर की कविता के अपने स्वभाव का विश्लेषण आनुषंगिक हो जाता है। प्राथमिकता मिल जाती है—हिंदू जाति या हिंदी जाति या भारतीय राष्ट्र या दलित चेतना के प्रोजेक्ट को।

तो क्या कला की संवेदना में समाज कहीं होता ही नहीं ? या सिर्फ 'निखार' के बहाने के रूप में होता है ? या कला के अपने स्वभाव में समाज-विमुखता बद्धमूल है ? जिनके उदाहरण ऊपर दिए, उन दोनों कवियों का सरसरी निगाह से किया गया पाठ भी इस प्रश्न के नकारात्मक उत्तर की ओर ले जाएगा। बल्कि यहाँ से एक नया सवाल भी सामने आ जाएगा। तुलसी और कबीर की रचना को प्राथमिक रूप से कविता की तरह पढ़ना हमने कब से और किन परिस्थितियों में शुरू किया ? इस सवाल पर विस्तृत विवेचन की फिलहाल गुंजाइश नहीं, लेकिन इतना स्पष्ट है कि कला के स्वभाव की समग्रता को ध्यान में रखें तो न कला की अन्यपरकता अपरिहार्य है, न ही उसकी समाजविमुखता।

यह भी निर्विवाद है कि कला अपनी हकीकत में जितनी लौकिक है, सपनों में उतनी ही अलौकिक। अपने स्वरूप में जितनी प्रत्यक्ष है, स्वभाव में भी उतनी ही

रहस्यपूर्ण। अपनी रचना में जितनी देशकालबद्ध है, प्रभाव में उतनी सार्वभौमिक और कालातीत। जितना गहरा रिश्ता उसका समाज से है, उतना ही आत्मीय संबंध अंतरात्मा से।

कला के स्वधर्म की संतोषजनक अवधारणा कला के स्वभाव की उपरोक्त विशेषताओं को ध्यान में रखे बिना संभव नहीं।

असल में, कला के स्वधर्म अर्थात् नैतिक बोध की ऐसी अवधारणा जो कला के स्वभाव और उसकी अस्तित्वगत विशेषताओं के प्रति संवेदनशील हो जरूरी इसलिए है ताकि हम कला से ऊँटपटाँग माँगें करने और उन्हें पूरा न कर पाने वाली कला को देश-निकाला या प्राणदंड देने के क्रूर कर्म से बच सकें। इस क्रूरता से बचना कला पर कृपा करना नहीं, बल्कि स्वयं समाज और उसकी विविध संस्थाओं को प्राणवंत, स्पंदनशील बनाए रखना है। प्रचलित मर्यादा के अनुकूल न पड़ने वाली, प्रस्तावित 'मर्यादा' पर संदेह करने वाली कला को जो समाज देशनिकाला देता है, वह वस्तुतः अपनी अंतरात्मा और विवेक को देशनिकाला देता है। कला, कविता या किसी भी सर्जनात्मक उपक्रम की गंभीर समस्याओं को नारेबाजी और जुलूसों, धमकियों और फतवों के भीड़तंत्र के बीच स्थापित करने वाला समाज असल में, तेजी से एक सुअरबाड़े में बदल रहा समाज है। यह बात उनके लिए ज्यादा गौरतलब है जो सचमुच किसी बेहतर, अधिक संवेदनशील, अधिक न्यायपूर्ण समाज का सपना देखते हैं। समाज के साथ कला का रिश्ता 'बहुमत' के जरिए न तो निर्धारित हो सकता है न होना चाहिए।

लेकिन जब ऐसा मान लिया गया है कि कला को किसी-न-किसी ऐसे सत्य, मर्यादा, प्रोजेक्ट या विचार के ही अनुकूल होना चाहिए, जो उसे बाहर से दिया गया है और जिसकी रूपरेखा की बहसें भी कला से बाहर ही होती हैं तो परिणतियाँ विकराल होंगी ही। कला के लिए भी, समाज के लिए भी। कभी सोल्जेनित्सिन कांड के रूप में, कभी रुश्दी कांड के रूप में और कभी हुसैन कांड के रूप में। 'अधिक मानवीय' समाजवाद सोल्जेनित्सिन के पीछे पड़ जाएगा, 'शांति का पर्यायवाची' इस्लाम एक उपन्यास के कारण खतरे में आ जाएगा और 'परम सहिष्णु' हिंदू समाज के स्वयंभू नेता हुसैन का जीना हराम कर देंगे।

(इस डरावनी स्थिति में भी कुछ मजा है। हजारों साल की परंपरा का दावा करने वाली, करोड़ों मनुष्यों के दिलोदिमाग पर राज करने वाली व्यवस्थाएँ किसी नाकुछ से लेखक या चित्रकार से इतनी डर क्यों जाती हैं ? इतना कम क्यों है उन्हें अपने आप पर विश्वास ? इतनी छुईमुई क्यों हैं भावनाएँ—जबकि वे ईश्वर या इतिहास के दिए सत्य पर टिकी हैं कि एक उपन्यास या एक चित्र से मुरझा जाती हैं ? इतनी दुर्बल क्यों है आस्था, यदि उसके केंद्र में सत्य है !)

कला के स्वभाव के प्रति संवेदनशील, उसके स्वधर्म का सम्मान करने वाला समाज सहज रूप से आत्मविश्वासी समाज है। कला के असुविधाजनक सवालों को सम्मान देने वाली आस्था वास्तव में गहरी और उन्मुक्त आस्था है। कला को अवकाश और सम्मान

देना ऐन इसी कारण समाज की अपनी जरूरत है (कला पर कृपा नहीं) ताकि समाज स्वयं को पुनर्नवा कर सके। कला को अनुगमन के लिए बाध्य करने की बजाय उसके साथ मुखामुखम का संबंध बनाना शास्त्र और विचार का कर्त्तव्य इसलिए है ताकि वह कला से सीख सके कि अपने आप पर संदेह कैसे किया जाता है। कला के प्रति विनम्रता व्यवस्था का धर्म इसलिए है क्योंकि कोई भी व्यवस्था शाश्वत नहीं है, जबकि वह सर्जनात्मकता, जो व्यवस्था के लिए असुविधा उत्पन्न करने वाली कला को संभव करती है, शाश्वत भी है, सार्वभौमिक भी। जाहिर है कि ऐसी कला चाहे भी तो समाजविमुख नहीं हो सकती। हाँ, समाज से संवाद करने का उसका ढंग और है, समाज के साथ-साथ उसका रिश्ता लौकिक-अलौकिक, भौतिक-आध्यात्मिक, तार्किक-तर्कातीत के परस्पर विरोध से नहीं, बल्कि इन युग्मों की समग्रता से परिभाषित होता है।

अन्यपरकता या समाजविमुखता के परे कला के स्वधर्म को समझने का आधार है—अनुव्याहरण; कुछ भी पूछ सकना। कुछ भी पूछ सकने का यह रिश्ता एक अर्थ में भावक की संवेदना के विस्तार का रिश्ता भी है। संवेदना का वह विस्तार जो तात्कालिक संदर्भ में बहुत विनम्र प्रतीत होता है लेकिन जो गहरे, दूरगामी अर्थ में कला को बहुत ही सघन लक्ष्य देता है।

क्या ऐसे रिश्ते के आधार पर कला के स्वधर्म की कोई अवधारणा संभव है ? यह प्रश्न सर्जनात्मकता के कोण से कम, अपेक्षाओं और आलोचना के कोण से ज्यादा जरूरी है। हम सर्जनात्मक अभिव्यक्ति के विविध रूपों से क्या अपेक्षाएँ रखें ? क्या माँग करें उनसे ? किन प्रतिमानों पर आकलन करें उनकी महानता का ? अनुव्याहरण को कला के मूल स्वभाव के रूप में स्वीकार करते हुए क्या ऐसा ढंग विकसित किया जा सकता है जो कला को अपना स्वधर्म त्यागने और परधर्म अपनाने के लिए बाध्य न करे ? क्या ऐसे ढंग की संभावना का संकेत करने वाली कोई परंपरा सुलभ है, जिसका हम स्वीकार, परिष्कार और विस्तार कर सकें ?

संस्कृत काव्यशास्त्र की परंपरा उपरोक्त प्रश्न का अत्यंत विचारोत्तेजक उत्तर देती है—यदि हम काव्यशास्त्री के मानस के प्रति संवेदनशील होकर उस परंपरा को पढ़ें। कहने की आवश्यकता नहीं कि संस्कृत काव्यशास्त्र की परंपरा 'शिष्ट' समुदाय की वर्चस्वशील संस्कृति के ही अंतर्गत है। इस कारण, इस परंपरा के लिए 'कविता' की अवधारणा कुछ साझे प्रस्थान बिंदुओं पर टिकी है। ये प्रस्थान बिंदु काव्यरूढ़ियों से लेकर भावक के मन पर कविता के प्रभाव के विश्लेषण तक को निर्धारित करते हैं। सच तो यह है कि भावक के संस्कार और काव्यशास्त्री के वैचारिक पूर्वग्रहों के बीच मौजूद वैचारिक निरंतरता के सूत्र ही तय करते हैं कि कौन सी शब्द-रचना बतौर 'कविता' के विचारणीय है और कौन सी नहीं। यदि कोई रचना इन प्रस्थानों, पूर्वग्रहों का ही प्रतिवाद करे तो काव्यशास्त्री के विचार-लोक में उसका काव्यत्व संदिग्ध होगा। इस कारण, 'शिष्ट' समुदाय द्वारा स्वीकृत और व्यवहृत 'संस्कृति' के बाहर यदि कोई कविता पड़ती है तो 'कविता' के रूप में उसकी स्वीकृति तब तक स्थगित रहेगी जब तक कि शिष्ट

समुदाय की कविता संबंधी धारणा किसी-न-किसी कारण बदल न जाए। ऐसे में संस्कृत काव्यशास्त्र पर संकीर्णता का आरोप लगाने का प्रलोभन प्रचंड होगा, लेकिन इस प्रलोभन में फँसने के पहले ध्यान रखें कि यह केवल संस्कृत काव्यशास्त्र की विशेषता नहीं—उसका व्यवच्छेदक लक्षण तो बिलकुल नहीं। कोई भी काव्यशास्त्र, किसी-न-किसी संस्कृति-बोध के ही अंतर्गत कविता संबंधी अपनी अवधारणा को स्थित करता है। जब ऐतिहासिक दबावों के कारण, समाज स्वयं को, अपनी सांस्कृतिक पहचान को नए सिरे से परिभाषित करता है तो कविता की अवधारणा बदलती है और उपलब्ध काव्यशास्त्र की चिंताएँ भी रूपांतरित होती हैं। जैसा कि उन्नीसवीं सदी के उत्तरार्द्ध और बीसवीं के आरंभ में स्वयं हमारे समाज में हुआ। कविता की अवधारणा बदली और कबीर, तुलसी, सूर प्राथमिक रूप से 'भक्त' की बजाय कवि के रूप में देखे गए। भक्ति-काव्य कविता संबंधी विमर्श के केंद्र में आ गया। संस्कृत काव्यशास्त्र की शब्दावली और उसके प्रतिमानों के उपयोग के उपजीव्य और संदर्भ भी बदल गए।

कला या कविता के स्वधर्म के प्रसंग में संस्कृत काव्यशास्त्र से हम जो सीख सकते हैं, वह यह कि वर्चस्वशील वैदिक पैराणिक संस्कृति के विचारलोक में रहते हुए भी यह काव्यशास्त्र कविता के अपने विशिष्ट प्रयोजन, प्रकार्य और आशय के प्रति अत्यंत आग्रहशील है। वह शास्त्र परंपरा का सम्मान करता है। उस परंपरा में निहित मूल्य-बोध उसका अपना मूल्य-बोध है। उस परंपरा में स्वीकृत दार्शनिक प्रस्थानों में काव्यशास्त्री की अपनी भी आस्था है, लेकिन वह कविता के इस स्वभाव से वाकिफ है, उसका सम्मान करता है कि कविता कुछ भी पूछ सकती है। कविता का काम किसी भी विचार विशेष का प्रचार करना नहीं, बल्कि सौंदर्य की भाषा के जरिए मनुष्य की समग्र सत्ता से संवाद करना है। ऐसा संवाद कई बार 'स्वीकृत' मर्यादाओं के परे भी जा सकता है और इसे कविता के खिलाफ तर्क नहीं बनाया जा सकता है। कविता का काम धर्म की प्रतिष्ठा करना नहीं, सौंदर्य की सृष्टि करना है। निस्संदेह स्वयं सौंदर्य के प्रतिमान साझे विचारलोक के ही हैं, लेकिन उनकी स्वायत्तता उतनी ही पवित्र है, जितना कि स्वयं धर्म। यही कारण है कि संस्कृत काव्यशास्त्र कविता को गृहस्थ नैतिकता के प्रतिमानों से नहीं, बल्कि सौंदर्य और अनुरक्ति के समानांतर संसार के प्रतिमानों से जाँचता है। वह काव्य की सफलता या असफलता का निर्धारण धर्म की लोक-प्रतिष्ठा या संशय-निवारण के आधार पर नहीं करता। उसके लिए कविता की महानता का आधार भी यह नहीं है कि कविता अद्वैतवाद के अनुकूल है या द्वैतवाद के। कविता संबंधी उसके निर्णय के आधार भिन्न प्रकार के हैं—रसनिष्पत्ति, साधारणीकरण, अर्थगौरव, शब्द-सौंदर्य। इस भिन्नता का कारण है—कविता के प्रयोजन, रचनात्मक अभिप्राय और उसके प्रकार्य की स्वायत्तता का आग्रह। कविता के स्वधर्म का बोध।

कविता के स्वधर्म के स्पष्ट बोध ही के कारण, संस्कृत काव्यशास्त्र हर छंदोबद्ध शब्द-रचना को काव्य मानने की उदारता नहीं बरतता। यह नितांत आधुनिक भ्रांति है कि संस्कृत काव्यशास्त्र, शब्द के पारिभाषिक अर्थ में रूपवादी है। उसकी चिंता रचना

के प्रस्तुत रूप तक सीमित न रहकर रचना के प्रयोजन तथा उसके संभावित प्रभाव तक जाती है। रचनात्मक अभिप्राय और रचनात्मक प्रभाव का विश्लेषण संस्कृत काव्यशास्त्र के लिए 'हेत्वाभास' न होकर वैध समस्याएँ हैं। इसलिए वह अपने विचार का उपजीव्य उन्हीं शब्दरचनाओं को बनाता है, जो अपने प्रयोजन में 'काव्य' हों। पुराण छंदोबद्ध होने और कई स्थानों पर काव्य-सौंदर्य से संपन्न होने के बावजूद काव्यशास्त्रीय विवेचन का उपजीव्य इसलिए नहीं बन पाते क्योंकि उनका प्रयोजन भिन्न है। ध्यान देने की बात यह है कि जो प्रयोजन आज का विमर्श कविता या कला से साधना चाहता है, वे प्रयोजन भारतीय परंपरा में पुराण के हैं। विचार विशेष का 'डिफेंस' या उसका प्रचार पुराण का काम है, काव्य का नहीं। जिस तरह काव्य के लक्षण की परंपरा है, उसी तरह पुराण के लक्षण की भी और दोनों के बीच परस्पर भ्रांति की कोई गुंजाइश न तो पुराण विमर्श में हैं, न काव्यशास्त्र में।

पुराण वह रचना है जो सर्ग, प्रतिसर्ग, वंश, मन्वन्तर, वंशानुचरित का वर्णन करे। इस वर्णन का लक्ष्य है—'धर्म' (अर्थात् वर्णाश्रम) की प्रतिष्ठा। महाभारत का एक श्लोक जिससे लगभग हर पुराण अपने आपको परिभाषित करता है, इस प्रकार है :

इतिहासपुराणाभ्याम् वेद समुपबृंहयेत्।
विभेत्यल्पश्रुताद् वेदो मामयं प्रहरिष्यति।।

'अल्पश्रुत से वेद डरता है कि मुझे पीट न डाले, सो वेद का उपबृंहण इतिहास और पुराण से करना चाहिए। उपबृंहण अर्थात् विस्तृत व्याख्या। शाब्दिक पाठ तो इतना ही है, लेकिन सांस्कृतिक प्रक्रिया के धरातल पर इसका अर्थ हुआ तमाम वेदेतर परंपराओं और वेद-विरोधी मतों का वर्णाश्रम के पक्ष में अनुकूलन। वर्णाश्रमवादी वर्चस्व में उनका समावेश बेशक इस प्रक्रिया में, समाविष्ट मतों की वैचारिक विशेषताओं और जीवन-शैलियों को भी अस्तित्व का अवकाश किसी हद तक हासिल रहा। हद स्पष्ट थी। वर्णाश्रम की सामाजिक व्यवस्था की व्यवहार में स्वीकृति और उसके दार्शनिक बौद्धिक अनुषंगों की निर्विवादता का सम्मान। पुराण सिर्फ वेद के 'अर्थ' की विस्तृत व्याख्या नहीं करते, वे उस उपबृंहण (रूपांतरण) को व्यंजित भी करते हैं, जो सामाजिक सांस्कृतिक वाद-विवाद संवाद के फलस्वरूप वेदपरक धर्म में आ रहा था। वैदिक धर्म का पौराणिक धर्म में रूपांतरण इसी जटिल प्रक्रिया की एक व्यंजना है। वरुण, इंद्र जैसे वैदिक देवता उपेक्षित बल्कि हास्यास्पद हो जाते हैं और कृष्ण, राम जैसे वेदेतर चरित स्वयं को वैदिक कहती धर्म परंपरा के केंद्र में आ जाते हैं। प्रतीकों और पूज्यों के इस परिवर्तन के बावजूद जो निरंतरता बनी रहती है, वह है वर्णाश्रम के वर्चस्व और सारे समाहार के बावजूद उस वर्चस्व के खिलाफ जिरह की। इस जिरह को निस्तेज बनाना, संभव हो तो उसे नष्ट कर डालना—यह पौराणिक परंपरा की निरंतर चिंता है। जिस महामोह ने विष्णुपुराण में असुरों को वेदमार्ग से भटकाया, परवर्ती पुराणों में वही महामोह बुद्ध का अवतार ग्रहण करता है, वही बुद्ध जो तुलसी के शब्दों में 'निंदित अवतार'

हैं, 'भयो निंदित बुद्ध अवतार।' विष्णुपुराण में वर्णित इस महामोह के वेद यज्ञ विरोधी तर्क ठीक वैसे ही हैं, जैसे कि कबीरादि निर्गुण संतों के। पौराणिक तर्क विलक्षण है ! जो वेद-निंदक हैं, वे असुर हैं, और जो असुर हैं उन्हें वेदनिंदक बनाकर उन्हें नष्ट करने के हेतु ही निंदित बुद्धावतार हुआ था !

एक यथास्थितिवादी व्यवस्था के मूल तर्क को जनसाधारण के चित्त का स्थायी संस्कार बना देना—यह पौराणिक चेतना की केंद्रीय चिंता है। इस तर्क का मूल प्रस्थान वेद को निरूपित कर दिया गया। वेद स्त्री शूद्र के लिए सुलभ नहीं है, सो उसका उपबृंहण पुराण करेगा। जाहिर है कि उपबृंहण की मूल से तुलना करने की कोई गुंजाइश है नहीं। सो व्यवहार में, दैनिक अनुष्ठान से लेकर दार्शनिक स्थापनाओं तक के धरातल पर जो पुराण कहे, वही प्रमाण। नारदीय पुराण के अनुसार :

वेदार्थाधिकं मन्ये पुराणार्थं वरानने।
वेदाः प्रतिष्ठिताः सर्वे पुराणेष्वेव सर्वदा। (2/24/17)

पुराण को वेद से भी अधिक महत्ता देने का कारण नारदीय के ही अनुसार यह है कि 'वेद में व्यावहारिक निर्देशों का अभाव है।' तिथि निर्णय से लेकर पूजापाठ तक के व्यावहारिक निर्देश, वर्णाश्रम के अनुकूल 'आदर्श' आचरण और उस व्यवस्था का औचित्य निरूपण करने वाले सोच को सभी के जीवन व्यवहार के प्रतिमान के रूप में स्थापित करना—पुराण का आत्मसजग लक्ष्य यही है। देवीभागवत में कहा गया है :

स्त्री शूद्र द्विजबंधूनां न वेदश्रवणं मतम्।
तेषामेव हितार्थाय पुराणानि कृतानि च।। (1/3/21)

यहाँ 'द्विजबंधु' शब्द पर ध्यान दें। यह शब्द अनजाने ही उस सामाजिक गतिशीलता की ओर संकेत करता है, जिसके चलते कई द्विजेतर जातियाँ द्विज होने की हिचकभरी स्वीकृति पा रही थीं। द्विजबंधु अर्थात् द्विज होने का दावा करने वाले गैर द्विज। पुराण इस गतिशीलता को सिर्फ प्रतिबिंबित ही नहीं करते, उसे वर्चस्वपरक ढंग से अनुशासित करने का प्रयत्न भी करते हैं। यह गतिशीलता पुराण के लिए 'कलियुग' की चुनौती है, विघटन का प्रमाण है, उन्नति का सूचक नहीं।

निःसंदेह पुराणों में ऐसे संकेतों के साथ ही कई स्थानों पर काव्यात्मकता भी है, लेकिन उनका प्रयोजन नियामक है, जबकि काव्य का सर्जनात्मक। पुराणकार जानता है कि पुराण का काम कलियुग (अर्थात् वर्णाश्रम के संकट) का निवारण, अधर्म (अर्थात् जिरह) का विरोध, संशय (अर्थात् असुविधाजनक सवाल) का उच्छेद और अंततः 'सही' (!) विचार की प्रतिष्ठा करना है। मध्यकालीन पुराणों और धर्मशास्त्रों में उन ग्रंथों और विचारों का बाकायदा निर्देश किया गया है, जिनका प्रचार किया जाना चाहिए। काव्य और काव्यशास्त्र का विलक्षण महत्त्व इस बात में है कि पुराण द्वारा प्रस्तावित विचारलोक में स्थित होने के बावजूद वह सर्जनात्मक प्रयोजन की स्वायत्त विशिष्टता का

आग्रह लगातार करता है। इस स्वायत्तता का सम्मान पौराणिक परंपरा भी करती है। यही कारण है कि दार्शनिक आचार्य काव्य के क्षेत्र में हस्तक्षेप नहीं करते। यह अहस्तक्षेप शंकराचार्य से लेकर वल्लभाचार्य तक देखा जा सकता है। मजेदार बात तो यह है कि जब शंकराचार्य काव्य-रचना करते हैं तो वे काव्य पर अपनी शुष्क दार्शनिकता थोपने की बजाय काव्य-भाषा और काव्य के अभिप्रायों की अपनी रसपूर्ण परंपरा का ही अनुगमन करते हैं। कारण वही है—शास्त्र और काव्य के प्रयोजनपार्थक्य का स्पष्ट बोध। असल में, साहित्य की 'समाजसुधार' या धर्म निरूपण जैसी कोई भूमिका ही उस युग तक अनजानी है, जिसे 'टीकायुग' कहा जाता है। कवि की अपनी सामाजिक चिंताएँ हो सकती थीं, उनकी मुखर अभिव्यक्ति भी संभव थी, लेकिन काव्य का प्रतिमान इस 'सामाजिक चिंता' की बहुत चिंता नहीं करता था। दूसरी ओर 'धर्म' और 'दर्शन' के आचार्यगण कवि (व्यक्ति) को सुधारने की कोशिश शायद कर भी लें, 'कविता' को सामाजिक कोण से सुधारना उन्हें जरूरी नहीं लगता था, और दार्शनिक कोण से 'कविता' वही शब्द रचना कहला सकती थी, जो आचार्यों के अपने विचारलोक की सहनागरिक हो। संबद्धता और स्वतंत्रता के इस परस्पर संबंध को समझने में आधुनिक आचार्यों को दिक्कत होती है और वे कह उठते हैं, "यह शोचनीय बात हुई कि जब शंकर, रामानुज और वल्लभ जैसे महापुरुषों का आविर्भाव हुआ, तब साहित्य पूर्णतः कलुषित हो रहा था, तथापि उसे अलौकिक समझकर उसके संस्कार की बात करना भी, शायद अनुचित समझा गया।" (आचार्य नन्ददुलारे वाजपेयी 'हिंदी साहित्य : बीसवीं शती', पृ. 90)

संबद्धता और स्वतंत्रता के इस संबंध में पुराण नियामक है और काव्य सर्जनात्मक—इस कारण कवि न तो हर स्थिति को 'रेशनलाइज' करने के लिए उत्सुक है और न ही अपने प्रिय पात्रों की मानवीय दुर्बलताओं, आत्मसंघर्षों से मुँह चुराने के लिए बाध्य। काव्य परंपरा के राम सर्वगुण संपन्न और परम विभूतिवान होते हुए भी अंततः मनुष्य ही हैं, जिनकी आत्मग्लानि को तीखे शब्दों में व्यंजित करते भवभूति को कोई संकोच नहीं होता—'रे हस्तदक्षिण रामस्य गात्रमसि करुणा कुतस्तते ?' जिनसे सीता के चरित्र पर संदेह करवाते वाल्मीकि को कोई धर्मसंकट नहीं सालता और जिन पर तीखा व्यंग्य करती कालिदास की सीता अविस्मरणीय है।

सामान्य रूप से काव्य की रचना और आस्वाद का लक्ष्य चतुर्वर्ग प्राप्ति को मानने के बावजूद संस्कृत काव्यशास्त्र कवि का काम, कविता का प्रयोजन यह नहीं मानता है कि वह धर्म निरूपण करे या धर्म के प्रति उठने वाले संशयों का निवारण करे। आधुनिक मुहावरे में कहें तो संस्कृत काव्यशास्त्री जिस विचार को स्वयं स्वीकार करता है, कविता को उसका भी उपनिवेश या प्रचारक बनाने से परहेज करता है। उसे अपने विचारलोक के प्रति इतना विश्वास है, अपने 'धर्म' पर इतनी आस्था है कि वह काव्य को अनुव्याहरण का पूरा अवकाश प्रदान करता है। वह चाहता है कि काव्य, काव्य का काम करे और पुराण पुराण का। यही कारण है कि काव्यशास्त्र की चिंतन परंपरा में विश्वनाथ

सरीखे आचार्यों के नैतिकतावादी आग्रहों का स्पष्ट खंडन करने में कोई कोताही नहीं बरती गई। चतुर्वर्ग प्राप्ति सामान्य रेखांकन का विषय है लेकिन उसके जितना ही महत्त्व प्रीति (अर्थात् आनंद) और कीर्ति को भी प्राप्त है। बतौर काव्य प्रयोजन के, साधु काव्य रचना में इन सभी का ध्यान रखा जाना चाहिए :

धर्मार्थ काममोक्षेषु वैचक्षण्यम् कलासु च।
प्रीतिं करोति कीर्तिं च साधुकाव्यनिबंधनम्।। (भामह, काव्यालंकार 1/2)

'चतुर्वर्ग' का रेखांकन काव्यशास्त्री मानस के लिए स्वाभाविक है, किंतु उसके अपने विशिष्ट विमर्श का लक्ष्य 'प्रीति' और 'कीर्ति' ही है। विश्वनाथ चूँकि चतुर्वर्ग के सामान्य रेखांकन को काव्य द्वारा धर्मसिद्धि तथा कर्त्तव्याकर्त्तव्य निर्धारण की माँग तक पहुँचा देते हैं इसीलिए आलोचना के लक्ष्य बनते हैं। रुद्रट जब कहते हैं कि कवि किसी स्थिति का काव्यांगपूर्ण वर्णन करता है, इसलिए धर्माधर्म की दृष्टि से उसे दोष देना विद्वानों को शोभा नहीं देता—तो इसका अर्थ यह नहीं कि उन्हें या उनके द्वारा वर्णित कवि को लोक-परलोक या धर्माधर्म के प्रश्नों से कुछ लेना-देना ही नहीं है। उनका आशय यह है कि कविता के स्वभाव-कला के स्वधर्म का ध्यान लगातार रखा जाए। 'कांतासम्मित उपदेश' को धर्माधर्म निर्णय, दार्शनिक संशय निरूपण और धार्मिक शंका समाधान से स्वायत्त समझते हुए देखा और सराहा जाए।

काव्य प्रयोजन संबंधी बहस का समाहार करते हुए मम्मट ने काव्य के छह प्रयोजन गिनाए हैं—यश, अर्थ, व्यवहारज्ञान, अमंगलनिवृत्ति, लोकोत्तर आनंद और कांतासम्मित उपदेश। महामहोपाध्याय काणे के अनुसार मम्मट का 'काव्यप्रकाश' अपने आप में चार सदियों की काव्यशास्त्र संबंधी चर्चा का समावेश लिये हुए हैं। (पांडुरंग वामन काणे, 'हिस्ट्री ऑफ संस्कृत पोयटिक्स', नई दिल्ली, 1961, पृ. 267) हेमचंद्र तो काव्य के तीन ही प्रयोजन स्वीकार करते हैं—आनंद, यश और कांतातुल्य उपदेश। काव्य का प्रयोजन आनंद ही है, उपदेश यदि उसमें आए भी तो कांतातुल्य रसवत्ता के ही साथ। पुराणोपयुक्त संशय-निवारण से या विचार के प्रसारण से सर्वथा भिन्न आशय है इस 'उपदेश' का।

काव्य की स्वायत्तता के इस आग्रह को ज्ञान की उपेक्षा या शास्त्र की अवहेलना के रूप में नहीं पढ़ा जा सकता। विचार की जितनी उपस्थिति काव्य की भाव सत्ता में अंतर्निहित है, उतनी काव्यशास्त्री को स्वीकार्य है, लेकिन वह काव्य को मत-विशेष के प्रचार का माध्यम नहीं मानता। सच तो यह है कि अनुव्याहरण के लिए, कुछ पूछ सकने के लिए उसकी जानकारी जरूरी है—जिससे या जिसके बारे में कुछ पूछा जा रहा हो। इसीलिए काव्यशास्त्री की कल्पना का कवि होना बच्चों का खेल नहीं। भामह के शब्दों में :

न स शब्दो न तद्वाच्यं न स न्यायो न सा कला।
जायते यन्न काव्यांगमहो भारो महान्कवेः।। (काव्यालंकार—5/4)

काव्य और शास्त्र के प्रयोजन में पार्थक्य के बोध और इसके व्यावहारिक उपयोग में काव्य के अपेक्षाकृत खुले अवकाश की मान्यता अंतर्निहित है। रुद्रट के 'तदीयं वृत्तं काव्यांगतया स केवलं वक्ति' में जो मान्यता निहित है, उसका व्यावहारिक आशय यही है कि जितनी वैचारिकता काव्य की भावसत्ता में अंतर्निहित है, उसके परे जाकर मनचाहे को जबर्दस्ती 'वृत्त' में लाना और 'अनचाहे' को धकिया देना कवि के लिए उचित नहीं है। ठोस उदाहरण यदि रामकथा की परंपरा से ही लें तो सीता की अग्निपरीक्षा के असुविधाजनक लेकिन मार्मिक प्रसंग का कवि को साहसपूर्वक वर्णन करना चाहिए, जैसा कि आदिकाव्य करता है। इस प्रसंग को मायासीता के जरिए 'रेशनलाइज' करना (जैसा कि अध्यात्म रामायण करती है) अथवा उसे कवि के 'आभ्यंतर सेंसर' के हवाले कर देना (जैसा कि 'मानस' करती है) संस्कृत काव्यशास्त्री को अवश्य अटपटा लगेगा। कारण यह कि उसकी दृष्टि, प्रसंग की मार्मिकता और कविविशेष द्वारा उसके निर्वाह की सुकरता पर है, न कि पूर्वग्रह विशेष के कोण से प्रसंग की वांछनीयता या अवांछनीयता पर। उसके लिए कविता का अपना आंतरिक तर्क मूल्यवान है, कविता पर आरोपित प्रचारवादी तर्क नहीं।

विचारक्रम में निस्संदेह काव्यशास्त्री पुराणों को उद्धृत करता है, लेकिन उन्हीं को, जिनसे उसे काव्य-विवेचन के कुछ सूत्र मिलते हैं। विष्णु और विष्णुधर्मोत्तर पुराणों से प्राप्त इस तरह के कुछ विचार सूत्रों पर विभिन्न आचार्यों ने टिप्पणियाँ की हैं। पौराणिक परंपरा (और आधुनिक काव्यशास्त्र विवेचन का वह अंश जो पौराणिक परंपरा और भारतीय परंपरा को पर्यायवाची मानता है) जिस अग्निपुराण को काव्यशास्त्र का आदिस्रोत मानती है, उस अग्निपुराण को बतौर प्रमाण के काव्यशास्त्रियों में से केवल विश्वनाथ उद्धृत करते हैं। ये वही विश्वनाथ हैं जो देवस्तुतिपरक काव्यरचना को धर्मलब्धि का साधन भी मानते हैं। महामहोपाध्याय काणे बताते हैं कि काव्यशास्त्र के प्रमाण के तौर पर अग्निपुराण स्वयं काव्यशास्त्र परंपरा को नहीं, बल्कि अपरार्कटीका और अद्‌भुतसागर सरीखे धर्मशास्त्र ग्रंथों को ही स्वीकार्य है। यह स्थिति इसके बावजूद है कि "पुराणों के प्रति अपनी स्वाभाविक श्रद्धा के कारण, उनके व्यासप्रणीत होने की मान्यता के कारण मध्यकालीन विचारक अग्निपुराण को अलंकारशास्त्र का प्राचीनतम ग्रंथ मानें, यह स्वाभाविक ही तो था।" (हिस्ट्री ऑफ संस्कृत पोयटिक्स, पृ. 10)

और भी अधिक स्वाभाविक यह था कि काव्यशास्त्री मानस वांगमय के दो भेद करें—शास्त्र और काव्य। शास्त्र अपौरुषेय भी है, पौरुषेय भी। पुराणों की गणना स्वभावतः पौरुषेय शास्त्रों में है। दूसरी ओर अपौरुषेय शास्त्र के जो विविध रूप स्वीकृत हैं, काव्यमीमांसाकार राजशेखर उनमें काव्यशास्त्र को भी शामिल करना चाहते हैं। वैसे ही जैसे बहुत पहले नाट्यशास्त्र को पंचमवेद मानने का आग्रह किया गया था। भरत से लेकर राजशेखर तक की कोशिश यही है कि वैदिक पौराणिक विचारलोक की सीमाओं में रहते हुए ही काव्य और उसके अपने शास्त्र के लिए अधिकाधिक स्वायत्तता अर्जित की जाए। नाट्य वेद को पंचम वेद और काव्यशास्त्र को सप्तम अंग मनवाने का आग्रह वस्तुतः काव्य

की अपने 'सेक्रेड स्पेस' की रचना करने और उस पवित्र अवकाश को सहेजने का अनुष्ठान है। ऐन इसी वजह से काव्यशास्त्री अपने विमर्श और विवेचन का उपजीव्य बहुत सजग रूप से काव्यों को ही बनाता है, शास्त्रों और पुराणों को नहीं। कवि को निस्संदेह शब्दानुशासन, न्याय और लोक व्यवहार के साथ ही 'इतिहासाश्रित कथाओं' का ज्ञान होना चाहिए। (शब्द छंदोभिनार्था इतिहासाश्रयाः कथाः...भामह) लेकिन काव्यशास्त्री के लिए विचारणीय है—इस ज्ञान का काव्य में फलीभूत रूप ही। यह बात उन रचनाओं की सूची बनाने से एकदम स्पष्ट हो जाती है जिनका उल्लेख विभिन्न काव्यशास्त्री करते हैं। भामह, आनंदवर्द्धन, राजशेखर और मम्मट द्वारा उल्लिखित रचनाओं और रचनाकारों की एक समावेशी सूची (काणे के आधार पर) निम्न प्रकार है :

रामशर्मा कृत अच्युतोत्तर, अश्वकवश, कणभक्ष, न्यास, पाणिनि, मेधाविन्, रत्नाहरण, राजमित्र, शाखवर्धन, भरत, महाभाष्यकार, पदकार (अर्थात् कात्यायन), वत्सेश (उदयन) और नरवाहनदत्त की कथाएँ (भामह द्वारा उल्लिखित) : रामायण, महाभारत, अर्जुन चरित, अमरूक, उद्भट, कादंबरी, मालती माधव, वेणी संहार, शिशुपाल वध, सूर्य शतक, हयग्रीव वध, कुमारदास, कौटिल्य, पात्य कीर्ति, रुद्रट, वररुचि, भामह, वाक्पतिराज, भारवि (राजशेखर द्वारा उल्लेखित) अभिनवगुप्त, कालिदास, कामशास्त्र, उद्भट, ध्वनिकार, बाण, भट्टनायक, भरत, महाभाष्यकार, मयूर, रुद्रट, लोल्लट, वाक्यपदीय, शंकुक, श्रीहर्ष, कालिदास, भवभूति, अमरूशतक, कर्पूरमंजरी, कुट्टनीमत, चंडीशतक, नवसाहसांकचरित, नागानंद, बालरामायण, भट्टि, भल्लट, भामह, भास, माघ, रत्नावली, राघवानंद, विज्जका, विद्धशालभंजिका, विष्णुपुराण, वेणीसंहार, हयग्रीववध, हरविजय (मम्मट द्वारा उल्लिखित)।

इस विशाल सूची में पुराण केवल दो हैं—हरिवंश और विष्णु। इनमें से हरिवंश तो महाभारत का परिशिष्ट ही माना जाता है और काव्यशास्त्री के विचारलोक में महाभारत की स्थिति विशिष्ट है—वह शास्त्र भी है और काव्य भी। अनेक प्राकृत रचनाएँ भी उपरोक्त सूची में हैं। लेकिन विभिन्न अंशों के काव्यात्मक सौंदर्य के बावजूद भागवत जैसा महापुराण भी यहाँ नहीं है, क्योंकि जैसे काव्य का निश्चित प्रयोजन और आदर्श रूप-विधान स्वीकृत है, ठीक उसी प्रकार पुराण का निश्चित प्रयोजन और रूपविधान है, दोनों के घालमेल की गुंजाइश न काव्यशास्त्री की चेतना में है, न पुराणकार की योजना में। निस्संदेह काव्य और पुराण संबंधित हैं—एक ही विचार लोक में अवस्थिति के नाते, स्वतंत्र हैं सुपरिभाषित प्रयोजन के चलते।

यह सुपरिभाषित प्रयोजन कला के स्वधर्म को समझाने की दिशा में जो महत्त्वपूर्ण संकेत करता है, उससे स्वयं को समृद्ध करने का तरीका यह नहीं है कि उस विचारलोक को भी जस का तस अपना लिया जाए जिसमें संस्कृत काव्यशास्त्र स्थित है। सीखने की बात है वह निष्ठा जिसके साथ काव्यशास्त्री उस विचारलोक के भीतर ही कला के विशिष्ट प्रयोजन स्वीकृति के लिए, उसके पवित्र अवकाश के लिए संघर्ष करता है। यह भी ध्यान रखना चाहिए कि अपनी आस्था पर काव्यशास्त्री का जो विश्वास है, वह एक

विशिष्ट ऐतिहासिक स्थिति का परिणाम है। ऐसे में सवाल उठता है—क्या आज भी वैचारिक सत्ताएँ और उनसे जुड़ी आस्थाएँ उस तरह के आत्मविश्वास से संपन्न हो सकती हैं कि कला को उसके स्वधर्म—अनुव्याहरण—की छूट दे सकें ?

यहाँ हम संस्कृत काव्यशास्त्र द्वारा रेखांकित काव्य और पुराण के प्रयोजनभेद से थोड़ा आगे बढ़कर सोचें। उस प्रयोजनभेद में काव्य की जो सीमाएँ निर्धारित की गई हैं, उनका अतिक्रमण करने का प्रयत्न करें। इस बात को ध्यान में रखें कि सारी नियामकता के बावजूद भागवत को छोड़कर भारतीय जनमानस पर ऐसा गहरा, प्रत्यक्ष (या अप्रत्यक्ष) प्रभाव किसी पुराण का नहीं है, जैसाकि रामकथा और महाभारत का। इस बात पर विचार करें कि कविता या कला का काम न केवल विचार विशेष का उपनिवेश बनना नहीं है, बल्कि वर्चस्व की संस्कृति का संरक्षण करना भी उसका काम नहीं है। संस्कृत काव्यशास्त्र कविता के जिस आंतरिक तर्क की प्रधानता स्वीकार करता है, क्या उसका विस्तार नहीं किया जा सकता ? कविता विचार या शास्त्र का प्रचार अथवा संशय निवारण करें—यह एक स्थिति है जो आधुनिक विमर्श के उस अंश को सर्वथा स्वाभाविक लगती है जो कि 'सामाजिक जवाबदेही' के नाम पर कविता या कला को अन्यानुगामी बना देना चाहता है। कविता वर्चस्व की एक संस्कृति के व्यापक आशयों को स्वीकार करते हुए ही कुछ भी पूछ सके—यह काव्यशास्त्रीय परंपरा की समझ है। कहना न होगा कि इस दूसरी स्थिति में संभावना निहित है, कविता या कला द्वारा स्वयं वर्चस्व से टकरा जाने की, उसकी सीमाओं को उजागर कर देने की। इस संभावना को स्वीकारना होगा क्योंकि संस्कृति की बुनावट, उसका सामाजिक आधार बदलता रहता है और यह बदलाव अधिक खुलेपन और अधिक सर्जनात्मकता की दिशा में हो सके—यह तभी संभव है कि संस्कृति और सत्ता से सवाल किए जा सकें। संस्कृत काव्यशास्त्र कविता और सत्ता के संबंध को ठीक-ठीक इसी रूप में शायद नहीं देखता लेकिन काव्य प्रयोजन की स्वायत्तता को आग्रहपूर्वक रेखांकित कर इस बात की प्रेरणा अवश्य देता है कि हम कला और समाज के संबंध को फिर से परिभाषित कर सकें।

इस परिभाषा में सबसे पहली बात यही है कि कला का समाज, सत्ता और ईश्वर से संबंध अन्यपरक हो, यह कतई जरूरी नहीं। जीवन से संवाद करने के उपकरण कला किसी 'अन्य' (विचारधारा, धर्म या सत्तातंत्र) से ले—यह कतई जरूरी नहीं। कला की सामाजिक जवाबदेही का प्रतिमान कोई 'महत् प्रयोजन', कोई 'पॉलिटिकल प्रॉजेक्ट' या कोई छुई-मुई भावना या आस्था हो—यह भी कतई जरूरी नहीं। कला का स्वधर्म यही है कि वह जीवन की समग्रता से संबंध बनाने का अपना मुहावरा तलाश करे, शास्त्र के साथ अनुगमन का नहीं, मुखामुखम का संबंध स्थापित करे।

जहाँ तक यह सवाल है कि क्या आज के संक्रमणशील, भ्रांतिपूर्ण युग में वैचारिक और सामाजिक राजनीतिक सत्ताएँ ऐसे आत्मविश्वास से संपन्न हो सकती हैं कि कला को उसके स्वधर्म का निर्वाह करने दें तो इसका उत्तर अन्य बातों के अलावा बड़ी हद तक स्वयं कलाकारों (यानी सर्जनात्मक रूप से सक्रिय व्यक्तियों) के अपने रवैए पर

भी निर्भर करता है। यदि वे स्वयं कला को किसी-न-किसी 'मर्यादा' या 'प्रोजेक्ट' के साथ नत्थी किए रखना चाहते हैं तो स्वभावतः उन्हें सर्जनात्मकता पर खतरा तभी मँडराता दिखेगा जबकि कला पर हमला उनके प्रोजेक्ट के विरोधियों द्वारा किया जाए। दूसरी ओर, कला की अपनी विशिष्ट समस्याओं को 'लोकतांत्रिक प्रक्रिया' के विकृत रूप अर्थात् भीड़तंत्र के हवाले कर देने का रास्ता भी खुल जाएगा—यदि यह मान लिया जाए कि कलाकृति को ऐन इस वक्त के समाज की भावनाओं और बौद्धिक क्षमताओं के लघुतम समापवर्तक के ही अनुकूल होना चाहिए।

कला के स्वधर्म की प्रतिष्ठा जरूरी है। और इसके लिए जरूरी है कला के अपने स्वभाव के प्रति संवेदनशीलता, जीवन के साथ कला के अपने स्वायत्त संबंध की संभावना का पुनर्वास। यह पुनर्वास न तो कला को समाज-विमुख मानकर संभव है, न ही उसे किसी प्रदत्त मर्यादा के अनुकूल बनाकर।

कविता के अपने प्रयोजन के लिए संस्कृत काव्यशास्त्री के संघर्ष से कला के स्वधर्म के ऐसे पुनर्वास की संभावना के संकेत मिलते हैं जिनसे सीखा जा सकता है—संस्कृत काव्यशास्त्री के व्यापक विचारलोक से जिरह करते हुए भी !

[1998]

5

चुनी हुई चुप्पियों का अँधेरा और आलोक की खोज

''धार्मिक और आध्यात्मिक जीवन का महत्त्व इस बात पर निर्भर करता है कि वह कितना दुनिया की चीजों को आलोकित करता है।'' सिमोन वेल का उपर्युक्त उद्धरण निर्मल वर्मा ने 8 नवंबर, 1982 की डायरी में नोट किया था (धुंध से उठती धुन, पृ. 170)। यह छोटा सा किंतु मार्मिक वाक्य उस 'छोटे से सत्य' की खोज को समझने की कुंजी भी है और कसौटी भी, जिस सत्य की बेचैनी निर्मलजी के निबंधों में यहाँ से वहाँ तक गूँजती है। छोटा सा सत्य यह कि ''क्रांति वही संपूर्ण होती है जिसकी परिकल्पना में संपूर्ण मनुष्य होता है।'' (शताब्दी के ढलते वर्षों में, पृ. 182)

संपूर्ण मनुष्य की अवधारणा न उसके लौकिक और सामाजिक अस्तित्व की उपेक्षा कर सकती है और न ही विराट् ब्रह्मांड से संबद्ध होने के उज्ज्वल और यातनादायी बोध की। सच तो यह है कि इस अवधारणा का कोई विकल्प नहीं है, सुविधा के लिए भले ही हम कभी 'आर्थिक' मनुष्य की बात करें, कभी 'राजनीतिक' मनुष्य की। अध्ययन की इस सुविधा को वैचारिक पूर्वग्रह में बदल देना न केवल आत्मछलना में फँसना है, बल्कि मानवीय स्थिति के बड़े ठोस सवालों से मुँह चुराना भी है। धर्मतंत्र की आलोचना के नाम पर मनुष्य की आध्यात्मिक पिपासा को ही खारिज कर देना या उस आध्यात्मिक पिपासा को मनुष्य के सामाजिक अनुभवों की स्मृतियों से काट देना, दोनों मनुष्य की संपूर्णता को नकारने वाली आत्मछलना के ही दो रूप हैं। ऊपर से कई बार विरोधी दिशाओं में जाते दिखने वाले ये दोनों रास्ते असल में एक ही गंतव्य पर पहुँचते हैं—अधूरेपन का गंतव्य—जहाँ पहुँचकर या तो हम अपने अधूरेपन पर ही गर्व करने लगते हैं, या फिर वापस चलने के लिए छटपटाते हैं संपूर्णता के उस बोध की ओर जिसे हमने शुरू करते समय त्याज्य मान लिया था।

लेकिन क्या संपूर्णता का यह बोध किसी भी व्यक्ति को सहज प्राप्य है, या इसके लिए साधना करनी पड़ती है ? खासकर तब जब कि जिज्ञासा यह हो, ''मनुष्य ने अपनी संपूर्णता का बिंब जो आज तक कला और धर्म में देखा है, क्या वह उसे ऐसे समाज में उपलब्ध कर सकता है जहाँ वह स्वप्न में नहीं, अपने दैनिक यथार्थ में संपूर्ण हो सके ?'' (शताब्दी के ढलते वर्षों में, पृ. 182) दैनिक यथार्थ में संपूर्णता का बिंब

उपलब्ध करा सकने वाले समाज की जिज्ञासा, जाहिर है कि केवल व्यक्तिगत वेदना की समस्या नहीं है। वह 'आध्यात्मिकता' और 'सामाजिकता' में से एक के चुनाव की समस्या भी नहीं हैं। वह तो एक ऐसे अवकाश के निर्माण की समस्या है, जहाँ हर सभ्यता और संस्कृति अपने विशिष्ट आत्मबोध के साथ दूसरों के साथ संवाद कर सके। एक ओर हवाई 'यूनिवर्सल', दूसरी ओर संकीर्ण 'विशिष्ट' से बचते हुए अपने सहज स्वभाव को पहचानने की यह समस्या निर्मल वर्मा के लेखन की स्थायी पहचान-सी बन चली है।

निर्मलजी के यहाँ इस समस्या का स्थायी संदर्भ है 'आत्म'—एक ऐसा शब्द जिससे वे अपनी सर्जनात्मक चेतना के उस घनीभूत, संवेदनशील रिश्ते को व्यंजित करते हैं जिसे कि वह चेतना भारतीय समाज के इतिहास-भूगोल, उसके धरती-आकाश के साथ बनाना चाहती है। निर्मलजी का 'आत्म'-अनुसंधान एक पूरी जाति की परंपरा, स्मृति, कालबोध और ऐतिहासिक अनुभवों का अनुसंधान है। वस्तुतः इसी अनुसंधान से वह 'आत्म' परिभाषित होता है जिसकी विडंबनाओं, पीड़ाओं और आकांक्षाओं को निर्मल वर्मा एक गहरे निजीपन, गहरी ऊष्मा के साथ अपने लेखन में जीने का प्रयत्न करते हैं।

यह प्रयत्न एक संवेदनशील, बहुपठित, दुनिया-देखे व्यक्ति का प्रयत्न है जिसकी वैचारिक आस्थाएँ टूटी हैं, उन आस्थाओं पर टिका सहज बोध बिखरा है, जिसका 'अपने आप से मोहभंग' हुआ है। महत्त्वपूर्ण यह है कि वह व्यक्ति इस मोहभंग, टूटने-बिखरने की इस प्रक्रिया से निराश होने की बजाय चीजों के मूलगामी परीक्षण के कष्टसाध्य और पवित्र अनुष्ठान में लग गया है। जुलाई 1975 में निर्मल वर्मा अपनी डायरी में ईश्वर का नाम लिखने के बाद लिख रहे थे, "पहली बार मैं वह लिख रहा हूँ जो महसूस करता हूँ, वह नहीं जो मुझे महसूस करना चाहिए। शायद यह एक कदम है—छोटा कदम—अपनी तरफ बढ़ने का, अपने साथ ही होने और जीने का..." (धुंध से उठती धुन, पृ. 41)

'प्राग वसंत' (रूस के नियंत्रण से छूटने की चेकोस्लोवाकिया की कोशिश, 1968) के करुण अंत को देखने के सात साल बाद की यह 'एंट्री' निर्मल वर्मा के आत्मसंघर्ष की एक परिणति सूचित करती है। सहधर्मियों की संभावित आलोचना, 'पॉलिटिकल करेक्टनेस' से विचलन और बौद्धिक जगत के सहज बोध से अलग होने का साहस जुटाकर वह 'लिखने' का साहस, "जो मैं महसूस कर रहा हूँ", भले ही वह उसके विरोध में हो "जो मुझे महसूस करना चाहिए।"

1976 में निर्मलजी ने प्रयाग के कुंभ का अपना वह विख्यात रिपोर्ताज लिखा था जिसके बाद वे बाकायदा 'भारत-व्याकुल' लेखक के रूप में पहचान लिये गए !

ऐसे लोग किसी भी समाज में कम ही होते हैं जो अपने समाज की पहचान के संकट को, उसकी स्मृतियों को पुनः परिभाषित करने की वेदना को, उसके सांस्कृतिक आत्मसंघर्ष की पीड़ा को अपनी आत्मा की ऐन निजी कशमकश के रूप में झेलते हैं। लेकिन ऐसे ही इने-गिने लोग अपने समाज के गहन संकट का कुछ अता-पता देते हैं।

निर्मल वर्मा इस अर्थ में अपने समय के 'प्रतिनिधि' लेखक हैं। वे इस अर्थ में आधुनिकता के संकट के प्रतिनिधि लेखक भी हैं कि उनके लेखन से गुजरते हुए इस विडंबना का बोध और गहरा हो जाता है कि आधुनिकता की जिन प्रक्रियाओं के कारण 'धर्म का अंत' और 'ईश्वर की मृत्यु' कुछ दशक पहले एक अपरिहार्य सत्य प्रतीत होती थी, आज उन्हीं प्रक्रियाओं के कारण मानवीय चेतना एक बार फिर धार्मिकता के तत्त्वों की ओर पलट रही है। धार्मिकता, जो सघन आध्यात्मिकता के भी रूप ले रही है और घोर धार्मिक असहिष्णुता एवं हिंसकता के भी, खासकर तीसरी दुनिया में। जैसे-जैसे किसी राष्ट्र-राज्य की कोई सामाजिक अस्मिता 'आधुनिक' अर्थ में शक्तिवान होती जाती है, वैसे-वैसे स्वयं को यूरोप से अलग, स्वायत्त पहचानने की उसकी बेचैनी बढ़ती जाती है—औपनिवेशिक स्थिति में गढ़ी गई 'पहचान' से अलग अपने आत्म की विशिष्ट सांस्कृतिक पहचान गढ़ने की बेचैनी, इस पहचान को आग्रहपूर्वक रेखांकित करने की बेचैनी। अपनी आधुनिक उपलब्धियों को यूरोपीय जीवन-पद्धति या व्यवस्था अपनाने की परिणति मानने की बजाय, अपने उस विशुद्ध 'आत्म' के साक्षात्कार की परिणति मानने की बेचैनी, जो 'यूरोप' के निर्धारक प्रभावों से मुक्त हो चुका है। यह विश्वव्यापी प्रक्रिया एशिया और अफ्रीका में तेजी से जनस्वीकृति पा रहे, अस्मिता-रेखांकन के सांस्कृतिक और राजनीतिक प्रयत्नों में देखी जा सकती है।

इस बात को ध्यान में रखना है कि आत्मविस्मृति से ही अस्मिता का संकट उत्पन्न नहीं होता। आत्मविस्मृति के बोध और आत्मरेखांकन के प्रयत्न के बीच कार्यकारण संबंध से कहीं ज्यादा एक तरह का चक्रीय संबंध है। कई बार अस्मिता बोध के उदय के साथ यह पीड़ा सालती है कि किसी अस्मिता पर आत्मविस्मृति आरोपित कर दी गई है, उसके आत्म को अवरुद्ध कर दिया गया है और हमारे समाज में ऐसे अवरोध सिर्फ 'अन्य' की ओर से—सिर्फ़ 'बाहर' से नहीं आए हैं। जिस भारतीय अथवा हिंदू 'आत्म' के औपनिवेशीकरण की इतनी गहरी वेदना निर्मलजी के निबंधों में व्यंजित होती है—उसकी सबसे भीषण विडंबना क्या यही नहीं है कि स्वयं उसके एक हिस्से की यह ऐतिहासिक पीड़ा रही है कि इस 'भारतीय' आत्म ने ही उस हिस्से के आत्म के विकास को अवरुद्ध किया है—किसी विचलन या भटकाव के रूप में नहीं, बल्कि 'धर्म की उस भारतीय धारणा' के अनिवार्य अनुषंग के रूप में, जिसके कारण, निर्मलजी के अनुसार, ''उसे (मनुष्य को) अपने चारों ओर बिखरे जड़ और चेतन के प्रति दायित्व निभाना होता है ?'' इस दायित्व निर्वाह में स्वभावतः उनकी राय को अधिक महत्त्व दिया जाना चाहिए जिनके प्रति दायित्व निभाया जा रहा हो या निभाया गया हो। और जैसे-जैसे समाज के वे हिस्से आत्मचेतस होते गए हैं, वैसे-वैसे उनकी वेदना कितनी मुखर होती गई है, इसकी पहचान के लिए समकालीन दलित लेखकों की आत्म-कथाओं, उनके आत्म-चिंतन से एक बार गुजर जाना पर्याप्त है।

जोतिबा फुले की तीखी 'पॉलेमिक्स' (शास्त्रार्थ या बहस) और संगठित समाज सुधार, नायकर की आक्रामक नास्तिकता और हमारा अपना समकालीन दलित आंदोलन

क्या उसी अवरुद्ध आत्म के रेखांकन की सूचना नहीं देता, जिसकी चिंता निर्मलजी के आत्मविषयक चिन्तन के हाशिए तक पर जगह नहीं पाती ? वैसे यह रोचक है कि स्वयं को 'अन्य' के संदर्भ में स्वायत्त कर, आत्म-संदर्भी रूप में जगत् और समाज के बीच परिभाषित करने की ही अंतः-प्रेरणा से दलित समाज का भी आत्मचिंतन प्रेरित हुआ है। उनका मूल तर्क वही है जो निर्मलजी इस्तेमाल करते हैं—औपनिवेशीकरण के विरुद्ध आत्म-रेखांकन का तर्क। आरोपित विकल्पों को नकार, अपनी सांस्कृतिक उपस्थिति के लिए विशिष्ट अवकाश रचने का तर्क। फर्क—और यह बहुत महत्त्वपूर्ण फर्क है—प्रतिपक्ष का है। शूद्र या दलित अस्मिता के प्रश्न की उपेक्षा करने वाले विमर्श के लिए प्रतिपक्ष यदि पश्चिम या इस्लाम है, तो दलित विमर्श के लिए स्वयं ऐसी 'भारतीयता' सबसे बड़ा प्रतिपक्ष है। दलित विमर्श ऐसी भारतीयता पर ब्राह्मणवादी असंवेदनशीलता का आरोप लगाते हुए भारतीयता, परंपरा और जातीय स्मृति आदि का एक वैकल्पिक मॉडल गढ़ना चाहता है। प्रचलित भारतीय संस्कृति के स्थान पर एक तरह की प्रति-संस्कृति। व्यक्तिगत रूप से 'रैशनलिस्ट' (बुद्धिवादी) अंबेडकर द्वारा बौद्ध धर्म अपनाना वस्तुतः प्रतिसंस्कृति गढ़ने, जातीय स्मृतियों के ताने-बाने को पुनः परिभाषित करने का ही रूपक था। इसीलिए उनका बौद्ध धर्म, जिस रूप में अंबेडकर उसे लेते हैं, ऐतिहासिक तथ्य से कहीं अधिक एक मिथकीय निर्मिति है; वह एक आत्म-चेतस सामाजिक अस्मिता के अतीत, वर्तमान और भविष्य तक फैले आत्मरेखांकन का रूपक है।

निर्मलजी के 'आत्म'-विषयक चिंतन की सबसे विकराल सीमा यही है (और इसी सीमा के कारण वे एक चिंताजनक राजनीति के निकट पहुँच जाते हैं) कि वे दलित आत्मरेखांकन का नोटिस तक लेने की जरूरत नहीं समझते। जब काँचा इलिया यह आरोप लगाते हैं कि "इस (हिंदू) आत्म के रीति-रिवाज में, इसके पावन अनुष्ठानों में, इसके मिथकीय जीवन में दलित बहुजन की स्मृतियों, स्वप्नों और आकांक्षाओं को कोई स्थान हासिल नहीं है," तो बात कड़वी कितनी भी लगे, शायद कुछ अतिशयोक्तिपूर्ण भी लगे, लेकिन क्या इस आरोप में सच्ची पीड़ा बिलकुल नहीं है ? क्या यह सिर्फ एक अलगाववादी राजनीति थी, जिसने मंदिर-प्रवेश के सवाल को दशकों तक दलित राजनीति का केंद्रीय सवाल बनाए रखा, या कि इस सवाल की केंद्रीयता स्वयं हिंदू 'आत्म' के दारुण आत्म-विभाजन को व्यंजित करती थी ? क्या इसी आत्म-विभाजन के कारण आज तक की हिंदू चिंता ने और भारतीयता-विमर्श ने शूद्र-पीड़ा की हृदयहीन उपेक्षा नहीं की है ?

ध्यान से देखें तो जो मनीषा भारतीय परंपरा में पगी रही है, जिसका संबंध उस परंपरा से आस्था और जिज्ञासा का रहा है, उसके लिए वर्णाश्रम की सैद्धांतिकी और उसके व्यवहार का सवाल कभी पूरी तरह उपेक्षणीय नहीं रहा है। इन दिनों जरूर वह एक ओर शुद्ध राजनीतिक सत्ता तक सीमित सवाल बन गया है, और दूसरी ओर ऐसा मुद्दा भी, जिसे अप्रासंगिक या 'ओरिएंटलिस्ट कंस्ट्रक्ट' कहकर टाला जा सकता है—पर ये दोनों ही दृष्टियाँ अपने-अपने ढंग से उस फाँक को चौड़ा करती हैं जो भारतीय समाज की सबसे विकट समस्या है।

पिछले दो दशकों से 'संपूर्ण मनुष्य की परिकल्पना' की समस्याओं और उसके प्रतिपक्षों से टकराते हुए निर्मलजी मानववाद की आत्मछलनाओं को रेखांकित करते रहे हैं। रोचक है यह बात, और एक लेखक के लिए स्वाभाविक भी, कि यूरोपीय मन के विखंडन और उसके बरक्स भारतीय मन की समग्रता को आमने-सामने निर्मलजी ने पहले-पहल उपन्यास के भविष्य पर विचार करते हुए रखा था। उपन्यास की मृत्यु और पुनर्जन्म के संदर्भ में उन्होंने यूरोपीय मन के उस त्रासद विभाजन को नोट किया था, जिसमें 'रेनेसाँ' के बाद में मनुष्येतर के साथ मनुष्य का संबंध उपभोग और अधिकार के संबंध में तो बदल ही गया है, मनुष्य अपने आत्म और अहम् (सेल्फ और ईगो) के बीच उचित विवेक करने के सामर्थ्य से भी वंचित हो गया है। बाद के निबंधों में निर्मलजी इस विषय में अपनी स्थापनाओं को और स्पष्ट करते हुए इस नतीजे पर पहुँचते हैं कि ऐसा विभाजित मन 'आत्म' की अस्मिता को 'अन्य' के प्रति एक तरह की आक्रामकता में ही परिभाषित कर सकता था, और इसी कारण आधुनिक यूरोप के व्यक्तिनिष्ठ मनुष्य का अकेलापन और 'स्वतंत्र' राष्ट्रों का आक्रामक आत्मबोध वस्तुतः आध्यात्मिक क्षरण की एक ही प्रक्रिया की दो भयावह परिणतियाँ हैं।

बहुत मार्के की है यह बात। सचमुच स्वार्थपरक व्यक्तिवाद और उग्र राष्ट्रवाद के बीच गहरा संबंध है, और यह जिज्ञासा भी बहुत स्वाभाविक है कि मनुष्य के अहम्, आत्म और उसकी सामाजिक-सांस्कृतिक परिणतियों को धारण करने वाला वैकल्पिक भावतंत्र कैसा हो सकता है ? और, उसकी संभावनाएँ किन सभ्यताओं, संस्कृतियों में टटोली जा सकती हैं ?

इसी मूलभूत जिज्ञासा के प्रसंग में निर्मलजी भारतीय मन की समग्रता और सृष्टि के साथ उसके अंतर्गुंफन को एक वैकल्पिक प्रस्थान के रूप में रेखांकित करते हैं। एक तरह से, यूरोप द्वारा सारे संसार पर आरोपित समस्या का एक सभ्यतापरक (सिविलिजेशनल) समाधान खोजने का प्रयत्न है यह रेखांकन !

यह रेखांकन इस तथ्य के आलोक में महत्त्वपूर्ण है कि यूरोप के सांस्कृतिक परिवेश में उद्भूत विचारधाराओं और 'मॉडल्स' का गहरा संबंध एकेश्वरवाद से है। एक तरह से यह बद्धमूल संस्कार है जो कि उन विचारधाराओं को भी प्रभावित करता है जो ईश्वर के अस्तित्व में विश्वास नहीं करतीं। एकेश्वरवादियों के लिए एक मात्र उन्हीं का ईश्वर है जो कि 'वास्तविक' ईश्वर है, अन्यों के ईश्वर शैतान की खुराफातों से जन्मी छलनाएँ हैं जिन्हें या तो नकारा जा सकता है या बर्दाश्त किया जा सकता है। यदि आप अनीश्वरवादी हैं तो आपका वैचारिक मॉडल, अपनी स्वायत्त समग्रता में ही निर्भ्रांत रूप से सत्य है और उसके अनुयायी भी अन्य विचारों के अनुयायी से वैसा ही रिश्ता बनाते हैं, जैसा कि एकेश्वरवाद के अनुयायी अन्य ईश्वरों से। यूरोप के दंभपूर्ण 'यूनिवर्सलिज्म' का गहरा संबंध एकेश्वरवादी संस्कार में पगी ज्ञानमीमांसा से है, और हम याद करें कि यह ज्ञानमीमांसा उत्तर-आधुनिक चिंतन का सबसे बड़ा प्रतिपक्ष है।

इसके विपरीत, पारंपरिक भारतीय जीवन-दृष्टि का संस्कार बहुदेववादी है। गाँधी

जी ने एक बार कहा था, "मैं हिंदू भी हूँ, मुसलमान भी, ईसाई भी हूँ, पारसी भी," और इस पर जिन्ना ने चिढ़कर कहा था, "केवल एक हिंदू ही ऐसा वक्तव्य दे सकता है।" विडंबना यही है कि जिस गुण को जिन्ना सबसे बड़े दुर्गुण और शायद चालबाजी तक के रूप में देखकर चिढ़ रहे थे, वह सचमुच एक गहरे अर्थ में मानवीय चेतना के साक्षात्कार से उपजे बोध का गुण है। यह एक बहुदेववादी, 'पैगन' दृष्टि है जो सत्य को पा लेने वाले दार्शनिक के आत्मविश्वास की कम और सत्य के सामने सहज संकोच के साथ जाने वाले कवि की विनम्रता की अधिक सूचना देती है। यह बहुदेववाद किसी एक भूखंड तक सीमित भी नहीं है। इतिहास में एकेश्वरवाद और संगठित धर्म के उदय के पहले की सभ्यताओं में सृष्टि के साथ बनने वाला संबंध किसी-न-किसी प्रकार के बहुदेववाद पर ही आधारित था। इस अर्थ में बहुदेववाद एक साथ 'विशिष्ट' और 'यूनीवर्सल' है, उस 'यूनीवर्सल' से एकदम अलग जो एक इतिहास-सापेक्ष, संस्कृतिबद्ध ज्ञानमीमांसा को ही 'यूनीवर्सल' और अनिवार्यतः 'प्रगतिशील' मानकर, 'असभ्यों' को एकेश्वरवाद के अनुयायी 'सभ्यों' में बदलने पर तुल गया था।

वैसी आक्रामक औपनिवेशिकता ने सांस्कृतिक मुखामुखम के धरातल पर जो गैरबराबरी उत्पन्न की, उसका विकल्प, बहुदेववाद-रंजित विनम्रता और उससे उत्पन्न संवादोत्सुकता में अवश्य खोजा जा सकता है, लेकिन...

और यह बहुत यातनापूर्ण 'लेकिन' है। क्या इस 'पैगन' दृष्टि की, इस बहुदेववाद की अपनी ग्रंथियाँ नहीं हैं ? क्या भारतीय 'आत्म' की अपनी बुनावट में विकराल फाँकें नहीं हैं ? और क्या इन फाँकों से गहरे साक्षात्कार के बिना, इनकी सामाजिक परिणतियों से टकराए बिना, इस टकराव की आज तक की परंपरा से जुड़े बिना, तेजस्वी आत्मालोचना को अपने स्वभाव में स्थान दिए बिना सचमुच 'संपूर्ण मनुष्य की परिकल्पना' को एक आध्यात्मिक और सामाजिक सत्य के रूप में अर्जित किया जा सकता है ?

बहुत दुःखद है यह तथ्य कि आत्मालोचन की जरूरत की सैद्धांतिक स्वीकृति के बावजूद निर्मलजी के 'आत्म'-विषयक अनुसंधान में ऐसे सवालों से टकराने का कोई उत्साह, कोई आलोचनात्मक औत्सुक्य नजर नहीं आता।

यूरोपीय सभ्यता के सांस्कृतिक औपनिवेशीकरण से त्रस्त सभ्यताओं के पास उपलब्ध दो लोकप्रिय विकल्प हैं, बल्कि कहें, दो सुविधाजनक युक्तियाँ हैं—भीषण आत्मधिक्कार की युक्ति, या उतने ही भीषण आत्ममोह-ग्रस्त महिमामंडन की युक्ति। क्या कोई तीसरा रास्ता नहीं है ? और क्या आत्मधिक्कार और महिमामंडन एक ही बौद्धिक पंगुता के दो रूप नहीं हैं ? इस सवाल का सामना यदि संवेदनशील बुद्धिजीवी नहीं करेंगे तो वही होगा जो हो रहा है। उदारवाद, मार्क्सवाद से मोहभंग जिनका हुआ, वे बुद्धिजीवी अपनी ओर से सभ्यता-समीक्षा का प्रयत्न करते हुए भी पहुँच 'उग्र' राष्ट्रवाद के निकट ही रहे हैं ! वही 'उग्र' राष्ट्रवाद जिसकी जन्मकुंडली में आध्यात्मिक-क्षरण और खोखली अहम्मन्यता एवं तज्जनित आक्रामकता के कुग्रहों को निर्मलजी ने बिल्कुल ठीक रेखांकित किया है। इस राष्ट्रवाद की 'उग्रता' यदि विभिन्न सामाजिक

अस्मिताओं के अपने स्मृति कोष और भावतंत्र की उपेक्षा पर टिकी है, तो दूसरी ओर इन दिनों फैशनेबल 'पॉलिटिकली करेक्ट' अस्मिता-विमर्श की समस्या यह है कि उसका अधिकांश (चाहे वह दलित से संबद्ध हो चाहे स्त्री से) अपनी अस्मिता को ही एक मात्र साध्य मान लेता है। 'महा-वृत्तांतों' का कुछ ऐसा अंत हो गया मान लिया गया है कि विविध अस्मिताओं के विमर्श इस अनुभूत तथ्य की भी उपेक्षा करते हैं कि सारे विरोध और तनाव के बावजूद, भारत की विभिन्न सामाजिक अस्मिताओं के बीच परस्पर संबंध के कुछ सूत्र हैं, जिन्हें संवाद के अनुष्ठान का आधार बनाया जा सकता है, बनाया जाना चाहिए। यदि ऐसे सूत्र न होते तो न उन्नीसवीं सदी का समाज-सुधार संभव होता और न बीसवीं सदी का राष्ट्रीय आंदोलन।

निर्मलजी की मूलभूत समस्या यह है कि हिंदू आत्मबोध के आत्म-संदर्भी होने, अपनी अस्मिता को अन्य के विरुद्ध परिभाषित करने से उसके इनकार के प्रति अपनी गहरी प्रशंसा और अनुरक्ति के बावजूद, वे अभी तक यूरोपीय मन की विडंबनाओं और मार्क्सवादी विचारधारा के अतिचारों से 'ऑब्सेस्ड' हैं। इसीलिए हिंदू आत्म, भारतीय सभ्यता और उसके मिथकबोध, कालबोध आदि के साथ उनका संबंध सहज जुड़ाव का नहीं, एक तरह के 'रैशनलाइजेशन' का, एक तरह के अपराध-बोध-विमोचन का बन गया है, बजाय संवादपरक बनने के ।

मनुष्य के अंतः-विवेक की चर्चा करते हुए निर्मलजी सिमोन वेल के हवाले से 'सीमा और संतुलन' की ग्रीक अवधारणा की चर्चा करते हैं। एक स्थान पर उन्होंने माइकेल वित्सेल के हवाले से 'ऋत' और 'धर्म' जैसे पदों की विशिष्ट संदर्भवानता और इसी कारण उनके अनुवाद में आने वाली कठिनाई का उल्लेख भी किया है। यह कठिनाई वास्तविक है, और यह भी वास्तविकता है कि ऐसे पदों में व्यंजित जीवन-बोध, धर्म-बोध और ज्ञानमीमांसा को अनुवादपरक मानसिकता से समझने की कोशिशें घातक हैं। मुद्दा यह है कि स्वयं इस पद (ऋत) को उत्पन्न करने वाली संस्कृति में भी 'ऋत' की व्याख्या एक नहीं है। धर्म क्या है ? इस प्रश्न का उत्तर भी एक नहीं है। धर्म-धुरीणों और वृद्धों के सामने नग्न की जा रही द्रौपदी की वेदना जो धर्मसंकट उत्पन्न करती है, क्या गीता के उपदेश को उससे काटकर देखा जा सकता है ? और क्या यह वेदना एक नारी की विशिष्ट वेदना नहीं है ?

निस्संदेह यह 'ऋत', यह 'सीमा और संतुलन' का बोध, मनुष्य का यह आंतरिक विवेक नैसर्गिक है, इतिहास के पहले है, लेकिन इसका साक्षात्कार मनुष्य ऐतिहासिक क्षण-विशेष में ही कर पाता है। किंकर्त्तव्यविमूढ़ता की उस स्थिति में, जिसे गीता बहुत ही सार्थक, बहुत की मार्मिक नाम देती है—'विषाद योग'। विषाद की वह स्थिति जो एक ही साथ ठोस वर्तमान भी है और मनुष्य की नियति का कालातीत रूपक भी। कुरुक्षेत्र का जो युद्ध अर्जुन के लिए ठोस, तात्कालिक संदर्भ था, वही युद्ध उस पूरी परंपरा के लिए नैतिक कशमकश का बहुत सक्षम रूपक भी है—उस परंपरा के लिए जो अर्जुन के विषाद और उसके समाधान में अपने-अपने कुरुक्षेत्र की नैतिक गुत्थियाँ

सुलझाती रही है। हिंदू आत्म, भारतीय परंपरा के औपनिवेशीकरण के अहसास से उत्पन्न विषाद को भी केवल 'अन्य' के संदर्भ तक सीमित रखने की बजाय आत्मसंदर्भी बनाना जरूरी है—यदि हम अपने ऐतिहासिक कुरुक्षेत्र की विशष्टिता से, अपने विषादक्षण की वास्तविक बुनावट से टकराना चाहते हैं। इस टकराव से कतराने की परिणति यही हो सकती है कि चुप्पियों को चुनने की आदत जारी रहे, भले ही वे विषय बदल जाएँ जिन पर हम चुप रहना चाहते हैं।

निर्मलजी जिस भारतीय मन को उसकी समग्रता के आधार पर यूरोपीय मन की आत्म और अहम् के बीच विवेक न कर पाने वाली आक्रामक व्यक्तिवादिता के बरक्स, रेखांकित करते हैं, वह भारतीय मन स्वयं अपने समाज की उथल-पुथल को किस तरह देखता रहा है ? इस प्रश्न का एक रोचक किंतु चिंताजनक उत्तर कलियुग की अवधारणा में मिलता है। 'हरिवंश' से लेकर परवर्ती उपपुराणों तक में वर्णित कलियुग वस्तुतः उस आशंका का काव्यात्मक मूर्तन ही है जो यह पौराणिक मन किसी भी प्रकार की सामाजिक गतिशीलता के प्रति महसूस करता था। कलियुग के हर वर्णन में दो लक्षण अपरिहार्य हैं—एक, स्त्री की मुखरता, पुरुष के आदेशों के पालन से इनकार; दो, शूद्र द्वारा जरा सी भी सामाजिक-आर्थिक शक्ति हासिल करने का प्रयत्न। पौराणिक दृष्टि से ये दोनों ही मर्यादा का उल्लंघन हैं। उस मर्यादा का उल्लंघन जो स्त्री और शूद्र को व्यक्तित्व का दर्जा देने से बेधड़क इनकार करती है। इस हद तक कि समकालीन लेखिका ज्योत्स्ना मिलन का उपन्यास 'अ-अस्तु का' इस पीड़ा से आद्योपांत आप्लावित है कि 'स्त्री पर्याय से मोक्ष नहीं जा सकते।'

'पॉलिटिकल करेक्टनेस' (राजनीतिक सयानेपन) का एक रूप यह भी है कि 'इनकरेक्ट' (गलत) योनि में जन्म होने भर से, गलत 'पर्याय' को प्रदान कर दिए जाने भर से कोई आत्मा मोक्ष से वंचित कर दी जाए। क्या उस आत्मा की पीड़ा, अनकिए अपराध का दंड भोगने की यह नियति अपने आप में गहरी आध्यात्मिक वेदना का विषय नहीं है ? और क्या कलियुग की यह अवधारणा 'शक्ति' की एक अत्यंत संकीर्ण और कठोर अवधारणा के बिना संभव है ? उसी परंपरा में है यह अवधारणा, जहाँ निर्मलजी के अनुसार, "अपनी परंपरा में निहित अपने दायित्वों को पूरा करते हुए मोक्ष की तलाश" की जाती है, जहाँ "शक्ति की यूरोपीय अवधारणा और धर्म की उस भारतीय अवधारणा के बीच कोई संगति नहीं है।" (भारत और यूरोप : प्रतिश्रुति के क्षेत्र, पृ. 42-43)

यह सही है कि 'पौराणिक संकल्पना की विश्वदृष्टि' में गहरे पैठे 'पारंपरिक हिंदू' की चेतना में शक्तिविमर्श (डिस्कोर्स ऑफ पावर) ठीक उस तरह नहीं चलता जैसा कि आधुनिक यूरोपीय चेतना में, लेकिन हिंदू परंपरा या किसी भी 'पैगन' परंपरा में शक्ति-विमर्श की समस्या, विभिन्न सामाजिक अस्मिताओं के बीच सीमा और संतुलन की समस्या, व्यक्ति और समाज के बीच अवकाश के निर्धारण की समस्या है ही नहीं, ऐसा मानना स्वयं में सिवाय एक आत्मछलना के कुछ नहीं है। यह ऐसी आत्मछलना

है कि जिसके अंतर्निहित आशय और परिणतियाँ उसे 'मानव-केंद्रित' शक्तिविमर्श से भी अधिक घातक बना देती हैं। बहुदेववादी संस्कार एकेश्वरवादी संस्कार का, सृष्टि के साथ अंतर्गुंफित बोध मानवकेंद्रित बोध का वैकल्पिक प्रस्थान अवश्य बन सकता है, लेकिन तभी जब वह आत्मधिक्कार और आत्ममोह दोनों से मुक्त होकर तेजस्वी आत्मसंवाद का वाहक बने। ऐसे आत्मसंवाद के अभाव में, किसी भी समाज में परांपरा-प्रेम पहले तो आधुनिकता के साथ एक तरह के आशंकित संवाद का माध्यम बनता है, और कालांतर में उसी आधुनिकता की विकृत परिणति—उग्र राष्ट्रवाद—का सांस्कृतिक आधार। परंपरा आधुनिकता के साथ संवाद करने की बजाय ठेठ आधुनिक 'प्रोजेक्ट' द्वारा हथिया ली जाती है। आधुनिकता द्वारा पैदा किया गया खोखलापन वह खेत बन जाता है, जहाँ परंपरा, अस्मिता और धर्म के नाम पर भयानक मानवद्रोह के, घोर ईश्वर विद्रूप के विषबीज पनपते हैं।

यदि सचमुच 'आध्यात्मिक जीवन का महत्त्व' चीजों को 'आलोकित' करने में है तो क्या किसी संवेदनशील चित्त की स्वयं अपने प्रति यह जिम्मेवारी नहीं कि वह आधुनिकता की विडंबनाओं को परखने के साथ-साथ परंपरा की राजनीति की भी तनिक पड़ताल करे। उस राजनीति को भी वह कुछ तो शंका की दृष्टि से देखे जो बहुदेववादी संपन्नता के स्थान पर एक घोर ईर्ष्यालु, असहिष्णु और गैर-आध्यात्मिक, नितांत लौकिक ईश्वर--राष्ट्र—को स्थापित कर देना चाहती है। निस्संदेह, भारतीय सभ्यता में सहज एकता के अंतस्सूत्रों और उस सभ्यता द्वारा अतीत बनने के इनकार को हठपूर्वक नकारना बहुत बड़ी समस्या है; यह वस्तुतः उस सभ्यता-बोध के प्रति नितांत असंवेदनशील व्यवहार है। लेकिन क्या उसी असंवेदनशीलता का एक रूप वहाँ नहीं दीखता, जहाँ सारे धार्मिक अनुभव, सारी आध्यात्मिक साधना और सारी जातीय स्मृति को एक ठेठ 'सेकुलर' राजनीतिक प्रोजेक्ट के अनुषंगों में बदल दिया जाता है—एक ऐसे अध्यात्मविहीन ईश्वर के आभूषणों में, जिसका न ऋत से कोई संबंध है न धर्म से, जो वस्तुतः अहुरमज्दः और यहोवा की धूमिल, भ्रांत और थकी हुई समकालीन छाया भर है।

सवाल आज भी वही है जो नवजागरण के दौर में था, "स्वतंत्र भारत का भविष्य किन आदर्शों और मर्यादाओं द्वारा निर्धारित किया जाएगा ?" (शताब्दी के ढलते वर्षों में, पृ. 117) और इस सवाल में अंतर्निहित वेदना भी वही है—इन आदर्शों, मर्यादाओं और स्वप्नों का निर्धारण, खोज या पुनराविष्कार किया कैसे जाएगा ? आत्मचेतस होती सामाजिक अस्मिताओं के बीच संवाद के जरिए, आत्मसीमित भावतंत्र के प्रशस्त रूपांतरण के जरिए या वर्चस्वशील तबके के हितों को ही राष्ट्रीय हित और उसी की स्मृतियों को समूचे सामाजिक आत्म की स्मृतियाँ मानने और मनवाने की चतुराई के जरिए ?

अशोक वाजपेयी के कविता-संग्रह 'आविन्यो' की समीक्षा करते हुए निर्मलजी ने प्रश्न उठाया है, "क्या एक कवि के लिए आकाश और इतिहास के बीच चयन करना अनिवार्य है, अथवा दोनों को एक साथ देखने की पीड़ायुक्त प्रक्रिया में ही कविता सच्चे

अर्थों में 'आध्यात्मिक' हो पाती है ?'' (दूसरे शब्दों में, पृ. 58) हम सभी एक धरातल पर 'या तो यह या वह'-नुमा चयन से असंतुष्ट रहते हैं। सवाल भी उठाते हैं। फिर भी अधिकांश क्षणों में हम स्वयं या तो इतिहास चुन रहे होते हैं या आकाश। चुनी हुई चुप्पियाँ हमारा पीछा नहीं छोड़तीं, सिर्फ संदर्भ बदल जाते हैं।

निश्चय ही यह कोई अपरिहार्य नियति नहीं है—सिर्फ आदत की मजबूरी है जिससे मुक्ति पाई जा सकती है, और सचमुच लेखन और जीवन में उस अर्थ में आध्यात्मिकता पाई जा सकती है जिस अर्थ में उसका संबंध चीजों को आलोकित करने से है।

'चीड़ों पर चाँदनी' में संकलित यात्रा संस्मरणों के 'टोन' को निर्मलजी स्वभावतः आज अस्वीकार करेंगे, लेकिन उस पुस्तक के एक वाक्य पर उन्हें अवश्य ही मनन करते रहना चाहिए, ''क़ौन सी सीमा पर जाकर कम्युनिज्म का विरोध फासिज्म का चेहरा अपना लेता है, मुझे नहीं मालूम...यह एक चुनौती भी है जिसका सामना हर ईमानदार व्यक्ति को कभी-न-कभी करना होगा।''

[1998]

6

ताकि फिर से लिखा जाए सभ्यता का पाठ

विधायिकाओं और सरकारी नौकरियों में महिलाओं के लिए आरक्षण की चर्चा इन दिनों जितने जोर-शोर से हो रही है, उससे लगता है कि सामाजिक न्याय की राजनीति ने एक तरफ से तो अपने एजेंडा का विस्तार किया है और दूसरी ओर से कम-से-कम महिलाओं के लिए आरक्षण के मुद्दे पर आम राय बनाने में कामयाबी हासिल कर ली है। पिछड़ी जातियों को आरक्षण देने के सवाल पर जो बवाल मचा था, उसकी तुलना इस वक्त की शांति से करने पर तो ऐसा ही लगता है, जैसे कि आरक्षण के कम-से-कम इस स्वरूप से हमारे देश की समाज सत्ता को खास एतराज नहीं है। शायद इसीलिए कि स्त्री शिक्षा की जो सामाजिक दशा आज है, उसमें ऐसे आरक्षण का लाभ अधिकांशतः समाज के उसी वर्ग की स्त्रियों को मिलने वाला है, जिस वर्ग के पुरुष सामाजिक-राजनीतिक सत्ता पर काबिज हैं। खैर, 'जेंडर जस्टिस' राजनीतिक चर्चा का विषय बना, यह हर हाल में स्वागत योग्य है। वजह यह कि घर-द्वार से लेकर सरकार तक स्त्री की हैसियत का सवाल पुरुष या समाज सत्ता की कृपा का नहीं, स्त्री के सहज अधिकार का सवाल है।

नैसर्गिक रूप से तो स्त्री-पुरुष एक-दूसरे के पूरक हैं ही। जिस आधुनिक लोकतांत्रिक समाज में मनुष्य अपने व्यक्तित्व की नई ऊँचाइयाँ छू रहा है, उसके निर्माण में भी स्त्री की भूमिका दूसरे दर्जे की नहीं मानी जा सकती। हमारे अपने देश में भी, जब से देश के आधुनिक राष्ट्र में परिवर्तन होने की प्रक्रिया आरंभ होती है, तभी से हम स्त्रियों को सामाजिक, राजनीतिक प्रक्रियाओं में सक्रिय भूमिका निभाते पाते हैं। यह और बात है कि तब इन प्रक्रियाओं को इतिहास या राष्ट्रीय 'माइथालॉजी' का रूप दिया जाता है, जब स्त्रियों को केवल 'पुरुष की प्रेरणा' के रूप में प्रस्तुत किया जाता है या फिर अधिक-से-अधिक ऐसी वीरांगनाओं के रूप में, जिन्हें परिस्थितियाँ पराक्रम के लिए बाध्य कर देती हैं। सामाजिक-राजनीतिक विवेक और इतिहास-बोध पर भी स्त्री का कोई दावा हो सकता है, यह आमतौर से राष्ट्रीय वृत्तांतों में स्वीकार नहीं किया जाता। भारत के पहले स्वाधीनता संग्राम-1857 के दो उदाहरणों से यह बात समझी जा सकती है :

महारानी लक्ष्मीबाई कुशल प्रशासक और नेता थीं, लेकिन उनकी मुख्य छवि हमारा राष्ट्रीय वृत्तांत एक युद्धरत वीरांगना की ही बनाता है। अवध की बेगम हजरतमहल के

बारे में तो हम सिवा इसके कुछ याद नहीं करते कि 'वह भी 1857 के नेताओं में से एक थीं', जबकि बेगम हजरतमहल वह व्यक्ति थीं, जिन्होंने विक्टोरिया की 'गदर' के बाद जारी की गई घोषणा का प्रतिवाद विद्रोही पक्ष की ओर से जारी किया था। लक्ष्मीबाई हों या हजरतमहल, मोतीबाई हों या झलकारी—ये स्त्रियाँ अपवाद नहीं थीं, बल्कि उस दौर की सामान्य राजनीतिक चेतना से ही उनके व्यक्तित्व परिभाषित होते थे। 1857-58 के दमन के बाद राजनीतिक चेतना का जो उभार आया, उसका सामाजिक आधार नए विकसित हो रहे मध्य वर्ग में था। इस उभार में, एक लंबे अरसे तक स्त्री की स्थिति प्रतीकात्मक बनी रही। इस बात को अच्छी तरह समझने की जरूरत है।

जिस विद्रोह (1857) की जड़ें परंपरा में थीं, उसमें स्त्री की साझेदारी लगभग बराबरी की थी और जिस 'विद्रोह' का समाजिक आधार अंग्रेजीदाँ भद्रलोक में था, उसमें स्त्री की हैसियत प्रेरणा और प्रतीक की थी। यह इस बात का एक और प्रमाण है कि भारतीय समाज में प्रगति और जड़ता का द्वंद्व परंपरा बनाम आधुनिकता के द्वंद्व का पर्यायवाची नहीं है। परंपरा में निहित जड़ता, प्रगतिहीनता और अमानवीयता के पहलू तो अपनी जगह हैं ही, लेकिन आधुनिकता में भी सब कुछ गतिशील-प्रगतिशील हो—ऐसा नहीं है। उल्टे, हमारे समाज में आई आधुनिकता के सामाजिक आधार और उसके बौद्धिक स्रोतों की बदौलत उस आधुनिकता का दक्षिणपंथी, प्रतिक्रियावादी पहलू उसके प्रगतिशील पहलू से कहीं अधिक प्रचंड है। जातिवाद विरोध के नाम पर सवर्ण जातिवाद की बेशर्म वकालत हो या सांस्कृतिक राष्ट्रवाद के नाम पर फासिस्ट मिजाज की चट्टानी संवदेनहीनता-ऐसी तमाम समाज-तोड़क और 'पीछे देखू' प्रवृत्तियों का सामाजिक आधार और बौद्धिक तेज हमारे परम आधुनिक भद्रलोक द्वारा ही सप्लाई किया जाता है। भारतीय आधुनिकता की उपरोक्त तीखी आलोचना की तार्किक परिणति यह नहीं है कि आप 'भारत व्याकुलता' के मरीज बनकर परंपरा का अंधाधुंध महिमामंडन करने लगें। पक्ष और प्रतिपक्ष के रूप में परंपरा और आधुनिकता को नहीं, बल्कि प्रगति और जड़ता, मुक्ति और बंधन को देखना चाहिए। तभी समाज में वह आलोचनात्मक विवेक उत्पन्न होगा, जो हमारे व्यक्तिगत जीवन और समाजगत कार्यों की नैतिक कसौटी का काम कर सके। इस पृष्ठभूमि के साथ हम यह कड़वी सचाई याद करें कि पारंपरिक हो या आधुनिक-संसार की सभी सभ्यताएँ स्त्री की दृष्टि से ओछी प्रतीत होती हैं और पाखंडी भी।

'यत्र नार्यस्तु पूज्यंते' के दावेदार हों या स्त्री को गुलामी से आजाद कर शरीके-हयात बनाने के दावेदार—अपनी आत्मा में झाँककर देखें तो समझ जाएँगे कि स्त्री को 'देवी' बनाने के सभी प्रोजेक्ट असल में उसे व्यक्तित्व से वंचित करने के प्रोजेक्ट हैं। स्त्री की आत्मसजगता का आरंभ ही इस देवी-मार्का छल से मुक्त होकर व्यक्तित्व तलाशने की बेचैनी से होता है। ऐसी आत्म सजगता की कोशिशों की रेखाएँ आधुनिक सभ्यता में तो हैं ही, पारंपरिक सभ्यताओं में भी हैं। ऐसी कोशिशों की तार्किक परिणति होनी चाहिए—सामाजिक-राजनीतिक सत्तातंत्र में स्त्री व्यक्तित्व की बराबर की हैसियत—

एक सहज, स्वाभाविक अधिकार के रूप में—किसी की कृपा के रूप में नहीं।

आजादी के आंदोलन को जब गाँधी जी ने मध्यवर्ग के चंगुल से मुक्त कराके आम जनता का आंदोलन बनाया तो उन्होंने उसमें स्त्रियों की हिस्सेदारी को भी प्रतीकात्मक की बजाय वास्तविक बनाने पर खास ध्यान दिया। विदेशी वस्तुओं के बहिष्कार से लेकर सिविल नाफरमानी तक के कार्यक्रमों में स्त्रियों की सक्रिय हिस्सेदारी गाँधीजी की नेतृत्व क्षमता और दूरदर्शिता के साथ उनकी गहरी सामाजिक अंतर्दृष्टि को भी प्रमाणित करती है। इस तरह की हिस्सेदारी ने न केवल स्त्रियों के व्यक्तित्व के संघर्ष को धार दी, बल्कि स्वाधीनता आंदोलन को राजनीतिक चौहद्दी से बाहर जाकर सामाजिक-सांस्कृतिक चुनौतियों से भी जोड़ दिया। इस स्थिति का अपेक्षित नैतिक प्रभाव होना तो यह चाहिए था कि बिना किसी बाध्यकारी व्यवस्था के स्त्रियों और समाज के दूसरे उत्पीड़ित तबकों को उनकी वाजिब हैसियत हासिल हो जाती। लेकिन चीजें अगर सिर्फ नैतिक बल और हृदय परिवर्तन से ही संभव होतीं तो राज्यसत्ता की, किसी भी तरह के अनुशासन की या आंदोलन की जरूरत ही क्या थी ? स्वयं गाँधीजी ही की एक हिंदू राष्ट्रवादी द्वारा हत्या की जरूरत क्या थी ? नैतिक प्रभाव को व्यावहारिक बनाने के लिए भी शक्ति जरूरी है और नैतिक प्रभाव को रोकने के लिए भी कुछ लोग शक्ति का सहारा लेते हैं—जैसे गोडसे ने लिया। इसीलिए स्त्री के सबलीकरण और लैंगिक-न्याय की प्रक्रियाएँ केवल सदाशयता के भरोसे नहीं छोड़ी जा सकतीं। खुशी की बात है कि इन मुद्दों पर, इनकी फौरी रणनीति—आरक्षण—पर हमारे समाज में फिलहाल सर्वानुमति दिख रही है। इसका एक सीधा सा कारण तो यही है कि हमारे मुखर भद्रजन को लग रहा है कि सरकारी नौकरियों में स्त्रियों के लिए आरक्षण का ठोस आर्थिक लाभ अंततः परिवार को ही होने वाला है। इस अहसास में कोई हर्ज भी नहीं, लेकिन सवाल यह है कि लैंगिक-न्याय क्या सिर्फ नौकरियों तक सीमित है ? क्या सबलीकरण का एकमात्र आयाम आर्थिक है ?

हमारे समाज और विभिन्न समुदायों परंपराओं के नैतिक विवेक की असली परीक्षा उपरोक्त प्रश्नों के संदर्भों में ही होगी। सामाजिक-राजनीतिक प्रक्रिया में हिस्सेदारी, प्रशासनतंत्र में हैसियत और आर्थिक सबलीकरण—ये सब किसी सामाजिक अस्मिता के पूर्ण आत्म साक्षात्कार की दिशा में आरंभिक कदम हैं, अंतिम परिणति नहीं। स्त्रियों की ही बात करें तो उपरोक्त सभी चीजों की देर-सबेर परिणति यह होने वाली है कि स्त्रियाँ अपनी उस छवि पर पुनर्विचार की माँग करें, जो विभिन्न सभ्यताओं और परंपराओं के वर्चस्व-तंत्र ने मनमाने ढंग से गढ़ी हैं। वर्चस्व की रणनीति यह है कि स्त्री की आत्म सजगता का सफर आर्थिक सबलीकरण को ही अपना अंतिम गंतव्य मानकर समाप्त हो जाए, जबकि स्त्री व्यक्तित्व के विकास की ऐतिहासिक अपरिहार्यता यह है कि स्त्री बराबर की हैसियत केवल आर्थिक धरातल पर ही नहीं, सांस्कृतिक और आध्यात्मिक धरातल पर भी हासिल करे।

स्त्री अस्मिता और सामाजिक वर्चस्व के बीच मौजूद इस ऐतिहासिक अंतर्विरोध का

लगातार ध्यान रखना जरूरी है। सबसे पहले इस बात को रेखांकित करना चाहिए कि स्त्री जाति खुद एक सामाजिक पहचान है, जिसके अपने मुद्दे हैं। अपनी देह पर अधिकार से लेकर अपनी राजनीति के चुनाव तक के मुद्दे। बेशक स्त्री किसी-न-किसी अन्य सामाजिक पहचान—सवर्ण, दलित, हिंदू, मुसलमान, आदिवासी, ईसाई का भी अंग है, इसीलिए लैंगिक-न्याय का मुद्दा आर्थिक सबलीकरण से कहीं ज्यादा व्यापक मुद्दा है और इसीलिए लैंगिक न्याय का सवाल अपनी तार्किक परिणति तक पहुँचने पर समाज में गहरा मंथन पैदा करेगा—इसमें संदेह नहीं। उदाहरण के लिए आरक्षण को लेकर तो सब प्रसन्न हैं, लेकिन कल्पना कीजिए कि स्त्रियाँ उन धर्मग्रंथों पर श्रद्धा की बजाय विवेक के साथ विचार करना चाहें, जिनकी मूल प्रतिज्ञा ही कुछ इस प्रकार की है कि 'नारी नरक का द्वार' तो परंपरा प्रेमियों का क्या होगा ? या स्त्रियाँ उस सभ्यता के मूल प्रस्थानों पर पुनर्विचार का प्रस्ताव करें जो स्त्रियों को देवी, माँ, प्रतीक तो मानती हैं, लेकिन व्यक्ति नहीं, तो क्या होगा ? क्या होगा उस वक्त जबकि आर्थिक रूप से सबलीकृत स्त्री अपनी देह को सचमुच अपनी मानना चाहे और उससे संभावित सुख (या दुःख) का हिस्सेदार, उस हिस्सेदार के साथ देह को बाँटने का वक्त और तरीका खुद तय करना चाहे !

किसी हद तक यह सब होना शुरू हो चुका है कि और उस हद तक बहुत सारे समाजों में परंपरा और स्वदेश प्रेम के नाम पर स्त्रियों के व्यक्तित्वार्जन के दमन का प्रोजेक्ट भी नए उत्साह और परिष्कृत रणनीति के साथ आरंभ हो चुका है। यहाँ एक अनपेक्षित सा उदाहरण दें, 'बैंडिट क्वीन' नामक फिल्म का। समकालीन विमर्श और व्यवहार में स्त्री की स्थिति का सवाल कितनी विकृत व्यावसायिकता के साथ देखा-परखा जाता है—'बैंडिट क्वीन' से जुड़ा, सारा विवाद इस बात का दुःखद उदाहरण है। फिल्म का ट्रीटमेंट जिन्हें अश्लील लगता है, उन्हें भारतीय देहात में स्त्री की—खासकर दलित स्त्री की स्थिति अश्लील लगती है या नहीं—यह आज तक पता नहीं लगा। देश के किसी भी हिस्से में सुबह या शाम के वक्त ट्रेन से गुजर जाइए तो जो दृश्य दिखता है—वह अश्लील है या उस दृश्य की याद दिलाता है यह वाक्य ? स्पष्ट कर दूँ कि 'बैंडिट क्वीन', इस लेखक की दृष्टि में एक खराब फिल्म ही है, लेकिन तथाकथित अश्लीलता के कारण नहीं। दूसरी ओर 'बैंडिट क्वीन' से जुड़े हीरो-हीरोइन (अर्थात् शेखर कपूर और फूलन देवी) के लिए फिल्म अस्मिता के बहाने व्यक्तित्व से; व्यक्ति की नैतिकता के सवालों से कतराने का बहाना है। इसका सबसे ज्वलंत रूपक यह तथ्य है कि फिल्म के चर्चित निर्वस्त्र दृश्य में जो देह निर्वस्त्र दिखाई गई थी, वह फिल्म की नायिका की नहीं, बल्कि एक ऐसी लड़की की थी, जिसे अपने भाई के इलाज के लिए पैसों की सख्त जरूरत थी। पैसा दिया—देह की नग्नता हासिल की—इस 'फेयर डील' में न शेखर कपूर की संवेदना आहत होती है न फूलन देवी की—न फिल्म के अनगिनत प्रशंसकों की। वास्तविक जीवन में फूलन को निर्वस्त्र करना उस डकैत की 'शान' के लिए जरूरी था और फिल्म में इस मजबूर लड़की को निर्वस्त्र करना 'यथार्थवादी' (!) कलाकार की

'शान' के लिए ! स्त्री की देह का वस्तूकरण—यह चंबल घाटी के डकैत और विलायतपलट डायरेक्टर दोनों की संवदेना का एल. सी. एम. (लघुत्तम समापवर्तक) है।

दूसरी ओर कुछ लोग इस तरह के वस्तूकरण का प्रतिवाद करने के नाम पर स्त्री को फिर से मध्यकालीन परदे और बुरके की 'सुरक्षा' में वापस ले जाना चाहते हैं। आत्म सजग स्त्री की ओर से बुनियादी सवाल यही बनता है कि क्या सचमुच चुनाव इन्हीं दो स्थितियों—वस्तूकरण और परदानशीनी के बीच सीमित है ? हर सवाल के उठने का एक सामाजिक समय होता है। फिलहाल समय आरक्षण के जरिए सबलीकरण और जेंडर जस्टिस के आरंभ का है। इसकी सार्थकता इसी में है कि जल्दी ही यह सबलीकरण उपरोक्त प्रकार के असुविधाजनक सवालों के उठाए जाने का सामाजिक आधार तैयार करेगा। ऐसे सवाल पूछता समय सिर्फ समकालीन राजनीतिक सत्ता के लिए नहीं, समाज की गहन सांस्कृतिक सत्ता के लिए भी असुविधाएँ उत्पन्न करता समय होगा। असल में तो ऐसा समय सभ्यताओं और संस्कृतियों में फिलहाल सुलभ और स्वीकृत पाठों के पुनर्लेखन का समय होगा। आज 'जेंडर जस्टिस' जरूरी है ताकि सभ्यताओं और संस्कृतियों के पाठों को फिर से लिखा और पढ़ा जा सके—साल बाद, दो साल बाद या दस साल बाद।

[1996]

7

गुड़, गुलगुले और सौंदर्य प्रतियोगिता

'मिस वर्ल्ड' प्रतियोगिता और कुछ हो या न हो, जबर्दस्त 'मीडिया इवेंट' जरूर साबित हुई है। वैसे शायद यह तेईस नवंबर की शाम को चंद घंटों का तमाशा होता, जिसे कुछ लोग प्रत्यक्ष और कुछ टी. वी. पर देखकर उस ग्लैमर का एक और अनुभव हासिल करते जो आधुनिक सभ्यता और जीवन शैली का अनिवार्य हिस्सा है, और उतनी ही तेजी से भूल भी जाते। लेकिन इस वक्त तो यह सौंदर्य प्रतियोगिता भारतीय संस्कृति, खगोलीकरण और नारी अस्मिता के बेहद महत्त्वपूर्ण सवालों से जुड़े सांस्कृतिक आत्ममंथन का रूपक बन गई है। इस आत्ममंथन की सबसे रोचक विशेषता यह है कि 'भारतीय संस्कृति' के सांस्कृतिक राष्ट्रवादी रक्षक, बहुराष्ट्रीय कंपनियों के स्वदेशी विरोधी और नारी अस्मिता के नारीवादी प्रवक्ता सभी सौंदर्य प्रतियोगिता के विरोध में आवाजें उठा रहे हैं। बेशक विरोध के तर्क अलग-अलग हैं, लेकिन विरोध का लक्ष्य एक होना संकेतपूर्ण तो है ही। इतना तो है ही कि सौंदर्य प्रतियोगिता में व्यक्त होने वाली संस्कृति के खिलाफ आर. एस. एस. से लेकर जनवादी महिला समिति तक के बीच एक आम राय मौजूद है। बल्कि सौंदर्य प्रतियोगिता के एक विरोधी स्वर—आजादी बचाओ आंदोलन—का तो इस समय के दूसरे सांस्कृतिक विवाद—हुसैन की पेंटिंग्स—के बारे में भी ठीक वही सोच है जो आर. एस. एस. की। ऐसे में, सौंदर्य प्रतियोगिता के इन विरोधी स्वरों और उनके वैचारिक विमर्शों की पड़ताल महत्त्वपूर्ण है, क्योंकि सवाल उन नजरियों की परख का है, जिनसे सौंदर्य प्रतियोगिता को आँका जा रहा है।

'सांस्कृतिक राष्ट्रवाद' के प्रवक्ताओं का सौंदर्य प्रतियोगिता के खिलाफ मूल तर्क यह है कि इससे भारतीय संस्कृति का अपमान होता है। जाहिर है कि माइकल जैक्सन के शो से भारतीय संस्कृति का उतना अपमान नहीं होता, भले ही वह मंच पर अपनी कमर को संभोग क्रिया की याद दिलाने वाले झटके दे, उल्टे उसके लिए तो युवा हिंदू हृदय-सम्राट पलक-पाँवड़े बिछाए रहते हैं। 'मिस वर्ल्ड' प्रतियोगिता के आयोजक भी यदि भविष्य में शिव उद्योग सेना सरीखे राष्ट्र निर्माणकर्ता संगठनों का हिस्सा आयोजन की कमाई में से सुरक्षित रख दें, तो सौंदर्य प्रतियोगिता से भी भारतीय संस्कृति को होने वाला नुकसान कुछ कम हो ही जाएगा। आखिरकार माइकल जैक्सन शो को कर मुक्त

करने वाली सरकार भारतीयता के एक मात्र रक्षकों के बलबूते ही तो चल रही है। पता नहीं, हिंदू हृदय-सम्राट बाला साहब के परम मित्र अमिताभ बच्चन को इतनी सी बात क्यों नहीं सूझी। खैर, भविष्य में वे निश्चय ही अधिक समझदारी का परिचय देंगे।

हमारे लिए फिलहाल ध्यान देने की बात यह है कि पिछले ही दिनों आर. एस. एस. के सरसंघचालक ने महिलाओं के लिए आरक्षण का स्पष्ट शब्दों में विरोध किया था, और राष्ट्रीय स्वयंसेविका समिति ने स्कूलों तथा प्रचार माध्यमों के जरिए यौन शिक्षा का। क्या इन विरोधों का सौंदर्य प्रतियोगिता के विरोध से कोई रिश्ता नहीं ? क्या ये तीनों विरोध स्त्री के बारे में एक निश्चित सोच और विमर्श को प्रतिबिंबित नहीं करते ? तथाकथित 'सांस्कृतिक राष्ट्रवाद' के प्रवक्ता 'भारतीय संस्कृति'—शब्द का जिस तरह प्रयोग करते हैं, बल्कि कहिए कि लाठी की तरह भाँजते हैं, उस तरह पर गौर करें तो न केवल इन तीनों विरोधों के आपसी रिश्ते को, बल्कि इस रिश्ते को संभव करने वाले सोच को भी समझने में सहायता मिलेगी।

राजनीतिक हिंदुत्व की शब्दावली में 'भारतीय संस्कृति' शब्द का उपयोग कुछ ऐसे ढंग से किया जाता है कि जैसे कि संस्कृति का सामाजिक अवस्थाओं और द्वंद्वों से कोई संबंध ही न हो। यही नहीं इन लोगों के लिए भारतीय संस्कृति ऐसे मूल्यों का वाचक शब्द है जिन पर कोई सवाल नहीं उठाए जा सकते और जिनकी व्याख्या का एकाधिकार संघ परिवार का है। जाहिर है कि यह व्याख्या समाज के उत्पीड़ित और दलित वर्गों के खिलाफ ही होती है। संस्कृति का ऐसा विमर्श संस्कृति में केवल वर्चस्व का एकवचन देखना चाहता है प्रतिरोध का बहुवचन नहीं। दिक्कत यह है कि वस्तुतः कोई भी संस्कृति ऐसी सपाट होती नहीं है। दूसरी ओर इस तरह के एकाधिकारवादी सांस्कृतिक विमर्श का गहरा संबंध यथास्थिति और जड़ता की सामाजिक राजनीति से होता है। इसलिए संघ परिवार जैसे सांस्कृतिक राष्ट्रवादियों के हाथों भारतीय संस्कृति एक ऐसी लाठी बन जाती है जिससे यथास्थिति और निहित स्वार्थों की आलोचना करने वाली हर आवाज को धमकाया जा सके। इंदौर के जो दुकानदार हुसैन का पुतला जला रहे थे अथवा जो विदुषियाँ रूप-कँवर की धार्मिक हत्या का समर्थन कर रही थीं उनके कृत्य भारतीय संस्कृति की रक्षा करने के पवित्र उद्देश्य से ही तो प्रेरित थे। इस तरह के संस्कृति-बोध में स्त्री की स्थिति बहुत स्पष्ट है। वह माँ है, धर्म और समाज के सम्मान की प्रतीक है, यदि नहीं है तो खुदमुख्तार व्यक्तित्व नहीं है। उसे न अपनी सेक्सुअलिटी को समझने की जरूरत है और न अपने लिए सामाजिक हैसियत हासिल करने का अधिकार। ऐसी सोच में स्त्री की देह तक उसकी अपनी नहीं है। वह परिवार, समाज, राष्ट्र-गरज की पुरुष सत्ता के किसी-न-किसी रूप की संपत्ति है। ध्यान देने की बात है कि ऐसे लोगों के लिए सौंदर्य प्रतियोगिता भारतीय नारी का अपमान है क्योंकि वह देह की नुमाइश है। ऐसी नुमाइश जो स्त्री अपने लाभ के लिए करती है। किसी पुरुष विशेष की संतुष्टि अथवा राष्ट्रहित के लिए नहीं। यदि देह को सजाना और उसकी नुमाइश करना ही अपराध हो तब तो त्यौहारों से लेकर विवाह तक को भारतीय संस्कृति

के विरुद्ध मानना होगा। जाहिर है कि ऐसा नहीं माना जा सकता क्योंकि ऐसे प्रसंगों में देह की नुमाइश का लक्ष्य अंततः पुरुष-विशेष है। यह विडंबना ही है कि सौंदर्य प्रदर्शन का सार्वजनिकीकरण कर मिस वर्ल्ड जैसी प्रतियोगिताएँ उनमें हिस्सा लेने वाली स्त्रियों के मन में अपने आप में मूल्यवान व्यक्ति होने का बोध जगाती हैं। स्त्री के मन में ऐसे व्यक्तित्व-बोध का उदय–स्त्री चाहे जिस वर्ग की हो–पुरुष के वर्चस्व को ही भारतीय संस्कृति मानने वालों के लिए बुनियादी रूप से खतरनाक हैं। ऐसे व्यक्तित्व बोध के अन्य उपादान भी उनके लिए खतरनाक हैं। आरक्षण के जरिए प्रशासन और राजसत्ता में आने वाली स्त्री हो या यौन शिक्षा के जरिए अपनी देह के रहस्यों को समझकर उस पर अधिकार अर्जित करने वाली स्त्री हो, संघ-परिवारी भारतीय संस्कृति के लिए खतरनाक है। इसीलिए संघ परिवार के सदस्यों को महिला आरक्षण, यौन शिक्षा और सौंदर्य प्रतियोगिता पर एतराज है। क्योंकि असल में उन्हें इन तीनों में व्यक्त होने वाली इस संभावना पर एतराज है कि स्त्री अपनी सेक्सुअलिटी को समझे और अपनी मर्जी से उसका उपयोग करे।

भारतीय नारी के सम्मान का नाटक करती हुई उसे व्यक्तित्व अर्जित करने से रोकने वाली यह दृष्टि संघ परिवार के समूचे सांस्कृतिक विमर्श के अनुकूल ही है। और संघ परिवार ही क्यों, यह दृष्टि उन सब विमर्शों के अनुकूल है जो परंपरा और संस्कृति को उत्पीड़ित तबकों के सबलीकरण के खिलाफ लाठी की तरह भाँजना चाहते हैं। इस तरह की लाठीवादी संस्कृति तथाकथित परंपरा के किसी भी वैकल्पिक पाठ या व्याख्या को भी बर्दाश्त नहीं कर सकती। यह संयोग नहीं है कि सलमान रुश्दी के खिलाफ फतवे को ठीक ठहराने वाले बहुत से मुस्लिम बुद्धिजीवी हुसैन के खिलाफ दिए गए सांस्कृतिक राष्ट्रवादी फतवे को भी ठीक मानते हैं। और यह भी संयोग नहीं है कि उनमें से अधिकांश सौंदर्य प्रतियोगिता का भी विरोध ऐन संघपरिवारी तर्कों से कर रहे हैं। उनके हिसाब से भी सौंदर्य प्रतियोगिता और यौन शिक्षा इसीलिए संस्कृति विरोधी हैं कि इसमें स्त्री अपनी देह पर अपना अधिकार हासिल करती है। आधुनिकता की विकृतियों के विरोध के नाम पर, परंपरा की रक्षा के नाम पर तरह-तरह के जड़तावादी किस तरह एक ही स्वर में बोलने लगते हैं सौंदर्य प्रतियोगिता का विरोध उसका एक रोचक उदाहरण है। बात केवल हिंदू और मुस्लिम कट्टरपंथियों की नहीं। बहुराष्ट्रीय कंपनियों के स्वदेशी विरोध के कम-से-कम एक अलमबरदार 'आजादी बचाओ आंदोलन' की भी स्थिति इस प्रसंग में रोचक है। इस संगठन द्वारा जारी 'स्वदेशी संवाद सेवा' के अक्टूबर अंक में दो लेख हैं। एक सौंदर्य प्रतियोगिता के खिलाफ और दूसरा हुसैन के। हुसैन के खिलाफ लिखे गए लेख में स्पष्ट शब्दों में हुसैन की ही नहीं उनके समर्थक कलाकारों की पिटाई का भी आह्वान किया गया है। नारी देह की महिमा सचमुच अपरंपार है। या कहिए कि नारी देह के पुरुष रक्षकों का सांस्कृतिक बोध सचमुच वंदनीय है कि संस्कृति की रक्षा के लिए संस्कृतिकर्मियों की पिटाई का सांस्कृतिक आह्वान किया जा रहा है और यह उस स्वदेश में जिसमें कवि को ब्रह्मा के रचे संसार के समानांतर अपना संसार रचने

वाला प्रजापति माना जाता रहा है। स्वदेशी के ये प्रेमी भला काहे को इस पर ध्यान दें कि कला से उनकी अपेक्षाएँ भारतीय परंपरा से नहीं बल्कि विक्टोरिया के इंग्लैंड की कूढ़मगजी से जुड़ती हैं।

नारी की देह उसकी अपनी है या संस्कृति, परंपरा या विचार का उस पर स्वामित्व है असली सवाल यह है। कुछ अरसा पहले दिल्ली की एक महिला वकील द्वारा अपने निर्वस्त्र फोटो खिंचवाने पर यह विवाद बहुत तीखे रूप से उभरा था। उस समय सभी जनवादी और नारीवादी उस महिला के अपने देह पर अधिकार के समर्थक थे जबकि तथाकथित संस्कृतिवादियों को उसके व्यवहार में संस्कृति से लेकर वकालत के धंधे तक की बेइज्जती होती नजर आती थी। सौंदर्य प्रतियोगिता की नारीवादी जनवादी आलोचना का सार यह है कि इसमें नारी की देह का वस्तूकरण निहित है लेकिन क्या वस्तूकरण सिर्फ इस प्रतियोगिता तक और क्या सिर्फ नारी देह तक सीमित है और यह भी कि शरीर सौष्ठव और सौंदर्य के प्रति सजगता क्या अनिवार्यतः वस्तूकरण का द्योतक है ? इस तरह के जनवादी सांस्कृतिक कट्टरपंथ का यदि विस्तार किया जाए तो कुश्ती और बॉक्सिंग जैसे खेल मनुष्य की मूल आक्रामक प्रवृत्तियों को भुनाते हैं, उपभोक्तावाद का प्रचार-प्रसार करने के लिए मॉडलिंग केवल विश्व सुंदरियाँ नहीं बल्कि फिल्म स्टार और स्पोर्ट्स स्टार भी करते हैं, बल्कि कई बार स्टार की हैसियत पा चुके बुद्धिजीवी, संगीतकार और कलाकार भी। रॉलेक्स घड़ी के विश्वविख्यात मॉडल्स में से एक पंडित रविशंकर हैं और अंबेसडर कार के मॉडल्स में एक हैं सत्यजित राय। स्टारडम किसी भी क्षेत्र में हो, वह गुण प्रतिभा या उपलब्धि के वस्तूकरण पर ही आधारित है। ऐसी स्थिति में विरोध के लिए केवल सौंदर्य प्रतियोगिता को ही चुनना जिस सांस्कृतिक कट्टरपंथ की सूचना देता है वह सिर्फ दयनीय नहीं खतरनाक भी है।

खतरनाक इसलिए कि जनवादियों और नारीवादियों द्वारा सौंदर्य प्रतियोगिता का विरोध और उनके विरोध का यथास्थितिवादियों के विरोध से एकतान हो जाना किसी गहरी समस्या का सूचक है और वह है कि सेक्सुअलिटी और उससे जुड़े नग्नता, अश्लीलता सरीखे सवालों का अपना विशिष्ट वैचारिक विमर्श और सांस्कृतिक व्यवहार विकसित करने में जनवाद, नारीवाद नाकाम रहा है। इसलिए वह महिला वकील को तो इस बात की छूट देना चाहता है कि वह चाहे तो अपनी देह का वस्तूकरण होने दे लेकिन सौंदर्य प्रतियोगिता में आने वाली सुंदरियों को यही छूट देना उसे 'पॉलिटिकली इनकरेक्ट' लगता है। किसी भी तरह के कट्टरपंथ की सबसे बड़ी समस्या यही होती है कि उसे गुड़ खाते हुए गुलगुलों से परहेज करने का नाटक करना पड़ता है। कल तक जो क्रिकेट साम्राज्यवादी संस्कृति का प्रतीक था आज उस क्रिकेट में भारतीय टीम की विजय पर पटना की वाम रैली बाकायदा बधाई का प्रस्ताव पास करती है। यह भूलते हुए कि इन दिनों क्रिकेट का हर खिलाड़ी पेप्सी कोला के लिए खुशी-खुशी अपनी उपलब्धि का वस्तूकरण होने दे रहा है।

असली मुद्दा इस सचाई से टकराने का है कि सेक्सुअलिटी सभी सभ्यताओं और

विचारधाराओं के लिए सिर्फ एक अबूझ पहेली ही नहीं बल्कि एक ऐसी समस्या भी है कि जिसका सबसे बढ़िया समाधान यही समझा जाता है कि उसके अस्तित्व से ही इनकार कर दिया जाए। इस कड़वी सचाई से टकराए बिना सौंदर्य प्रतियोगिता जैसी घटनाओं का ऐसा जनवादी नारीवादी विमर्श विकसित करना असंभव है जो अपनी तर्क प्रणाली और परिणति में यथास्थितिवादी विमर्श से अलग हो। इस मुद्दे को साफ तौर से सोच के एजेंडा पर लाए बगैर यही होगा कि आप गुलगुलों से परहेज करेंगे और गुड़ भकोस कर खाएँगे। विडंबना यह है कि यह उस देश की आधुनिकता में हो रहा है जिस देश की परंपरा इस बात का सचमुच गर्व कर सकती है कि उसने सेक्स को पाप का प्रेत समझने की बजाय जीवन का उत्सव समझा और उसका एक समृद्ध विमर्श विकसित करने का प्रयत्न किया।

[1996]

8

हुसैन विवाद : आधुनिकता के शक्ति-विमर्श में कला की हैसियत

तथाकथित 'हुसैन विवाद' को, आइए, एक पाठ की तरह पढ़ें। लेकिन उसके पहले ये कुछ उद्धरण :

"यही था वह मुद्दा जो मैं स्पष्ट करना चाहता था : रेखांकन, वस्तुतः हर तरह का अनुकरण, सत्य से बहुत दूर तो है ही यह हमारे भीतर के उस तत्त्व से संबंध बनाता है, जो अंतर्दृष्टि से बहुत दूर है। यही नहीं, अनुकरण (कला) का कोई स्वस्थ और सत्यपरक उद्देश्य भी नहीं है।"

"तो ग्लॉकॉन, जब तुमसे कोई कहे कि होमर ने हेलॉस को शिक्षित किया, मानव-चरित्र और संस्कृति को समझने के लिए होमर का अध्ययन करना चाहिए, होमर की शिक्षाओं के अनुरूप आचरण करना चाहिए तो तुम्हें ऐसा कहने वाले पर दया करनी चाहिए। तुम अपने मन में एकदम स्पष्ट रहना कि नगर में उन्हीं कविताओं को स्वीकार किया जा सकता है जो देवताओं और महापुरुषों की स्तुति में हों। आनंदलिप्त म्यूज को यदि तुमने स्वीकारा तो नगर में निश्चय ही मर्यादा और नियम के स्थान पर सुख और दुःख का राज होगा।"

"हमारे नगर से कविता का निष्कासन स्वाभाविक है। क्या करें, कविता की प्रकृति ही ऐसी है। हम तर्क से विवश हैं। यदि कविता हम पर पशुता और क्रूरता का आरोप लगाए तो हम यही कह सकते हैं कि कविता और दर्शन का झगड़ा पुराना है।"

—प्लेटो (रिपब्लिक 606 बी, 607 ए और बी)

न स शब्दो न तद्वाच्यं न स न्यायो न सा कला।
जायते यन्न काव्यांगमहो भारो महान्कवेः।।

—काव्यालंकार (5/4)

"तो यह एकदम स्पष्ट है कि अनुकरणकर्ता को उन वस्तुओं की महत्ता का कोई ज्ञान नहीं है, जिनका अनुकरण वह कर रहा है। अनुकरण मनोरंजन का एक रूप है,

कोई गंभीर काम नहीं। जो विभिन्न छंदों में ट्रैजेडी लिखते हैं, वे सिर्फ़ अनुकरणकर्ता ही हैं।"

—रिपब्लिक—602 बी

इदमन्धं तमः कृत्स्नं जायते भुवनत्रयम्।
यदि शब्दाह्वयं ज्योतिरासंसारं न दीप्यते।।

—काव्यादर्श (1/4)

[1]

प्लेटो की शिकायत है कि "कला का कोई सत्यपरक उद्‌देश्य नहीं है।" सत्य का अर्थ है 'जस्टिस' अर्थात् मर्यादा। 'जस्टिस' की परिभाषा का संदर्भ है—'नगर' अर्थात् समाज। चूँकि 'सत्य' न केवल अविभाज्य, बल्कि एक ही है, और 'नगर' उसे 'जस्टिस' में प्रत्यक्षीकृत कर सकता है, इसलिए सभी मानवीय गतिविधियों को सत्य के उस प्रत्यक्ष के अनुकूल होना चाहिए, जिसे 'जस्टिस' अर्थात् मर्यादा कहा जाता है। कला के स्वभाव में ही कुछ ऐसा है कि वह मर्यादा से गाहे-बगाहे जा टकराती है। इसीलिए कोई ढाई हजार बरस पुराने प्लेटो को लगता था कि "कविता और दर्शन का झगड़ा बहुत पुराना है।"

यूरोपीय संस्कृति-विमर्श की केंद्रीय चिंताओं में से एक रही है—इस बहुत पुराने झगड़े का समाधान करने की कोशिश। आधुनिकता तक आते-आते इस समाधान की जो आम राय बनी उसके एक पक्ष का सार यह है कि कला को किसी-न-किसी 'मर्यादा' के अनुकूल होना चाहिए। वह मर्यादा प्रदत्त भी हो सकती है और प्रदत्त मर्यादा को उखाड़ फेंकने के लिए कटिबद्ध प्रस्तावित मर्यादा भी। किसी भी स्थिति में कला की वैधता का प्रतिमान कोई सामाजिक या धार्मिक प्रयोजन ही हो सकता है—ऐसा प्रयोजन जिसे निर्धारित करने में, जिसकी रूपरेखा उकेरने में कला की अपनी कोई भूमिका नहीं हो सकती। दिलचस्प बात यह है कि यूरोप में इस धारणा का जो प्रतिपक्ष विकसित हुआ वह कला को सामाजिक प्रयोजन से ही नहीं सामाजिक सांस्कृतिक आशय से भी स्वायत्त कर देना चाहता है। यही नहीं 'एक' सत्य की अवधारणा यहाँ भी काम करती है—गहनतर, सूक्ष्मतर रूप में विवाद परिभाषा को लेकर हो सकता है—लेकिन अंततः सत्य 'एक' ही है; उसका आध्यात्मिक रूप ईश्वर भी 'एक' ही है। (सो, बहुदेववाद सभ्यता के निम्नतर रूप का सूचक है।) सत्य का राजनीतिक रूप भी 'एक' ही है। (सो, यूरोपीय लोकतंत्र के अलावा सभी राजनीतिक पद्धतियाँ बर्बर हैं।) सत्य के 'एक' होने का यह आग्रह केवल जीवन जीने के लिए अपना ली गई आस्था नहीं, बल्कि ईश्वर का (अथवा इतिहास का) अनिवार्य तर्क है; सो, इस 'एक सत्य' का जो सांस्कृतिक

साक्षात्कार यूरोपीय परंपरा की परिणति है, वही मूल प्रतिमान है। जो उसके अनुकूल है, वह 'रेशनल' है, बाकी 'इर्रेशनल' या 'क्वासी रैशनल'। इस प्रकार, कला का सामाजिक प्रयोजन चाहे न भी हो, लेकिन सभी कलारूपों की रचना और उनके आस्वाद का कोई एक आधारभूत तर्क-समुच्चय तो होना ही चाहिए। स्थापत्य से लेकर कविता तक के रचना-नियमों और मूल्यांकन प्रतिमानों का एक आधार खोजने की चेष्टा एस्थेटिक्स कहलाती है।

सत्य की अनेक संभावनाओं का निषेध करता यह एकवादी आग्रह स्वाभाविक रूप से विकल्पों को संदेह की दृष्टि से देखता है। खैर, इस सारे विमर्श में कला की हैसियत, किसी-न-किसी वैचारिकी, किसी-न-किसी मर्यादा के अनुकूल होने से ही तय होती है। वह वैचारिकी चाहे कला का सामाजिक प्रयोजन सिद्ध करने की हो या उस प्रयोजन का निषेध करने की।

आधुनिकता यूरोपीय परंपरा का स्वाभाविक विकास है। इस विकास में ईसाइयत से पहले के धर्मों और जीवन-दृष्टियों का सफाया शामिल है। स्वयं ईसाइयत के भीतर की जानलेवा बहसें शामिल हैं। ग्रीक और रोमन चिंतन से ईसाइयत का द्वंद्वात्मक संबंध शामिल है। चर्च और नेशन स्टेट का संघर्ष, धर्म और विज्ञान का झगड़ा, मध्यकालीन सामाजिक संस्थाओं और जीवन दृष्टियों से लोहा लेते हुए विकसित हुआ व्यक्तित्व का विमर्श शामिल है। दैवीयता का स्थान लेती ऐतिहासिकता और सामाजिकता शामिल है। इस सबके साथ यूरोपीय आधुनिकता में आंतरिक स्पंदन है, क्योंकि वह आरोपित नहीं विकसित आधुनिकता है। आज जब इस आधुनिकता के मूल प्रस्थान और प्रमेय लगातार प्रश्नविद्ध हो रहे हैं तो तर्क, तार्किकता और प्रयोजन की 'सार्वभौमिकता' स्वयं वर्चस्व की विकट रणनीति के रूप में पहचानी जा रही है; और जो समाज अपने समाधान ही नहीं बल्कि सवाल तक आधुनिकता के वर्चस्वशाली मुहावरे से उधार लेने के लिए अभिशप्त हैं, वे शब्दशः बियाबान में हैं। जो समूह भारत में कला से लेकर राजनीति तक एक एजेंडा तय करता है, धर्म से लेकर राष्ट्र तक को परिभाषित करता है—वह ऐसा ही अभिशप्त समाज है। आधुनिकता-उत्तरआधुनिकता के मुखामुखम में निहित स्पंदन से भी वंचित और अपने उस व्यापक समाज से भी विच्छिन्न जिसे इस या उस नक्शे के मुताबिक बदल डालने के लिए वह कटिबद्ध है।

कुछ समय पहले तक इस वंचित विच्छिन्न समुदाय के उस अंश की तूती बोलती थी जो इतिहास की पूर्वनिर्धारित प्रगतिशील दिशा में समाज को ले जाना चाहता था। इस समय हौसले उनके बुलंद हैं जो 'भारतीयता' और उसके नाभिक 'हिंदुत्व' के अनुकूल समाज और संस्कृति गढ़ना चाहते हैं। दोनों ही का मूल स्रोत संदिग्ध प्रस्थानों वाली आधुनिक जीवन-दृष्टि है, दोनों ही की समझ से कला का उचित वैचारिकी में अनुकूलन वैध और स्वाभाविक है।

फर्क यह है—और यह बहुत ही महत्त्वपूर्ण फर्क है—कि पहले विमर्श में सारी सीमाओं और न्यूनताओं के बावजूद भारतीय समाज के आंतरिक शक्ति-संघर्ष का बोध,

उसे समझने की छटपटाहट मौजूद है। जबकि 'भारतीयता' और 'हिंदुत्व' को ब्रांड बनाने के लिए उत्सुक विमर्श के अस्तित्व का तर्क ही यह है कि इस शक्ति-संघर्ष का विकृतीकरण किया जाए, बल्कि उसके अस्तित्व से ही इनकार कर दिया जाए। भारतीय परंपरा-दर्शन से लेकर कला तक का अत्यंत सपाट पाठ गढ़ना, इस तरह गढ़े गए पाठ को भावना के नाम पर भीड़ की आक्रामकता में ढाल देना, समाज को कला, साहित्य और संस्कृति के प्रति व्यवस्थित रूप से संवेदनहीन बनाना—इसी विकृतीकरण के परस्पर संबद्ध पहलू हैं।

[2]

'हुसैन विवाद' में ध्यान देने की सबसे पहली बात है—इसका सुनियोजित बल्कि प्रायोजित रूप। 'आहत' भावनाओं के चीत्कार में स्वतः स्फूर्त कुछ नहीं था। सारा घटनाक्रम एक व्यवस्थित प्रयोग की तरह था—यह जाँचने के लिए किया गया प्रयोग कि परंपरा के सत्तापरक विकृतीकरण की राजनीति सांस्कृतिक 'स्पेस' को परिभाषित करने, नियंत्रित करने में किस हद तक कामयाब हो सकती है। बरसों पहले बनाई गई एक पेंटिंग, जो अब तक एक कलाकृति थी, एक वैचारिक निर्मिति में बदल डाली गई। कला-विमर्श की आंतरिक बहसों में उस पेंटिंग का क्या मूल्यांकन किया गया था ? एक निर्वस्त्र रेखांकन के साथ मोर का रेखांकन कर साथ में 'सरस्वती' लिख देना कलात्मक आस्वाद के लिए प्रासंगिक था या अप्रासंगिक ? यह परंपरा का पुनराविष्कार था या सर्जनात्मक विचलन ? ऐसे सवालों को संभव करने वाले विमर्श के संदर्भ से हटाकर कलाकृति को ऐसे विमर्श के संदर्भ में ले आया गया जो बहस की शुरुआत ही ऐसी शब्दावली में करता है—'यह चित्रकार है या कसाई ?' पेंटिंग अपनी स्वतंत्र हैसियत खोकर पेंटर के संदिग्ध आचरण और अभिप्राय का सबूत बन गई। उसका अपना स्पंदन नष्ट कर 'सांस्कृतिक राष्ट्रवादी' विमर्श ने उसे निष्प्राण चीथड़े में बदल डाला। बोलती-बतियाती जिंदगी जैसे मृतदेह की तरह वैचारिक पोस्टमार्टम की टेबल पर बिछा दी गई।

[कलाकृति या पुस्तक का जीवन ? कैनवास या बाँस की लुगदी में जिंदगी ? उसकी पवित्रता ? उस पवित्रता के लिए सुरक्षित अवकाश ?

कितनी हवाई हैं ये बातें। कितनी प्राक्-आधुनिक। कितनी पिछड़ी हुई। हमें शक्तिशाली राष्ट्र का निर्माण करना है। शक्ति का अर्थ ही है संकेतों, प्रतीकों और शब्दों पर एकाधिकार। ऐसे एकाधिकार से ही राष्ट्र का निर्माण होता है; सामाजिक हित की परिभाषा होती है। एकाधिकार से ही वैचारिकी विशेष के अनुकूल, मनोवांछित भावतंत्र का गठन होता है, और एकाधिकार को, वर्चस्व को चुनौती देते, संकेतों, शब्दों और प्रतीकों के किसी भी वैकल्पिक प्रयोग को भावनाओं को चोट पहुँचाने वाला कहकर मर्यादा के नगर से देश-निकाला दिया जा सकता है।

सही कहा था प्लेटो ने "कविता और दर्शन का झगड़ा बहुत पुराना है।" भारतीय परंपरा में यह झगड़ा न रहा हो तो न रहा हो, भारतीय आधुनिकता में तो यह झगड़ा होना ही चाहिए, और कला को दर्शन अर्थात् वैचारिकी से चरित्र-पत्र हासिल करना ही चाहिए। कला यदि निष्प्राण देह बनने से इनकार करे तो वह कसाई है। कोमल हृदय हैं वे लोग जो संस्कृति को दस्ताने की तरह पहनकर कला के जीवन की ही चीर-फाड़ कर डालते हैं।]

बीस बरस पुरानी पेंटिंग इस वक्त ऐसे विवाद का विषय बनाई जा सकी जिसमें कला का अपना जीवन, समाज, संस्कृति और परंपरा से जुड़ने का उसका अपना तर्क अप्रासंगिक है। जिसमें कला को कोई 'स्पेस' सहज रूप से उपलब्ध होने की बजाय वैचारिकी की 'सहिष्णुता' पर निर्भर है। जिसमें कला के अपने 'ज्ञानात्मक संवेदन और संवेदनात्मक ज्ञान' को रेखांकित करना राष्ट्रद्रोह या धर्म-विमुखता का अभियुक्त बनना है। और यह सब ऐसी परंपरा की शुचिता के नाम पर जिसने तमाम प्रतिकूलताओं के बावजूद 'सत्य' के हर वैयक्तिक और सामाजिक साक्षात्कार को एकमात्र अधिकृत पाठ की बजाय सापेक्ष अभिव्यक्ति मानने का नैतिक साहस बनाए रखा। इस 'समय' का बोध बनाए रखकर ही हुसैन के सांस्कृतिक आशय को समझा जा सकता है। परंपरा और भावना के नाम पर सांस्कृतिक राजनीति का जो प्रयोग किया जा रहा है, उसकी राजनीति का आधारबिंदु ही यह है कि सुनियोजित को स्वतः स्फूर्त बनाकर पेश किया जाए। कलाकार को कसाई कहते लेख का प्रकाशन, उसका पुतला दहन, सांप्रदायिक विद्वेष फैलाने और भावनाओं को चोट पहुँचाने के अपराधी के रूप में उसका बाकायदा कानूनी शब्दावली में निरूपण, पेंटिंग्स की हत्या और उनकी देह का क्षत-विक्षतीकरण—यह सब दोहरे उद्देश्य से किया गया प्रयोग है। एक तरफ वर्चस्ववादी सांस्कृतिक राजनीति ने अपनी ताकत कितनी बढ़ाई यह जाँचना है; दूसरी तरफ कला को यह सबक देना है कि महत्तर सामाजिक प्रयोजन और राजनीतिक प्रोजेक्ट के संदर्भ में उसकी औकात क्या है।

हुसैन विवाद 'मेथड इन मैडनेस' का डरावना दृष्टांत है। न तो पहला न आखिरी। परंपराओं को एक निर्जीव आर्टिफैक्ट में बदलकर ठेठ आधुनिक शक्ति-विमर्श के लिए उनके क्रूर इस्तेमाल के सिलसिले की ही एक कड़ी है हुसैन विवाद !

[3]

प्राक्-आधुनिक हिंदू धर्मबोध के लिए सृष्टि में होने के विस्मय और उसके आनंद के बीच किसी विरोध या झगड़े की कल्पना करना दुष्कर था। विस्मय का वहन करने वाला धर्म और आनंद को धारण करने वाला काम उस बोध में विरोधी नहीं, पूरक थे। प्राणिमात्र स्वभाव से ही सृष्टिधर्मा है, शरीर में निहित सृजनक्षमता की परिणति ही नहीं, प्रक्रिया भी आनंदपूर्ण है, और वह आनंद अनुसंधान, विमर्श और सृजनात्मकता का वैध

विषय है। इस जीवन दृष्टि से आप्लावित सर्जनात्मकता में (वह चाहे धर्म में हो, चाहे कला में) देह का अनावृत्त सौष्ठव और देह का देह से मिलन न तो परमात्मा के खिलाफ पाप था और न जीवन की शर्मनाक मजबूरी। वह जीवन-दृष्टि आनंद के विमर्श को न केवल सम्मानित 'स्पेस' देती थी बल्कि विस्मय के विमर्श के साथ आनंद के संयोग को सहज मानती थी। संभोग उसके लिए सामान्य जीवन में सहज उपस्थिति की तरह था और कला के समानांतर संसार में सर्जनात्मक उत्सव की तरह। समग्र दृष्टि यहाँ भी थी लेकिन जीवन की बहुवचनात्मकता को स्वीकारती हुई—इसे नकार कर इस पर शुभ-अशुभ के सपाट आख्यान का आरोपण करती हुई नहीं। यही वजह है कि नग्नता और काम का अंकुठ विमर्श हमें प्राक्-आधुनिक हिंदू काव्यों और कला में ही नहीं, घोषित रूप से आध्यात्मिक, साधनापरक और पौराणिक रचनाओं, काव्य, मूर्ति और चित्र में भी मिलता है। ऐसा नहीं कि हिंदू परंपरा ने 'सेक्सुअलिटी' के सभी सवालों का समाधान खोज लिया था। (समाज और कला में औरत की हैसियत का सवाल अंततः उसकी प्राकृतिक 'सेक्सुअलिटी' का सांस्कृतिक विमर्श विकसित करने का ही सवाल है, व्यक्तित्व का जेंडर स्पेसिफिक सवाल, और इस संदर्भ में सेक्सुअलिटी का हिंदू विमर्श कई उलझनें पैदा करता है।) लेकिन यह बहुत ही महत्त्वपूर्ण और प्रेरणाप्रद तथ्य है कि ऐसी सीमाओं के बावजूद हिंदू धर्म—परंपरा ने मानवीय अस्तित्व के कामपरक पहलू को तिरस्कार और अपराध-ग्रंथि का नहीं, अकुंठ विमर्श और सहज उल्लेख का विषय बनाया।

इस लिहाज से, प्राक्-आधुनिक हिंदू धर्मदृष्टि की रोचक तुलना प्राक्-सेमेटिक, 'पेगन' धर्मदृष्टियों से की जा सकती है। फूको कहते हैं कि यूरोप की 'क्लासिकल परंपराओं में सेक्स का संबंध आत्म की टेकनीक' से था और इसका स्थान 'सौंदर्य की नैतिकता' के संबंध में माना जाता था। आत्म (सेल्फ) की इस टेकनीक, सौंदर्य की इस नैतिकता में स्त्री किस हद तक 'सब्जेक्ट' की हैसियत हासिल कर सकती थी, यह सवाल फिलहाल विषय के बाहर है। लेकिन प्राक्-सेमेटिक क्लासिकल परंपरा में सेक्स पाप नहीं था क्योंकि पाप और पुण्य की दो टूक कसौटी प्रदान करने वाला, संसार को क्राइस्ट और लूसीफर के आरमागॉडिन के रणक्षेत्र में बदल डालने वाला देवी आख्यान सौभाग्य से तब तक 'कामनसेंस' नहीं बना था। प्लेटो के सात्विक क्रोध के बावजूद।

विडंबना यह है कि चर्च की सत्तापरक जरूरतों में से जो 'ईसाई नैतिकता' विकसित हुई उसके लिए स्वयं प्राक्-चर्च ईसाई परंपरा, उसके भी पहले की यहूदी परंपरा विकराल-रूप में असुविधाजनक थी। उस परंपरा में भी नग्नता, देह और संभोग केवल पाप या मजबूरी नहीं थे। यही कारण था कि प्राक् चर्च ईसाइयत या यूरोप में विभिन्न प्राक् चर्च लोकधर्मों की सामूहिक स्मृति का आह्वान करने वाले हर प्रयत्न को 'हेरेसी' कहकर उसका विकट उत्पीड़न किया गया। यहाँ तक कि क्राइस्ट की शिष्याओं द्वारा रचे गए गॉस्पेल्स भी 'हेरेटिक' करार दिए गए और ईसाइयत की रचना एक ऐसे पुरुषवादी धर्म के रूप में की गई जो स्त्री देह बल्कि स्त्रीत्व मात्र से भयभीत था और

अपने भय को डरावनी हिंसा के मुहावरे में व्यक्त करता था। संयोग नहीं कि मध्यकालीन चर्च द्वारा 'हेरेटिक' करार दिए गए हर प्रयत्न में या तो गरीबी की पवित्रता का रेखांकन निहित था या फिर सेक्सुअलिटी का। कभी-कभी दोनों का। और मध्यकालीन चर्च जितना भयभीत गरीबी के महिमामंडन से था, उससे कहीं ज्यादा डर उसे लगता था काम भावना और सेक्सुअलिटी के सूक्ष्म या स्थूल कैसे भी रेखांकन से। उसके लिए दैहिक प्रेम सृष्टि का उत्सव नहीं, दैवीय आख्यान का उल्लंघन था।

राजनीतिक हिंदुत्व भारतीय परंपरा की जिस आधुनिक निर्मिति का विस्तार करता है वह निर्मिति औपनिवेशिक संदर्भ में रची गई। इस निर्मिति की सबसे विलक्षण विशेषता यह थी कि इसने परंपरा के पुनःअर्जन के नाम पर ऐसा परंपरा बोध विकसित किया जो हिंदू परंपरा को यूरोपीय संस्कृति-बोध की कसौटियों पर 'तर्कसंगत' ठहराना चाहता था। यूरोपीय=तर्कसंगत=सार्वभौम के समीकरण का यह आत्मसातीकरण औपनिवेशिक शक्ति-विमर्श की सबसे बड़ी विजय थी। कुछ अपवादों को छोड़कर नवजागरण-कालीन भारतीयता के अधिकांश विमर्श गहरी सांस्कृतिक हीनता-ग्रंथि से ग्रस्त प्रतीत होते हैं। कहीं 'भागवत' के कृष्ण और 'महाभारत' के कृष्ण में अंतर करते हुए 'भागवत' के कृष्ण इसलिए त्याज्य बताए गए क्योंकि, 'उनके कारण हमें विदेशियों के सामने लज्जित होना पड़ता है', कहीं बड़े विशद, तर्कपूर्ण ढंग से सिद्ध किया गया कि हिंदू धर्म असल में तो एकेश्वरवादी ही है—बहुदेववाद तो परवर्ती विकृति है।

कलात्मक और साहित्यिक विमर्श के क्षेत्र में इस हीनता-ग्रंथि ने दो प्रस्थानों का रूप ग्रहण किया। एक यह कि कलात्मक सृजन की वैधता का एकमात्र प्रतिमान, वैचारिकी या राजनीतिक प्रोजेक्ट-विशेष द्वारा परिभाषित होने वाली सामाजिक जवाबदेही और उपयोगिता है, दूसरा यह कि सभी कलात्मक अभिव्यक्तियों में विमर्श के आधारभूत प्रत्ययों को साधने वाले 'एक सौंदर्यशास्त्र' का होना किसी समाज के सभ्य होने के अनिवार्य उपादानों में से एक है।

ऐसे सांस्कृतिक विमर्श की एक अस्तित्वगत विवशता यह भी थी कि वह अपनी परंपरा के शक्ति-संघर्ष से मुँह चुराकर ही 'भारतीयता' को परिभाषित करना चाहता था। इस तरह आधुनिक भारतीय के परंपरा-बोध में हम एक विचित्र घाल-मेल देखते हैं जिसकी सबसे बड़ी वंचना आंतरिक स्पंदन का अभाव है। इस घालमेल में जीवन और कला का संबंध अनुकरण का मान लिया जाता है सो कला से जीवन के तथ्यपरक अनुकरण की माँग की जाती है। सेक्सुअलिटी को या तो पाप का रूपक या किसी तरह काबिले-बर्दाश्त मजबूरी मान लिया जाता है, सो नैतिकता का श्रेष्ठतम रूप बन जाता है—अनावरण या कामस्मृति से घृणा करना। कहने की आवश्यकता नहीं कि अनावरण से ऐसी पवित्र घृणा अनिवार्यतः उतने ही पवित्र पाखंड और उतने ही पवित्र स्कैंडल रस को धीरे-धीरे समाज के स्वभाव में बदलने का काम करती है।

कलाकार की सामाजिक जवाबदेही और स्वतंत्रता की सीमा के ठेठ इहलौकिक, आधुनिक मुहावरे में जो आक्रमण हुसैन पर किया जा रहा है, उसका कोई वास्तविक

संबंध न तो धर्मबोध से है, न परंपरा से। उलटे यह आक्रमण और बदकिस्मती से इसका जैसा प्रतिवाद किया जा रहा है, वह भी, इस चिंताजनक तथ्य का प्रमाण है कि हमारे समकालीन संस्कृति-विमर्श ने प्लेटो के मर्यादावाद, मध्यकालीन चर्च की हेरेसी-हंटिंग और विक्टोरियन नैतिकता (!) को स्वाभाविक और सार्वभौम मान लिया है। 'आत्म' और 'अन्य' का द्वंद्व हिंदुत्ववादी संस्कृति-विमर्श में मार्मिक उलटबाँसी में रूपांतरित हो गया दिखता है। 'अन्य' ने 'आत्म' का रूप ले लिया है और रूपांतरित अन्य अब भारतीय परंपरा और हिंदू धर्म के प्रतिनिधित्व का दावा करता है जबकि वस्तुतः उसने परंपरा और धर्म को शक्ति-विमर्श के लिए उपयोगी 'कल्चरल आर्टिफैक्ट' में बदल डाला है। वह कला या सृजनात्मकता को सृष्टि का अनिवार्य अनुषंग नहीं मानता। उसके लिए कला की हैसियत यही है कि वह पॉलिटिकल प्रोजेक्ट के अनुकूल हो जाए और उपयोग यह कि उसके सहारे इस पॉलिटिकल प्रोजेक्ट की सांस्कृतिक राजनीति को भारतीय संस्कृति का सार साबित कर दिया जाए।

उलटबाँसी का ही एक और पहलू यह भी है कि कला की सामाजिक जवाबदेही बनाम भारतीय परंपरा की उदारता, सहिष्णुता की बातें हुसैन विवाद में बार-बार गूँजती रही हैं, लेकिन ये बातें करने वालों की भूमिकाएँ आपस में अदल-बदल हो गई हैं। जो कला के सामाजिक विमर्श मात्र को विदेशी कुप्रभाव मानते रहे हैं, वे आज कला के सामाजिक दायित्व बोध की बातें कर रहे हैं, और जिन्हें 'हिंदू' शब्द के प्रयोग-भर से उलझन होती है वे हिंदू परंपरा के निर्वस्त्र मूर्तिशिल्पों, कामपरक वर्णनों और इनके प्रति हिंदू परंपरा के स्वीकार भाव के हवाले दे रहे हैं। भूमिकाओं की यह अदला-बदली भारतीय परंपरा के साथ भारतीय आधुनिकता के उलझन भरे, असहज संबंध का एक और रोचक रेखांकन है।

[4]

हुसैन के पक्ष से हिंदू परंपरा और भारतीय संस्कृति के हवाले देने वाले यह भूल जाते हैं कि परंपरा समय-प्रवाह में ठहर गई कोई जड़ वस्तु नहीं है। वह कोई ग्रंथ नहीं है, जिसे हम अपनी सहूलियत से उद्धृत कर सकें। परंपरा एक सक्रिय स्मृति-कोष है जिसमें कोई समाज कुछ स्मृतियों को सुरक्षित रखता है तो कुछ को भुला भी देना चाहता है। यह और भी विडंबनापूर्ण है कि जो सभ्यता के विकास को इतिहास के तर्क से संचालित मानते हैं वे हिंदू परंपरा के संदर्भ में इस चयनधर्मिता के ऐतिहासिक संदर्भ का नोटिस तक नहीं लेना चाहते। इस चयन से गुजरकर आज के हिंदू समाज ने परंपरा का जो बोध अर्जित किया है, वह राजनीतिक हिंदुत्व के मुहावरे के अधिक निकट पड़ता है—बनिस्बत प्रगतिशील संस्कृति-विमर्श के। नवजागरण में जो हीनता-ग्रंथि परंपरा के 'तर्कपूर्ण' कंस्ट्रक्ट तैयार करने का आयोजन चला रही थी, क्या उस हीनता ग्रंथि का

गहरा संबंध देश के ही नहीं, चेतना के भी औपनिवेशीकरण से नहीं था ? परंपरा की तिरस्कारपूर्ण अवहेलना और उसका अंधाधुंध महिमामंडन क्या इसी औपनिवेशीकरण की अभिव्यक्तियाँ नहीं हैं ?

परंपरा का अनुकूलन किया गया—एनलाइटेमेंट के रीजन और विक्टोरियन नैतिकता के प्रतिमानों पर। इन प्रतिमानों पर सती प्रथा और काम-विमर्श एक से लज्जास्पद थे। इसलिए सती प्रथा को मुस्लिम 'अन्य' की उपस्थिति का नतीजा बताया गया और काम-विमर्श को पतनशील सामंती मानसिकता। भारतीयता के आधुनिक आख्यान में दोनों वर्जित हो गए; साथ ही परंपरा के सक्रिय स्मृति-कोष से दोनों का निष्कासन करने का प्रयास भी हुआ।

जो हुआ, उसके स्थान पर जो हो सकता था कि फैंटेसी यदि रचें तो यदि व्यक्तित्व का विमर्श आरोपण की बजाय भारतीय परंपरा के अपने शक्ति-विमर्श के संदर्भ में विकसित होता तो यह असंभव न था कि सतीप्रथा को त्यागते हुए समाज काम-विमर्श पर गर्व करता और उसका सर्जनात्मक विस्तार भी।

यह असंभव अभी भी नहीं है। बशर्ते 'यूनिवर्सल रीजन' का मोह छोड़ हम सामाजिक विवेक के अपने विशिष्ट प्रतिमान विकसित करने का साहस करें।

फिलहाल स्थिति यह है कि हुसैन के सांस्कृतिक राष्ट्रवादी विरोधी परंपरा की उस निर्मिति को 'भारतीय' बता रहे हैं, जो वस्तुतः भारतीयता का हीनता ग्रंथि-ग्रस्त, विक्टोरियन पाठ है, और हुसैन के जनवादी समर्थक भारतीय परंपरा की उसी सर्जनात्मक बहुवचनात्मकता का आह्वान कर रहे हैं, जिसे समकालीन भारतीय समाज के स्मृति-कोष से बेदखल करने में उनका योगदान भी कम नहीं है।

[5]

हुसैन पर आक्रमण का मूल आधार कलाकार की सामाजिक जवाबदेही की आधुनिक अवधारणा में निहित है। इस अवधारणा में कला और समाज का रिश्ता अनुकरण और 'आइडेंटीफिकेशन' का है। इस रिश्ते का ताना-बाना किसी-न-किसी विचारतंत्र से बुना हुआ माना जाता है। समाज के साथ कला का अपना कोई संबंध, उस संबंध का अपना कोई कलापरक बयान स्वीकार्य नहीं है। जवाबदेही का अर्थ यह है कि कला समाज की विशिष्ट व्याख्या, समाज के संचालन और परिवर्तन की विशिष्ट योजना के अनुकूल है या नहीं ? कला और दर्शन का झगड़ा तभी सुलझ सकता है जबकि कला स्वीकार कर ले कि सृष्टि और समाज के रहस्यों को खोलने की कुंजी दर्शन ही के पास है और कला का काम दर्शन-विशेष को सुहाने वाले भावतंत्र का निर्माण करना है, ताकि प्रदत्त मर्यादा के अनुरूप समाज का संचालन अथवा प्रस्तावित मर्यादा के अनुरूप समाज का परिवर्तन सुचारु रूप से हो सके।

यही कला की हैसियत है, इसीलिए कलाकार को कोई अधिकार नहीं कि वह लोगों की भावनाओं को आहत करे। भावनाओं का निर्माण और उनका प्रतिनिधित्व स्वयं विचारधारा और मर्यादा का खेल है, इसे याद रखने की जरूरत नहीं। दूसरी बात—कला का मूल्यांकन कलाकार की विचारधारा और उसके इरादे के आधार पर किया जाना चाहिए। 'कलाकार की विचारधारा' किसी-न-किसी सामाजिक वैचारिक आख्यान पर निर्भर है; सो मूल्यांकन की प्राथमिक जिज्ञासा यही हो सकती है कि वह आख्यान मूल्यांकनकर्ता के अपने प्रयोजन के अनुकूल है या प्रतिकूल ?

सामाजिक जवाबदेही की इस विचारधारात्मक अवधारणा में हुसैन के विरोधी और समर्थक दोनों का साझा है; बलाघात के अंतर अवश्य हैं। लेकिन राष्ट्रवादी और जनवादी दोनों की तरह के संस्कृति-विमर्श कला का यह अधिकार सिद्धांततः अस्वीकार करते हैं कि वह 'सत्य' की दार्शनिक और विचारधारात्मक निर्मितियों के बरक्स अपनी निर्मिति प्रस्तावित करे। कला अपनी कल्पना को, सत्य के अपने पाठ को वहीं तक ले जा सकती है जहाँ तक ले जाने की इजाजत धार्मिक, सांस्कृतिक और राजनीतिक मर्यादा उसे कृपापूर्वक दे दे। यही कृपा अभिव्यक्ति की स्वतंत्रता है।

कला की आनुषंगिक हैसियत से आरंभ कर अभिव्यक्ति की स्वतंत्रता तक पहुँचने वाले इस विमर्श का विकल्प क्या है ? क्या समाज से मुक्ति और विचारों से विदाई ?

एक प्रस्ताव यह भी हो सकता है कि 'सत्य' के दार्शनिक, विचारधारात्मक पाठ के बरक़्स 'सत्य' के सर्जनात्मक, कलापरक पाठ की समान हैसियत सहज रूप से स्वीकार की जाए। जीवन और समाज के साथ कला के संबंध की व्याख्या विचारधाराओं से परिभाषित होने वाली जवाबदेही के आधार पर नहीं, कला के अपने स्वभाव और मुहावरे के संदर्भ में की जाए। क्यों न यह मान लिया जाए कि 'सभी सुखी परिवार एक से होते हैं' लेकिन 'व्यथित परिवारों' को—सर्जनात्मक वेदनाओं और महत्त्वाकांक्षाओं को—अपने-अपने खास ढंग से व्यथित होने का अधिकार है।

कलाकार व्यक्ति की सामाजिक हैसियत में कुछ विशेष नहीं है। वोट देने, संपत्ति खरीदने-बेचने और कानून का पालन करने-न करने के संदर्भ में वह अन्य व्यक्तियों जैसा ही है। फिर समाज और उसका शक्तितंत्र कलाकार को उसके सृजन कर्म में ही क्यों विशिष्ट होने दे ? क्यों नहीं कलाकार व्यक्ति की ही भाँति सर्जनात्मकता से भी मर्यादा के अनुकूल आचरण की अपेक्षा की जाए ? जिस मुहावरे में व्यक्ति की स्वतंत्रता संभव या बाधित की जाती है, क्यों नहीं उसी मुहावरे में अभिव्यक्ति की स्वतंत्रता संभव या बाधित की जाए ?

जिन्हें अपनी सत्यपरकता पर कभी संदेह नहीं होता, ऐसे आख्यानों और ऐसी मर्यादाओं के कोष से उपरोक्त प्रश्नों के उत्तर स्पष्ट हैं। ऐसे आख्यानों के अधिक फूहड़ रूप (जैसे कि हमारा 'सांस्कृतिक राष्ट्रवाद') कला को सिर्फ व्यक्ति की अभिव्यक्ति मानते हैं, और इसीलिए ऐसे 'मूलभूत' प्रश्न उठाते हैं कि "क्या हुसैन अपनी माँ-बहन की निर्वस्त्र पेंटिंग बना सकते हैं ?" यह भूलकर ही ऐसे सवाल पूछे जा सकते हैं कि

कला जीवन का अनुकरण नहीं, बल्कि जीवन का, उसकी संभावनाओं का समानांतर सृजन है—वैचारिक आख्यानों के समानांतर सृजन।

इस समानांतर सृजन को यदि समाज में, उसके परंपराबोध में अवकाश उपलब्ध है तो वह 'अभिव्यक्ति की स्वतंत्रता' का नहीं, कला के अपने विशिष्ट स्वभाव के सम्मान का अवकाश है। स्वस्थ बोध से संपन्न समाज अपना दैनंदिन जीवन समकालीन मर्यादाओं के अनुरूप जीते हुए भी यह जानता है कि उन मर्यादाओं की शाश्वत सत्यपरकता अनिवार्य नहीं है। वह अपनी मान्यताओं की सापेक्षता सहज ही स्वीकार करता है। इसलिए व्यक्ति के व्यवहार और कला के स्वभाव में जरूरी फर्क भी करता है। व्यक्ति से मर्यादित आचरण की अपेक्षा की जाती है, लेकिन कला की अपनी मर्यादाओं का सम्मान भी किया जाता है; बजाय कला को समकालीन सामाजिक मर्यादा के अनुकूल बनाने के। इतिहास में जीते हुए भी ऐसा समाज एक तरह के समयातीत परिप्रेक्ष्य से स्पंदित होता है और इसलिए वह कला की आध्यात्मिक व्यग्रता और सर्जनात्मक उत्कंठा दोनों का सम्मान करता है। वह कला का यह अधिकार स्वीकार करता है कि कला मर्यादाओं पर संदेह करे, पुनर्विचार का प्रस्ताव करे, बल्कि पुनराविष्कार करे।

पुनराविष्कार कला की प्रकृति है और पुनराविष्कार के विभिन्न प्रस्तावों को संभव बनाए रखना ही संस्कृति है। सवाल कला पर समाज की कृपा का नहीं, स्वयं समाज के स्वास्थ्य का है।

[6]

संस्कृति सहज जीवनयापन है, अंतर्निहित मूल्यों के अनुरूप। संस्कृति एक समानांतर सृष्टि का निर्माण है—संकेतों, प्रतीकों के विशिष्ट प्रयोग से परिभाषित संसार में। इसीलिए सृजनात्मकता के क्षेत्र में सभी विमर्शों की गुंजाइश ही नहीं, जरूरत भी है; सभी विद्याओं का यहाँ सम्मान है—'भारो महान्कवेः'। शब्दों और नामों की महत्ता का अहसास है, जिनके बिना—'इदमन्धं तमः कृत्सनं जायते भुवनत्रयम्'।

जब संस्कृति राजनीति या उद्यम बना दी जाए तो उपरोक्त बोध का स्थान ईश्वर, इतिहास या राष्ट्र का आख्यान ले लेता है। फिर संस्कृति सहज अवस्था न रहकर वैचारिकी के कंस्ट्रक्ट में बदल जाती है और कुछ इस तरह का उत्साही संस्कृति विमर्श जन्म लेता है :

जहाँ तक मकबूल फिदा हुसैन द्वारा की गई हिंदू देवी-देवताओं की नग्न चित्रकारी पर मेरी तीखी टिप्पणी का सवाल है, तो एक बात मैं साफ कर देना चाहता हूँ कि घोर आस्तिक होते हुए भी सरस्वती, लक्ष्मी, दुर्गा, गणेश जैसे सैकड़ों-हजारों देवी-देवताओं की मूर्तियों में मेरी रत्ती-भर भी आस्था नहीं है। लेकिन, मेरा यह भी स्पष्ट मानना है

कि यदि सरस्वती, लक्ष्मी, दुर्गा आदि की मूर्तियाँ बनाकर उनके आगे घंटी हिलाना लोगों का अज्ञान और मूर्खता है, तो हुसैन की तरह देवी-देवताओं की नग्न चित्रकारी करना बदमाशी और धूर्तता है। निरंतर बीमार होते समाज को स्वस्थ बनाने का उपक्रम और आंदोलन चलाने की बजाय इस तरह के गलीज कलाकर्म और तथाकथित सृजनकर्म में लगे लोगों के लिए तो मेरा मन करता है कि पिटाई ही क्या, स्पष्ट शब्दों में रोज सबेरे उठते ही इनकी खोपड़ी पर दस-बीस जूते पटके जाएँ तो शायद दिमाग दुरुस्त हो।

उपरोक्त उद्धरण 'स्वदेशी संवाद' के 30 नवंबर 1996 अंक में प्रकाशित लेख 'यह आंदोलन है कोई नाटक नौटंकी नहीं' से लिया गया है। यह लेख मेरे एक लेख 'गुड़, गुलगुले और सौंदर्य प्रतियोगिता' (राष्ट्रीय सहारा 16 नवंबर, 1996) के प्रत्युत्तर में लिखा गया है। संदर्भ की इतनी सूचना पर्याप्त है। उस बहस को यहाँ फिर से रखने की जरूरत नहीं है और इतने शानदार संस्कृति-विमर्श के साथ बहस करने की तबीयत नहीं है। इतना ही कहा जा सकता है कि उपरोक्त लेखक के विशुद्ध स्वदेशी कोप के शमन के लिए मेरी खोपड़ी हाजिर है—'समाज को स्वस्थ बनाने का उपक्रम' यहाँ पूरा कर लें, बराए मेहरबानी हुसैन को बख्श दें।

[7]

सात्त्विक ज्वाला उगलते ऐसे वाक्य और दशहरे के दिन हुसैन का पुतला फूँकते माननीय सांसद मध्यकालीन चर्च की मर्यादा बनाए रखने के लिए हेरेटिक डोल्विनो को स्टेक पर जलाते इंक्वीजीटर की याद दिलाते हैं—यह निस्संदेह मेरी ही भूल लगती है। वे तो समाज को 'स्वस्थ' बनाने का आंदोलन ही चला रहे हैं।

राहत इतनी ही है कि, "भगवान ऐसे संसार की भी कल्पना करने की छूट देता है, जहाँ कि स्वयं को सत्य का अधिकृत व्याख्याकार समझने वाला जमाने पहले रटे गए शब्दों को दोहराने वाले कुरूप काक जैसा नजर आए।" (अंबर्टो इको के उपन्यास 'नेम ऑफ दि रोज' में विलियम का एक कथन।)

[1997]

9

ये मसाइल-ए-तसव्वुफ, यह तिरा बयान...

कविता (व्यापक अर्थवृत्त को ध्यान में रखें तो सर्जनात्मकता) की ओर से उसकी अपनी दृष्टि और शास्त्र के साथ उस दृष्टि के मुखामुखम के आग्रह के बावजूद यह सवाल तो बना ही रहता है कि कविता का धर्म के साथ क्या संबंध है ? क्या संबंध हो सकता है ? धर्मशास्त्र, दर्शन या विज्ञान से अपने स्वभाव में ही अलग है। जहाँ कोई भी शास्त्र या विज्ञान सिद्धांततः ज्ञात और अज्ञात को ही स्वीकार करेगा, वहीं धर्म अपने स्थूलतम रूप में भी इस द्विभाजन के परे 'अज्ञेय' को भी स्वीकार करता है। क्या यह अज्ञेय धर्म और कविता के बीच सामान्य भूमि है ?

कविता (या सर्जनात्मकता) का प्रस्थान-बिंदु ही यह जिद है कि जो कहा नहीं जा सकता, जो पहली निगाह में गूँगे के गुड़ सा अकथ प्रतीत होता है, उसे शब्द (या किसी अन्य माध्यम) के जरिए कहा जाए यानी सिर्फ दूसरे को सुनाने के लिए ही नहीं, खुद भी सुनने के लिए। इसी वजह से कई बार कवि को कहना पड़ता है, 'ओ-माध्यम, क्षमा करना, मैं तुमसे पार जाना चाहता रहा हूँ।' (शमशेर) पार जाने की यह जिद ही धार्मिक मुहावरे में आध्यात्मिक या पारलौकिक तत्त्व की खोज कहलाती है। तो मान लें कि धर्म और कविता अज्ञेय की सहज स्वीकृति और माध्यम से पार जाने की आकांक्षा के तार से जुड़े हुए हैं।

लेकिन इतनी आसानी से मुक्ति कहाँ ? धर्म तो सांत्वना भी है। कई बार वैसी ही सांत्वना, वैसी ही भ्रामक और मादक सांत्वना जैसी कि अफीम से मिलती है–'हृदयहीन जगत-का हृदय'। कविता भी क्या सचमुच सांत्वना है ? कविता भी क्या उतनी ही जल्दी जिज्ञासा को स्थगित कर सांत्वना खोजने या देने निकल पड़ती है ? फिर 'धर्म' का तो अर्थ ही है–स्वभाव। कम-से-कम एकेश्वरवाद से पहले के पैगन धर्मों में धर्म का नैतिक दिशा-निर्देशपरक आशय धर्म के स्वभावपरक आशय से ही उद्‌भूत होता है। यही कारण है कि इन धर्म-दृष्टियों में धर्म-अधर्म के सतत सहअस्तित्व और संघर्ष की कल्पना है न कि शुभ के द्वारा अशुभ पर अंतिम और निर्णायक विजय की। तो क्या कविता भी मनुष्य का स्वभाव है ? और क्या धर्म की ही तरह कविता का भी कोई नैतिक दिशा-निर्देशपरक अर्थ होना चाहिए ?

पहले सवाल का उत्तर तो सरल है। सचमुच कविता (या सर्जनात्मकता) एक मूलभूत अर्थ में मनुष्य के स्वभाव का अंग है—उसका धर्म है। लेकिन क्या इस धर्म का वैसा कोई नैतिक दिशा निर्देशपरक अर्थ भी अनिवार्यतः है, जैसा कि धर्म (खासकर उसके संगठित, व्यवस्थित रूप) में विन्यस्त है ? यहाँ से शुरू होती है उलझन !

नैतिक दिशा निर्देशपरक होना धर्म की मजबूरी भी है और उसकी ताकत भी। अपने आध्यात्मिक रूप से हटकर सामाजिक संगठन और संगठन विशेष के अनुरूप नैतिकता का रूप धर्म तभी ले सकता है, जबकि उसका स्वभाव विचारधारात्मक हो जाए। इस रूप में धर्म इतिहासबद्ध को शाश्वत; विशिष्ट को सार्वभौम और ठेठ लौकिक को पारलौकिक के रूप में प्रतिष्ठित करने का काम करने लगता है। सामाजिक व्यवस्थाविशेष दैवीय इच्छा का रूप ले लेती है, और आचरण-विशेष पवित्रता के प्रतिमान का। जिस शे'र से लेख का शीर्षक लिया, उसका दूसरा मिसरा इसी विडंबना की ओर मार्मिक संकेत करता है—'तुझे हम वली समझते जो न बादःख़्वार होता।' 'वली' (सिद्ध) समझे जाने का प्रतिमान 'बयान' की मार्मिकता या अनुभव की प्रामाणिकता नहीं, बल्कि समाज विशेष, परंपरा विशेष के सामाजिक प्रतिमानों का निस्तेज अनुसरण करने की तत्परता है ! शायर को 'वली' समझते—बशर्ते वह शराबी न होता। शे'र है मासूम लेकिन विस्फोटक सवाल पूछ रहा है कि आध्यात्मिक अनुभव (जिस पर आधारित होने का दावा धर्म करता है) और शराब पीने (जिसका कड़ा निषेध किया जाता है) के बीच ऐसा अनिवार्य अंतर्विरोध सचमुच है क्या ?

बहरहाल धर्म और कविता के संबंधों के बारे में एक 'समस्या' की तरह चर्चा यूरोप की वैचारिक परंपरा के आत्मसंघर्ष से गहरे में गुँथी हुई है। समकालीन चिंतन की बहुत सी अन्य जिज्ञासाओं, समस्याओं की तरह इस समस्या का प्राथमिक संदर्भ भी 'रेनेसाँ' और औद्योगिकीकरण है। यूरोप की प्राक् ईसाई चिंतन परंपरा की जिस धारा को रोमन कैथोलिक चर्च ने ईसाई धर्मसिद्धांत में समाहित किया—उसके श्रेष्ठ प्रतिनिधि—प्लेटो का कविता के प्रति शंकाभाव जग जाहिर है। इस विचार परंपरा की ज्ञानमीमांसा की मुख्य खोज प्रमाणीकृत हो सकने वाले सत्य की थी। विभिन्न अंतस्संघर्षों से गुजरती हुई इस खोज की परिणति जब 'वैज्ञानिक मनोवृत्ति' की सर्वोच्चता के सहज स्वीकार में हुई तो स्वभावतः बहस का एक मुद्दा यह भी बना कि 'वैज्ञानिक युग में कविता के अस्तित्व का तर्क क्या है ?' इसी प्रश्न के संदर्भ में प्रबोधन-कालीन और उसके बाद के यूरोप में कविता और धर्मभावना की समानता के कई बिंदु रेखांकित किए गए। लेकिन साथ ही यह भी सहज स्वाभाविक मान लिया गया कि कविता को धर्म नहीं तो 'सत्य' के अन्य किसी 'प्रामाणिक आख्यान' के अनुरूप होना चाहिए। 'धर्म' के घोर विचारधारात्मक रूप की भर्त्सना करने वाले भी किसी 'वैज्ञानिक' विचारधारा के अनुरूप होना कविता का धर्म मानने लगे। कविता का अस्तित्व अपने तर्क के लिए यदि 'धर्म' पर नहीं तो विज्ञान या राजनीति के रूप-विशेष पर निर्भर करता है—कविता की यह 'अन्य निर्भरता' यूरोप के और उपनिवेशवाद के परिणामस्वरूप सारे आधुनिक संसार के संस्कार का

हिस्सा ही बन गई।

विचार-विमर्श के इस यूरोप उद्‌भूत और यूरोप केंद्रित परिप्रेक्ष्य को संतुलित करने के लिए उचित होगा कि यूरोपेतर विचार-परपराओं तथा एकेश्वरवादेतर धर्मभावनाओं के साथ कुछ संवाद किया जाए। सत्य के निश्चित आख्यान की अवधारणा के विपरीत, ये धर्मभावनाएँ इस कविता-सुलभ अवधारणा के अधिक निकट प्रतीत होती हैं कि 'जो सत्य है उसे कहना असंभव है और जो कहा जा सके वह सत्य 'सत्य' कैसे होगा ?' लाओत्जे का यह प्रसिद्ध वचन किसी निराशा का वाचक नहीं, बल्कि अस्तित्व से संबंध बनाने की चुनौती का सटीक स्वीकार है। ठीक यही स्वीकार ऋग्वेद के नासदीय सूक्त में है, जहाँ स्वयं समूचे अस्तित्व की अध्यक्षता करने वाले के बारे में भी पक्का पता नहीं कि अस्तित्व के अंतिम सत्य, रहस्य अथवा ज्ञेय को वह जानता है या नहीं। शायद जानता है, शायद नहीं जानता। असल में तो सूक्त कह यह रहा है कि अस्तित्व के उस अध्यक्ष के बारे में 'हम' कुछ नहीं कह सकते। स्वयं अनिश्चितता एक निश्चित पद नहीं है, इसीलिए अधिक महत्त्व इस बात का है कि स्वीकार करें—ज्ञाता और ज्ञेय के संबंध की सापेक्षता को; और चीजों के अलावा, ऐसा स्वीकार व्यक्ति और समूह दोनों के चित्त में विनम्र जिज्ञासा का संस्कार बनाए रखने में शायद सहायक हो। ऋग्वेद के कवि और लाओत्जे को उम्मीद यही रही होगी, पूरी कितनी हुई, वह अलग बात। लेकिन क्या बीसवीं सदी के अंत में भी इस उम्मीद का कोई भविष्य नहीं ? यदि सचमुच ऐसी कविसुलभ जिज्ञासा का, सत्य के अनेक पाठों की संभावना का, और ऐसी संभावना के साथ ही मनुष्य के सार्वभौम साझे चैतन्य, उससे उद्‌भूत न्यूनतम मूल्यसरणि का कोई भविष्य नहीं तो फिर मानवता का ही क्या भविष्य होगा ?

यदि सचमुच ऐसा कोई भविष्य रचने योग्य है तो धर्म की समूची अवधारणा पर पुनर्विचार करना होगा। नितांत वैयक्तिक आध्यात्मिक अनुभव, सामूहिक सांस्कृतिक पहचान और विचारधारात्मक सत्ता प्रतिष्ठान के रूप में धर्म की संश्लिष्टता को ध्यान में रखते हुए इस पुनर्विचार के लिए उस परिघटना पर ध्यान देना आवश्यक है; जिसे थ्योडोर जेल्डिन ने धर्म के इतिहास में 'प्राफेटिक रिवोल्यूशन'—पैगंबरी क्रांति कहा है। यह 'प्राफेटिक रिवोल्यूशन' जरथुष्ट्र से आरंभ होती है। धर्म विश्वास के इतिहास से स्पष्ट है कि उस समय के सभी धर्मों में कुछ सामान्य विशेषताएँ थीं—सारी प्राकृतिक परिघटना के बीच परस्पर निर्भरता के संबंध (सिंबयाटिक रिलेशन) की परिकल्पना, बहुदेववाद या प्रकृतिपूजा की सहज स्वीकृति, मृतकों के साथ जीवितों के गतिशील संबंध का विचार (श्राद्ध और पुनर्जन्म की स्वीकृति के रूप में), विभिन्न मानव समूहों के अपने-अपने देवमंडल और धार्मिक विश्वासों की सहज तथ्य के रूप में स्वीकृति और जीवन के साथ मृत्यु के विरोधपरक संबंध की बजाय सहअस्तित्व की स्वीकृति। रोचक बात यह है कि ये सभी धर्मविश्वास स्वयं को प्राकृतिक या सनातन मानते थे—लेकिन दूसरे विश्वास को अप्राकृतिक या असनातन मानने का कोई आग्रह उनमें नहीं था। दूसरे व्यक्ति या समूह को स्वयं से अलगाने या उसकी विशिष्टता को रेखांकित करने का

आधार यह नहीं था कि दूसरे का धर्म 'अशुभ' से उत्पन्न होने के कारण 'शुभ' ईश्वर का विरोधी इसलिए 'असत्य' है—बल्कि यह था कि दूसरे का धर्म हमारे पारंपरिक धर्म से भिन्न होने के कारण हमारे लिए अप्रासंगिक है। इस उदासीनता और पैगंबरी मान्यता का मूलभूत अंतर बहुत ही महत्त्वपूर्ण है। एक की परिणति धर्मांतरण या 'सत्य' की विजय के प्रति उपेक्षा, बल्कि धर्मांतरण को अस्वाभाविक मानने में होती है—दूसरी की परिणति 'सत्य' की विजय को अपरिहार्य और धर्मांतरण को 'कर्त्तव्य' मानने में। जरथुष्ट्र का ऐतिहासिक महत्त्व इसमें है कि शुभ और अशुभ के बीच, ईश्वर और शैतान के बीच, अहरमज्दा और अहिरदमन के बीच अनिवार्य और शाश्वत विरोध बल्कि सक्रिय वैरभाव की कल्पना करने वाले वे पहले व्यक्ति थे। ये 'यम' (अन्य पैगन परंपराओं में 'येमी' या 'यिम') के देवत्व को रद्द करने वाले भी पहले व्यक्ति थे। फलस्वरूप उनकी विचारणा में 'मृत्यु' जीवन के अनंत में एक पड़ाव की बजाय जीवन की डरावनी समाप्ति का रूप ले लेती है। इस डरावनी समाप्ति से मुक्ति, अनंत जीवन हर मनुष्य की प्राकृतिक नियति नहीं, बल्कि जरथुष्ट्र के अनुसार, ईश्वर के चुने हुए दूत के दिखाए मार्ग पर चलने वालों का विशेषाधिकार है। पैगंबरी क्रांति की यह सबसे दूरगामी और सबसे विकट परिणति हुई कि 'प्रामाणिक' आध्यात्मिक अनुभव और नैतिक जीवन हर मनुष्य का सहज स्वभाव—धर्म—न रहकर पैगंबर के दिखाए सच्चे मार्ग पर चलने वालों का विशेषाधिकार बन गया—जिसकी उपलब्धि के लिए पहली शर्त है सिद्धांतविशेष (डॉग्मा) का एकमात्र सत्य के रूप में स्वीकार। डॉग्मा के दैवीय उद्‌गम की स्वीकृति की परिणति हुई—उसके अपरिहार्य रूप से सत्य (और उसी अनुपात में अन्य डॉग्मा के असत्य नहीं तो अपर्याप्त) होने की मान्यता और साथ ही 'सत्य' को सार्वजनीन, सार्वभौम बनाने के कर्त्तव्यबोध का उदय। इसीलिए यूरोपीय ईसाई मत ने सभी प्राक् ईसाई धर्म परंपराओं को किंचित्-तिरस्कार के साथ 'पैगन' कहा। बहुदेववाद पैगनिज्म का प्रधान व्यवच्छेदक लक्षण मान लिया गया और एकेश्वरवाद 'सच्चे' मानवीय धर्म का। एकेश्वरवाद, रिवीलेशन और पैगंबर को किसी-न-किसी रूप में स्वीकार करने वाली दृष्टियाँ प्रामाणिक धर्म-दृष्टियाँ मानी गईं। उनमें आपस में बहस भी हो सकती थी, संघर्ष भी, लेकिन जहाँ तक 'पैगन' धर्मों का सवाल था, वे तो सभ्यों के धर्म विमर्श से खारिज ही कर दिए गए। इसके दो परिणाम हुए। एक तो एकेश्वरवाद के किसी-न-किसी रूप ने मानवीय चेतना और आयास के सभी विमर्शों पर वर्चस्व स्थापित कर लिया। सौंदर्यशास्त्र से लेकर इतिहास तक सभी विमर्श किसी ऐसे 'एक' का अनुसंधान करने लगे जो सार्वभौमिक प्रतिमान हो और जिसकी अंतिम, निर्णायक विजय अवश्यंभावी हो। इतिहास की पूर्वनिर्धारित गति का हीगेलियन विचार हो या विज्ञान द्वारा प्रकृति को मनुष्य की सेविका बनाने की आकांक्षा—आधुनिक 'कामनसेंस' के अधिकांश निर्विवाद प्रस्थानों का गहरा संबंध एकेश्वरवाद से है।

एकेश्वरवादी संस्कार की उपलब्धियों से हम वाकिफ हैं। मानव इतिहास की प्रगति में इस बोध का महत्त्व स्वयंसिद्ध है कि चीजों को उनके प्रदत्त रूप में स्वीकार करने

की बजाय किसी 'शुभ' यूटोपिया की दिशा में मोड़ा जाए। इससे भी अधिक महत्त्वपूर्ण है–एकेश्वरवादी संस्कार तथा मानव केंद्रित रेनसां के बीच विकट बौद्धिक संघर्ष से उत्पन्न हुई 'व्यक्ति' की अवधारणा–जिसके अनुसार व्यक्ति सामाजिक दायित्वों की पदानुक्रम व्यवस्था में पूर्वनिर्दिष्ट सत्ता भर न रहकर आत्मचेतस स्वायत्त सत्ता बन गया--जिसे सामाजिक संबंधों में अपनी इच्छा और सामर्थ्य के अनुसार जगह तलाश करने का अधिकार है–या होना चाहिए। व्यक्ति की यह अवधारणा निस्संदेह यूरोपीय सभ्यता की अपनी विशिष्ट खोज है–जिस पर उसका गर्व–उचित ही है। वस्तुतः इस अवधारणा के उदय के बाद ही यूरोपीय मानस में वह गहरी उथल-पुथल उत्पन्न हुई–जिसे इलियट ने–'संवेदना विच्छेद' के नाम से पहचाना है। इस अवधारणा–व्यक्तित्व–के कारण यूरोपीय मानस में संगठित धर्म के प्रति गहरी विरक्ति भी पैदा हुई और इस तथ्य की स्वीकृति भी कि यदि धर्म को हटा दें तो भी मनुष्य की आध्यात्मिक रिक्ति को भरने का कोई-न-कोई आयास तो सुलभ होना ही चाहिए। इसी कारण यह आशा की गई कि जब धार्मिकता का वर्चस्व समाप्त हो रहा है तो धर्म के सामाजिक प्रकार्य राजनीति को स्थानांतरित हो जाएँगे, ज्ञानपरक प्रकार्य विज्ञान को और आध्यात्मिक पिपासा की तृप्ति मनुष्य कविता से करेगा–क्योंकि तार्किक, वैज्ञानिक और संप्रेष्य की सर्वोच्चता के युग में कविता का रोल ही अकेला रोल है जहाँ तर्केतर, अकथ और बहुलार्थक की संभावना बची रहती है। कविता को मनुष्य की आध्यात्मिकता से जोड़ने के इस प्रयत्न में सिर्फ इतना नहीं है कि कविता की जरूरत को किसी-न-किसी तरह माना जाए, बल्कि ज्यादा महत्त्वपूर्ण है इस तथ्य की स्वीकृति कि लौकिक का अकेला विकल्प 'धार्मिक' नहीं। आध्यात्मिक सिर्फ विचारधारापरक नहीं, बल्कि समग्र अस्तित्व का अपरिहार्य अंश है। अस्पष्ट, धुँधला जरूर लेकिन अनावश्यक कतई नहीं।

एकेश्वरवादी संस्कार की उपलब्धियों से हम वाकिफ हैं–लेकिन क्या बहुदेववादी संस्कार की संभावनाओं से वाकिफ होने का अवसर इतिहास ने हमें दिया है ? विभिन्न पैगन सभ्यताएँ युद्ध करती थीं, आक्रमण भी लेकिन आत्मचेतस रूप से तुच्छ स्वार्थों के लिए। महान् प्रयोजन या दैवीय-योजना की पूर्ति के लिए सतत संघर्ष का विचार उनके लिए अनजाना था। उनके युद्ध तात्कालिक होते थे, अशुभ के विरुद्ध शुभ की निर्णायक लड़ाई के पड़ाव नहीं। और हम जानते हैं कि तुच्छ व्यक्तिगत स्वार्थों, संकीर्ण समूहगत हितों की प्रेरणा से हुई हिंसा उस हिंसा का पासंग भी नहीं, जो मानव के इतिहास में 'सार्वभौम सत्य' की प्रतिष्ठा के लिए हुई। इतिहासकारों ने इस बात पर खेद प्रकट किया है कि प्राचीन भारतीय भाषाओं में 'प्रोटेस्ट' के लिए कोई ठीक-ठीक सांस्कृतिक प्रतिशब्द नहीं मिलता। ध्यान इस पर भी देना चाहिए कि इन भाषाओं में 'जिहाद' या 'क्रूसेड' के लिए भी कोई सांस्कृतिक प्रतिशब्द नहीं। पैगन सभ्यताएँ यथास्थितिवादी थीं तो वे सहअस्तित्ववादी भी थीं। एकेश्वरवादी सभ्यताएँ उनका विनाश कर सकीं, इससे यह कैसे सिद्ध हो गया कि बहुदेववादी-सभ्यताएँ विनाश के ही लायक थीं ? एकेश्वरवादी संस्कार की उपलब्धियाँ देख चुकने के बाद क्या इक्कीसवीं सदी की दहलीज पर खड़े मनुष्य

के लिए यह दिलचस्प नहीं कि वह पैगन सभ्यताओं तथा विचारणाओं की अधूरी संभावनाओं को भी एक बार टटोले ?

सवाल यह है कि इस टटोलने में कविता के पक्ष की दिलचस्पी क्यों कर हो ? यदि हम इस बात पर ध्यान दें कि एक अत्यंत समृद्ध पैगन परंपरा—हिंदू-परंपरा में कविता की क्या स्थिति है—तो इस प्रश्न के उत्तर का कुछ संकेत मिलता है। यह सर्वस्वीकृत है कि जिन चरित्रों को आज इस परंपरा का प्रतीक माना जाता है उन—राम, कृष्ण, शिव, काली आदि का उन संहिताओं में कोई बहुत महत्त्व नहीं है—जिन्हें यह परंपरा अपना आदि स्रोत और अंतिम प्रमाण मानती है। यह ऐसी धर्मपरंपरा है जो किसी स्थिर डॉग्मा पर नहीं बल्कि एक परिवर्तनशील कल्पना पर आधारित है। बात और भी स्पष्ट होगी यदि हम वाल्मीकि रामायण के आरंभिक अंशों—प्रस्तावना में निहित संकेतों को समझें। वाल्मीकि की सर्जनात्मक समस्या उस प्रस्तावना में यह मानी गई कि वे अपने शोक को श्लोक में रूपांतरित करें तो किस को आलंबन बनाकर। नारद उन्हें रामचरित को आलंबन बनाने का सुझाव देते हैं। और वाल्मीकि द्वारा रामचरित को आलंबन बना लेने के बाद होता यह है कि रामायण की रूपरेखा कुछ निश्चित रूप ले लेती है दूसरे उस आख्यान की व्यंजकता बढ़ जाती है। आगे चलकर राम को विष्णु के मर्यादावतार मानने के जो प्रयत्न हुए उनसे सिर्फ राम के चरित्र की ही नहीं वाल्मीकि के रामकल्प की महत्ता भी रेखांकित होती है। उस चरित्र को जो सिर्फ एक धुँधली रूपरेखा के तौर पर गाथाओं में सुलभ था—वाल्मीकि ने अपने विराट् 'पोयटिक विजन' के जरिए ऐसा व्यंजक फलक दिया कि उस चरित्र के जीवन की घटनाएँ मनुष्य के मन को आलोकित करने वाली, उसके मर्म को आप्लावित करने वाली भाव व्यंजनाएँ बन गईं। यहाँ ध्यान दें कि वाल्मीकि सिर्फ क्रौंच-वध के शोक को ही नहीं, अपना स्वाभाविक कर्म कर रहे निषाद को इतना भीषण शाप दे देने के पश्चात्ताप को भी अपनी सर्जनात्मक वेदना में वहन कर रहे थे। 'मा निषाद प्रतिष्ठां त्वमगमः शाश्वती समाः' कहते ही स्वयं उनका हृदय अशांत हो गया था :

तस्येत्थं ब्रुवतश्चिंता भूव हृदि वीक्षतः।
शोकार्तेनास्य शकुनेः किमिदं व्याहृते मया।।

काममोहित शकुन के वध से उत्पन्न शोक ही एकमात्र काव्यवस्तु नहीं, निषाद के साथ ऋषि वाल्मीकि से हो गया अन्याय भी महत्त्वपूर्ण है। इस अन्याय का बोध, ऋषि का विशद जीवनानुभव, सृष्टि में निहित द्वंद्व की परख और गहन धर्मबुद्धि ये सब मिलकर ऋषि वाल्मीकि को आदि कवि वाल्मीकि बनाते हैं। उल्टा नाम जपने की कथा का तो खैर वाल्मीकि रामायण में कहीं अता-पता नहीं, वह तो बहुत बाद के स्कंदपुराण की सूझ है, जिसे अध्यात्म रामायण और तुलसीदास ने दोहरा दिया है। लेकिन यह सही है कि 'वाल्मीकि भए ब्रह्म समाना' में जिस प्रक्रिया और परंपरा के स्वभाव का संकेत है, उससे रामनाम की अनंत महिमा के साथ-साथ उस परंपरा में कविता की महत्ता भी

रेखांकित होती है। एक समृद्ध, व्यक्तिगत भावानुभव को एक पारंपरिक सामूहिक आख्यान से जोड़कर एक कल्पसृष्टि, एक काव्यानुभव को समूची आध्यात्मिक पिपासा और सांस्कृतिक पहचान का प्रतीक बनाया कविता ने। वह किंवदंती याद करें, जिसके अनुसार वाल्मीकि ने रामजन्म से पहले ही रामायण की रचना कर दी थी। दूसरे शब्दों में, यहाँ कवि इतिहास का नहीं, इतिहास कवि का अनुसरण कर रहा था। स्वयं 'वाल्मीकि-रामायण' की संरचना याद करें, जिसके अनुसार कवि अपने समूचे परिवेश के साथ चरित नायक के जीवन में, स्वयं अपनी रची कथा में प्रवेश करता है। क्या यह कहना अतिशयोक्ति है कि वाल्मीकि की कविता सिर्फ एक आख्यान की नहीं, बल्कि भावी भारतीय मन की पुनर्रचना कर रही थी।

भारतीय परंपरा में ऋत, धर्म और धम्म सरीखे पदों के विकास और अर्थवृत्त को ध्यान में रखें तो स्पष्ट होगा कि जैसे ही 'धर्म' का आशय नैतिक दिशानिर्देश से कुछ अधिक होता है, उसमें कविता और कल्पसृष्टि की भूमिका केंद्रीय हो उठती है। यह भी ध्यान में रखें कि चूँकि इस परंपरा में मुख्य स्वर बहुदेववाद का है, इसलिए यहाँ हर मानवीय आयास परस्पर संबद्ध होते हुए प्रयोजन की दृष्टि से बड़ी हद तक स्वायत्त है। धर्म, दर्शन, शास्त्र और काव्य साझे विचारलोक में विचरने के नाते संबद्ध हैं लेकिन अपने-अपने सुपरिभाषित प्रयोजनों के कारण स्वायत्त। यहाँ सबको 'एक' ही दिशा में ले जाना नैतिक रूप से अनिवार्य श्रेय नहीं, बल्कि अस्तित्व के बहुवचन को स्वीकारना और इस नाते विभिन्न आयासों के प्रयोजन पार्थक्य को स्वीकारना श्रेय है। इसलिए यहाँ काव्य को पंथपरक अर्थ में नैतिक बनाने का प्रयत्न व्यर्थ माना गया। दूसरे शब्दों में, जिस अवकाश के लिए कविता को एकेश्वरवादी संदर्भ में संघर्ष करना पड़ा, वह बहुदेववादी संदर्भ में सहज सुलभ है। बहुदेववाद को मानवीय चेतना का निम्नतर रूप मानने के आदी आधुनिक चित्त को बहुदेववाद, पैगन संस्कार का यह गुण तो स्वीकार कर ही लेना चाहिए। हिंदू परंपरा के ही संदर्भ में बात करने का स्पष्ट कारण इस लेखक की सीमित जानकारी ही है—वैसे कयास यही है कि खोजें तो अन्य पैगन परंपराओं में भी धर्म और कविता के बीच ऐसा ही गुँथाव मिलेगा।

निस्संदेह इस गुँथाव का विचारधारात्मक उपयोग भी किया गया है, लेकिन बहुत सीमित रूप में। धर्म विश्वास का कवितापरक स्वभाव ही पैगन परंपराओं में कविता की प्रयोजनपरक स्वायत्तता के साथ-साथ विचारधारात्मक उपयोग के प्रतिरोध के अच्छे खासे अवकाश को सुनिश्चित कर देता है। समकालीन चित्त के लिए यह प्रासंगिक है क्योंकि अब स्वयं एकेश्वरवादी संस्कार में रची बसी आधुनिक विचार परंपरा के वे बिंदु रेखांकित किए जा रहे हैं जो विचारधारात्मक वर्चस्व का प्रतिरोध करने की कविता की ही नहीं, समूचे सौंदर्य सृष्टिपरक आयास की संभावनाओं का पता देते हैं। यह रेखांकन सार्थक तभी होगा जबकि बहुदेववादी परंपराओं की सर्जना और चिंता के साथ भी वास्तविक पारस्परिकता का संबंध स्थापित किया जाए।

पारस्परिकता के ही एक और रूप को भी ध्यान में रखें। बहुदेववादी परंपराओं

की वह आत्महीनता जिसके चलते वे स्वयं को एकेश्वरवादी सिद्ध करने का प्रयत्न करती हैं, या जिसके कारण 'इतिहास' को ही अंतिम प्रमाण मानते हुए न केवल राम की ऐतिहासिकता बल्कि उनके जन्म स्थान की प्रमाणिकता भी 'वैज्ञानिक' रूप से सिद्ध करने का प्रयास किया जाता है—इस पारस्परिकता के नकारात्मक रूप हैं। यही नहीं, औपनिवेशिक स्थिति की उपरोक्त विडंबनाओं के परे, स्वयं हिंदू परंपरा के भीतर भी एक तरह का एकेश्वरवादी, इलहामपरक खिंचाव मौजूद रहा है। गनीमत यही है कि वह पूरी परंपरा का स्वभाव बनने की बजाय संप्रदायों तक सीमित रह गया। मिसाल के तौर पर पुष्टिमार्ग का आस्थातंत्र देखें, जिसकी मान्यता के अनुसार 'सिद्धांत रहस्यम्' भगवान् कृष्ण ने ही कहा है वल्लभाचार्य ने तो उसे बस अक्षरशः दोहरा दिया है। इसी कारण वल्लभ हैं भगवान के मुखावतार, इसी तरह यह स्वयं नाथजी की दी हुई व्यवस्था है कि जिसे वल्लभ ब्रह्मसंबंध देंगे, वही नाथजी को स्वीकार होगा। पुष्टिमार्ग अपने विश्वास में 'सनातन धर्म' से कितना दूर और सेमेटिक विश्वास के कितना निकट है, यह तो अलग विवेचना का विषय है, लेकिन जो आचारसंहिता पुष्टिमार्ग के वैष्णवों पर लागू की जाती है, उसी का कुछ संकेत पुष्टिमार्ग और पैगंबरी मतों की समानता को दरसा देगा। इस आचारसंहिता का दार्शनिक प्रस्थान ही है, जीव की स्वभावगत न्यूनता। पुष्टि प्राप्त होने के बाद वैष्णव से अपेक्षा की जाती है कि वह संप्रदाय के सत्तातंत्र और आचार्य की वंशपरंपरा की दैवीयता को निर्विवाद माने। अन्य संप्रदाय के वैष्णवों को 'कन्वर्ट' करने का प्रयत्न करे, जहाँ अन्य संप्रदाय के वैष्णव रहते हों, वहाँ निवास तक न करे। वार्त्ता साहित्य में मीराबाई की विख्यात निंदा के अलावा उन वैष्णवों की प्रशंसा भी है जो मरते मर गए लेकिन जिन्होंने गैर पुष्टिमार्गी के हाथ का पानी तक नहीं पिया। स्वाभाविक ही था कि ऐसे संस्कार वाले संप्रदाय में कविता की सार्थकता यही माना जाए कि वह 'कछु हरिलीला वर्णन करे' और कवि से यह सफाई भी माँगी जाए कि और सब तो ठीक लेकिन उसने कभी 'महाप्रभु की अस्तुति' क्यों नहीं की।

उपरोक्त विवेचन से, आशा है कि यह स्पष्ट हुआ होगा कि कविता और धर्म के अब तक रहे और आगे संभाव्य संबंध पर विचार करने के लिए एकेश्वरवाद और बहुदेववाद के फर्क को ध्यान में रखना जरूरी है। इन धर्म विश्वासों की बनावट को ध्यान में रखते हुए तथा उस बनावट में कविता की स्थति को ध्यान में रखते हुए हम अब तक सुलभ धर्मविश्वासों को दो प्रकारों में बाँट सकते हैं—*पैगंबरी और कवितापरक। प्रॉफेटिक और पोयटिक।* पैगंबरी धर्म और कवितापरक धर्म के बीच अंतर करने के इस प्रस्ताव के पीछे मंशा ऐतिहासिक हिसाब-किताब को दुरुस्त करने की नहीं, बल्कि भविष्य की संभावनाओं को समझने की है। प्रॉफेटिक और पोयटिक धर्म परंपराओं के बीच विवेक करने का यह प्रस्ताव स्वयं विवेक की संरचना और विचार के अनंत को समझने के प्रयत्न का ही एक हिस्सा है। स्पष्ट ही, इस प्रस्ताव के विस्तार का अवसर यह नहीं। लेकिन प्रॉफेटिक और पोयटिक धर्म के अंतर को समझना है जरूरी।

जरूरी इसलिए कि अब शायद ही कोई संवेदनशील व्यक्ति आध्यात्मिक रिक्ति की

समस्याओं को केवल निठल्लों का मनोविनोद मानता हो। शायद ही कोई समझदार व्यक्ति 'पार जाने' की आकांक्षा को केवल षड्यंत्र या मूर्खता मानता हो। आज जब कि आध्यात्मिक रिक्ति की परिणति बहुदेववादी 'पोयटिक' धर्म परंपराओं द्वारा भी 'प्रॉफेटिक' रूप अपनाने की हड़बड़ी में हो रही है, जब धर्म अपना आध्यात्मिक आशय लगभग खोकर 'एथनिक' या राष्ट्रीय पहचान की आक्रामकता में बदल रहा है, तब लगता है कि क्या धर्म का कोई ऐसा मिजाज संभव है जो बहुलार्थकता और आध्यात्मिकता की परस्पर निर्भरता का वहन कर सके ? ये प्रश्न भविष्य के हैं, उत्तर के संकेत अतीत की उन 'पोयटिक' धर्म परंपराओं में मिलते हैं, जिनकी 'प्रॉफेटिक' परंपराओं के हाथों पराजय को हम ऐतिहासिक तथ्य नहीं, बल्कि ऐतिहासिक नियति मानते आए हैं।

बीसवीं सदी के इस अवसान समय में हम केवल अँधेरा क्यों देखें ? सारे दुःख, सारी वेदना और सारी भ्रांति के बावजूद यह नए प्रस्तावों के अनुसंधान का समय है, ऐसा समय जिसमें हम एडिथ सिटवेल के शब्दों के सहारे कविता का यह आश्वासन उम्मीद के साथ याद कर सकते हैं।

यह देखकर कि यह मनुष्य का अँधेरा बीजकाल है :

आशीर्वाद देने आई हूँ
तमाम मनुष्यों को
क्षमा और मनुष्य को आशीर्वाद देने
पवित्र ज्योति के रूप में

कविता तो इस रूप में अनेकानेक बार आई है। हम अपने अनुभव के आधार पर भरोसा कर सकते हैं कि कविता व्यक्तिगत धर्म का रूप ले सकती है, इक्कीसवीं सदी का यक्ष प्रश्न यह है कि क्या धर्म सामूहिक कविता का रूप ले सकेगा ?

[1999]

10

इक्कीसवीं सदी की दहलीज पर : आस्था, अस्मिता और विवेक

एक—कुछ छवियाँ

दिनांक 5 नवंबर, 1999—हिंदुस्तान टाइम्स में एक विज्ञापन छपा। विज्ञापन व्यक्ति विकास केंद्र, बंगलौर की ओर से था। इस केंद्र के 'गुरु' परमपूज्य श्री श्री रविशंकर के अलावा इस विज्ञापन में बाईस अन्य हिंदू धर्माचार्यों के फोटो या नाम थे। विज्ञापन छपा था, पोप के भारत आगमन के प्रसंग में। पोप का स्वागत करता हुआ यह विज्ञापन पोप से आग्रह करता था कि 'ईसाइयों का डर और गलतफहमी दूर करने के लिए' घोषणा करें कि 'हिंदू धर्म के बहुदेववादी होने की आम धारणा गलत है—हिंदू-धर्म तो एकेश्वरवादी है।'

गोया कि बहुदेववादी होता तो हिंदू धर्म के प्रति ईसाइयों का 'भय' वाजिब था—लेकिन हिंदू धर्म तो एकेश्वरवादी है—उससे क्या डरना। गोया कि बहुदेववादी धार्मिक परंपराएँ शैतान की खुराफात हैं—हिंदू धर्म **इसलिए** दिव्य तत्त्व से उत्पन्न होने का दावा कर सकता है, **क्योंकि** वह वस्तुतः एकेश्वरवादी है। (यह ध्वनि भी विज्ञापन से ही निकलती थी !)

यह एक छवि है। बीसवीं सदी के अंत और इक्कीसवीं सदी की दहलीज पर खड़ी संस्कृति की विडंबना की ! अपने आपको हिंदू धर्म तथा परंपरा का प्रवक्ता कहने वाले ईसाई धर्म के सर्वोच्च धर्मगुरु से प्रमाणपत्र माँग रहे हैं एकेश्वरवाद का ! वे पोप के साथ संवाद चाहते हैं—लेकिन आत्महीनता के साथ। यह कहने का साहस जुटाए बगैर कि बहुदेववादी हिंदू धर्म (या कोई भी अन्य धर्म) अपना बहुदेववाद सुरक्षित रखते हुए भी एकेश्वरवादी ईसाइयत के साथ संवाद कर सकता है।

पिछले दिनों पेरिस की मेट्रो रेल के एक ड्राइवर पर कुछ नस्लवादियों ने हमला कर दिया। इस घटना के बाद मेट्रो स्टेशनों पर बड़े-बड़े पोस्टर लगाए गए। इन पोस्टरों पर गाँधीजी के चित्र के साथ लिखा था, ''अहिंसा की शक्ति पहचानें—काउबॉयज की तरह नहीं इंडियंस की तरह व्यवहार करना सीखें।''

गाँधीजी प्रतीक बन गए हैं—संवाद के। जायज-नाजायज कैसा भी क्रोध हो—उसकी

हिंसक अभिव्यक्ति से अधिक मानवीय और अधिक शक्तिसंपन्न है—संवाद का प्रयत्न; जिनसे असहमति है—ऐसे व्यक्तियों का सफाया कर देने से ज्यादा सार्थक है—उनके भावतंत्र को बदलने का प्रयास। गाँधीजी प्रतीक बन गए हैं ऐसे सफल-विफल प्रयासों के।

यह भी एक छवि है। उपलब्धि के शिखर पर पहुँची, लेकिन स्वयं अपनी अंतर्निहित हिंसा पर गर्व करने की बजाय उस पर चिंतित होती सभ्यता की।

सितंबर का महीना। शहर पेरिस। स्टेनले कुबरिक की अंतिम (और भारत में विचित्र कारणों से चर्चित) फिल्म 'आईज वाइड शट' देखने का अवसर मिला। भारत में यह फिल्म चर्चित हुई एन. आर. आई. हिंदुओं की कृपा से। उन्हें शिकायत थी कि फिल्म में गीता के श्लोक का दुरुपयोग कर हिंदू धर्म का अपमान किया गया है। फिल्म के एक दृश्य में घोर भोगवादी और आपराधिक 'कल्ट' के सदस्य सामूहिक रूप से संभोगलिप्त हैं—और साउंडट्रैक पर लैटिन भाषा में धार्मिक वचनों का वाचन चल रहा है। इसी बीच गीता का वह श्लोक भी पढ़ा जाता है, 'यदा यदा हि धर्मस्य ग्लानिर्भवति भारत...' दृश्य और इस पाठ का संबंध स्पष्ट है। भोगमूलक आपराधिकता (जो कि दृश्य है) के विरुद्ध गहरी नैतिक चेतावनी देने का काम फिल्मकार इस श्लोक से ले रहा है। आध्यात्मिक रूप से खोखले हो रहे मनुष्य को, 'धर्म की ग्लानि' से गुजर रहे इस समय को उनके मानवीय सार की याद दिलाने का काम फिल्मकार इस श्लोक से ले रहा है। कुछ-कुछ वैसे ही जैसे कि परमाणु बम का पहला परीक्षण देखकर ओपन हाइमर को गीता की याद आई थी—'मैं ही हूँ काल पुरुष ब्रह्मांडों को नष्ट करने वाला।'

अमेरिकी जीवनशैली में सहज मान ली गई हिंसक आत्मलिप्तता और आध्यात्मिक रिक्ति को मूर्तिमान करते दृश्य पर टिप्पणी करने के लिए स्टेनले कुबरिक को गीता का वह श्लोक याद आया—और इस याद आने में 'विश्व हिंदू परिषद्' टाइप के हिंदुओं को हिंदू धर्म का अपमान नजर आया—इससे क्या प्रकट होता है ? कुबरिक अपनी सर्जनात्मक प्रतिभा से गीता का मर्म पहचान रहे थे—और एन. आर. आई. हिंदू ऐसी पहचान से रोमांचित होने की बजाय गीता को निर्जीव प्रतीक बना रहे थे। अपनी स्पंदनहीन आस्था को तलवार की तरह हवा में घुमा रहे थे।

यह छवि है—सर्जनात्मकता के प्रति असंवेदनशीलता की और आस्था के अवमूल्यन की। वह असंवेदनशीलता और वह अवमूल्यन जो पिछले दो दशकों में सारे विश्व के विविध अस्मितावादी आग्रहों और विमर्शों की पहचान बनते जा रहे हैं।

एक आदरणीय मित्र—जो उर्दू में प्रकाशित होने वाली एक गंभीर पत्रिका के संपादक भी हैं—'संस्कृति : वर्चस्व और प्रतिरोध' के अंतिम अध्याय 'आस्था और आलोचना' का उर्दू अनुवाद प्रकाशित करने के लिए उत्सुक हुए। ध्यान से पढ़कर उन्होंने चाहा कि अनुवाद तो छापें लेकिन 'थोड़े' संपादन के साथ। ''रुश्दी और तस्लीमा नसरीन

के प्रसंग में आपने जो लिखा है, वह हमारे पाठक पचा नहीं पाएँगे। बखेड़ा हो सकता है। इसलिए...''

लेखक क्या कर सकता था—प्रकाशन की अनुमति देने से इनकार करने के अलावा !

किसी समुदाय के जनसाधारण ही नहीं, गंभीर बौद्धिक भी किस हद तक अपने आपको अघोषित सेंसरशिप के हवाले कर सकते हैं—स्वेच्छा से या मजबूरी से। आस्था और अस्मिता को किस हद तक सोच-विचार के खिलाफ अड़ाया जा सकता है, किस तरह एक सत्तातंत्र अपने आपको जिरह से 'इम्यून' कर सकता है—इस छवि में दीखता है।

26 दिसंबर, 1999—'टाइम्स ऑफ इंडिया' में उसकी बेबसाइट का विज्ञापन छपा है। गर्व और उल्लास के साथ सूचना देते हुए कि अब उनकी बेबसाइट पर सामान्य 'ऍस्ट्रोलॉजिकल प्रिडिक्शंस' के साथ ही विशिष्ट जिज्ञासाओं, समस्याओं के समाधन भी सुलभ हैं। ऐसे समाधानों के लिए अब 'हमारी बेबसाइट पर तुलसीकृत रामशलाका प्रश्नावली' भी उपलब्ध है।

तकनीक के विकास के बावजूद अंधविश्वास की ऐसी महत्ता को 'ठेठ भारतीय पाखंड' कहने के पहले सिर्फ इतना याद कर लें कि लगभग सारे यूरोप में न तेरह नंबर के कमरे होते हैं न तेरह नंबर की ट्रेनें या बसें !

'ठेठ भारतीय पाखंड' की नहीं, यह छवि इस विषादपूर्ण तथ्य की सूचना देती है कि अंधविश्वास स्वयं एक तरह की सांस्कृतिक प्रतीक व्यवस्था—भाषा—है। इस भाषा को कोई समुदाय महज इसलिए नहीं भूल सकता कि उसका आदमी चाँद पर चला गया है या उसके बैंक का काम-काज कम्प्यूटर से होने लगा है।

सन् सत्तानवे की वह शाम। 'साहित्य अकादमी' के 'लेखक से मिलिए' कार्यक्रम में जावेद अख़्तर ने एक रोचक प्रसंग सुनाया। मुसलमानों में चलन है कि नवजात शिशु के कान में पिता कुरान की आयतें फूँकता है। जाँनिसार अख़्तर बोले, "मैं तो कम्युनिस्ट हूँ—कुरान नहीं, मैं तो अपने बेटे के कान में कम्युनिस्ट मेनिफेस्टो फूँकूँगा।" और उन्होंने फूँका—'दुनिया के मजदूरो एक हो...!'

जाहिर है कि यह प्रसंग एक धरातल पर बहुत सुंदर दृष्टांत है 'विट' और 'सेंस ऑफ ह्यूमर का। संभव है कि यह कवि की कल्पसृष्टि ही हो। लेकिन चाहे तथ्य हो चाहे गल्प—प्रसंग में ध्यान देने की बात है मार्क्सवाद को वयस्क व्यक्ति के विवेक की बजाय नवजात शिशु को दिए जाने वाला संस्कार बनाने की इच्छा । प्रसंग उस पूरी मानसिक बुनावट की सूचना देता है जिसके अंतर्गत बीसवीं सदी के श्रेष्ठ बौद्धिकों ने मार्क्सवाद को अपनाया। इस बुनावट में मार्क्सवाद ज्ञानमीमांसा का वैकल्पिक प्रस्ताव कम और प्रचलित धार्मिक आस्था का विकल्प ज्यादा था। यह संयोग नहीं कि आस्था से जिरह करने वालों के प्रति, आस्था पर आधारित सत्तातंत्र की नीयत से बहस करने वालों के प्रति मार्क्सवादियों का रवैया भी लगभग वैसा ही शंकालु बल्कि हिकारत भरा होता है—जैसा हिंदू/मुस्लिम/ईसाई आस्था के अलमबरदारों का। वैज्ञानिक विचारधारा

होने का दावा करते हुए भी संगठित मार्क्सवाद असुविधाजनक प्रश्नों और तर्क की चुनौतियों से वैसे ही कतराता रहा जैसे कि वे विचारधाराएँ जिन्हें मार्क्सवाद अवैज्ञानिक मानता था।

नवजात शिशु के कान में 'कम्युनिस्ट मेनिफेस्टो' की आयतें (या मंत्र) फूँकता पिता—यह छवि दिखाती है कि कैसे मानवीय विवेक की एक उज्ज्वल संभावना स्वयं एक तर्केतर, बल्कि अनेक प्रसंगों में तो विवेक के प्रति उदासीन आस्था में बदलती चली गई।

दो—कुछ सोच-विचार

क्या झलक रहा है उपरोक्त छवियों में ? ये छवियाँ अपने निजी अनुभवों में से बस यों ही उठा ली गई हैं। अनायास चयन के ही कारण ये छवियाँ इक्कीसवीं सदी की दहलीज पर खड़ी चेतना के सामने आने वाली चुनौतियों का एक रूपक बनाती हैं। पिछले बीस बरसों में उस विमर्श का प्रभाव बढ़ता चला गया है जो महावृत्तांतों में व्यक्त होने वाली सार्वभौमिकता से असंतुष्ट है। आधुनिकता की असंदिग्धता अब संदिग्ध हो चली है। यंत्र बढ़ेगा तो तर्कबुद्धि भी बढ़ेगी—यह मान्यता असंगत सिद्ध हुई, राष्ट्र-राज्य इतिहास की चरम अवस्था है—यह विश्वास टूटा। औद्योगीकरण के बढ़ने से मानवीय यातना घटेगी—यह आस्था छिन्न-भिन्न हो गई। असल में बीसवीं सदी उन सपनों के देखे जाने और उनके टूटने की पीड़ा की सदी रही—जो सपने उन्नीसवीं सदी की यूरोपीय बुद्धि और मनीषा ने देखे और जिनमें सारी दुनिया ने साझा करना चाहा।

यूरोपीय मनीषा की प्रशंसा करनी चाहिए—इस बात के लिए कि उसने यदि 'सार्वभौमिकता' का दावा करने वाले सपने देखे तो उन सपनों पर संदेह भी किया। गैर-आधुनिक, गैर-यूरोपीय संस्कृतियों को यदि हीनतर माना तो उनके साथ संवाद भी स्थापित किया ऐसे संवाद की तमाम विडंबनाओं के बावजूद। इसीलिए चुनौती यह नहीं है कि यूरोप के बौद्धिक आतंक का प्रतिवाद करने के नाम पर गैर-यूरोपीय समाज अपनी-अपनी पारंपरिक संस्कृतियों को परम पावन और हर तरह की जिरह के परे सिद्ध करने में जुट जाएँ। असल में, ऐसी चेष्टा उस प्रयत्न का प्रतिबिंब मात्र होगी जिसमें सारी संवेदना और प्रगति का एक मात्र स्रोत यूरोप को ही मान लिया जाता है। ऐसी चेष्टा, असल में उसी एकेश्वरवादी ज्ञानमीमांसा और संवेदना का ही एक और अवतार होगी—जो एकेश्वरवादी ज्ञानमीमांसा 'अपने' ईश्वर के अलावा अन्य सभी ईश्वरों को अहिरदमन या शैतान की खुराफात से उपजा मानती है।

इक्कीसवीं सदी में 'आस्था' और 'विवेक' के पुनराविष्कार की मूलभूत चुनौती जरथुष्ट्र द्वारा लाई गई उस 'प्रोफेटिक रिवोल्यूशन' की परिणतियों से टकराने की चुनौती है, जिस रिवोल्यूशन के बाद मानवीय चेतना में सहज रूप से मौजूद बहुवचनात्मकता या अनेकांत को लगातार, संगठित और हिंसक रूप से हाशिए पर धकेला गया है। यहाँ

तक कि बहुदेववादी आस्थाएँ स्वयं को 'एक ईश्वर' के विरुद्ध अपराध मानने लगी हैं। इस अपराधबोध को इन परंपराओं ने अपना 'स्वभाव' बन जाने दिया है। अपराधबोध ग्रस्त मन कैसे किसी के साथ मित्रवत् और तेजस्वी संवाद कर सकता है ? आक्रांत मनोवृत्ति कैसे स्वयं अपनी विडंबनाओं, समस्याओं और अपने समाज में बद्धमूल अन्यायों पर नैतिक साहस के साथ आत्मान्वेषण कर सकती है ?

पोप से हिंदू धर्म के साथ एकेश्वरवादी होने का प्रमाण पत्र माँगते परम पूज्य धर्माचार्य; आर्य धर्म को मूर्ति पूजा विरोधी एकेश्वरवादी सिद्ध करने के लिए आकाश-पाताल एक करते दयानंद सरस्वती, भागवत के कारण विदेशियों के सामने लज्जित होते बंकिमचंद्र, भारतीय अस्मिता को एक सपाट शब्द मानते हुए घोर दक्षिणपंथी राजनीति को उत्साहपूर्वक समर्थन देते निर्मल वर्मा—ये सब इसी आक्रांत मनोवृत्ति से उपजे विविध स्वर हैं।

1908 में विपिनचंद्र पाल ने छोटी सी पुस्तक प्रकाशित की थी—'ऐन इंट्रोडक्शन टु दि स्टडी ऑफ हिंदूइज्म'। इस पुस्तक में उन्होंने विभिन्न धर्मों को दो कोटियों में बाँटा—जातीय (एथनिक) और अकीदे (क्रीड) पर आधारित। गहरी अंतर्दृष्टि के साथ उन्होंने रेखांकित किया कि जातीय (एथनिक) धर्म अपना प्रभाव विस्तार करने में कोई रुचि नहीं रखते—जबकि अकीदे पर आधारित धर्मों के अस्तित्व का तर्क ही यह है कि वे अपना प्रभाव विस्तार करें। और भी मार्के की बात यह कि विपिनचंद्र पाल ने वैदिक धर्म को 'एथनिक' और बौद्ध धर्म को अकीदे पर आधारित धर्म के रूप में पहचाना। इस पहचान की तार्किक निष्पत्तियों पर भी उन्होंने थोड़ा बहुत विचार किया।

इस अत्यंत विचारोत्तेजक अंतर्दृष्टि का परिचय देने के बावजूद विपिनचंद्र पाल इसी पुस्तक में हिंदू धर्म को तत्त्वतः एकेश्वरवादी सिद्ध करने में लग जाते हैं। औपनिवेशिक शक्ति से देदीप्यमान एकेश्वरवादी ज्ञानमीमांसा से आच्छादित उस समय में; आक्रांत मनोवृत्ति को अतिक्रांत करने की यह चेष्टा सीमाओं के बावजूद बहुत-बहुत मूल्यवान थी। ताज्जुब इस बात पर नहीं कि 'उस' दौर में विपिनचंद्र पाल के तर्क की निष्पत्तियों पर ध्यान नहीं दिया गया। ताज्जुब इस बात पर है कि 'इस' दौर में भी एकेश्वरवादी ज्ञानमीमांसा की भयानक समस्याओं पर जरूरी ध्यान नहीं दिया जा रहा है। बीसवीं सदी के आरंभ में, औपनिवेशिक बौद्धिक अपनी आक्रांत-मनोवृत्ति को अतिक्रांत करने का प्रयत्न तो कम-से-कम कर ही रहा था। इक्कीसवीं सदी के आरंभ में, उत्तर-औपनिवेशिक बुद्धिजीवी क्या पहचान पा रहा है उन तत्त्वों को—जो उसकी मनोवृत्ति को आक्रांत कर उसे न तो आत्मान्वेषण के लायक रहने दे रहे हैं और न सार्थक संवाद के ! क्या वह पहचान पा रहा है इस तथ्य को कि जिसे 'सभ्यताओं के संघर्ष' के रूप में देखा जा रहा है, वह वस्तुतः सभ्यताओं के आंतरिक आत्मान्वेषण और बाह्य के साथ संवाद के समाप्त होते जाने की ही स्वाभाविक परिणति है।

हम जिस संवाद की बात कर रहे हैं, वह उत्तर आधुनिकतावादी मुहावरे से उपजने वाले नैतिक सापेक्षतावाद से भिन्न बल्कि विपरीत है। उत्तर-आधुनिकता की एक शाखा से प्रेरित नैतिक सापेक्षतावाद इन दिनों एक खास तरह के परंपरा प्रेमियों के बीच अत्यधिक लोकप्रिय है। इस सापेक्षतावाद के दार्शनिक आधार पर तर्क दिया जाता है कि चूँकि कोई मूलभूत सार्वभौम नैतिक प्रतिमान संभव ही नहीं है, इसलिए किसी भी परंपरा की कुरीतियों की बुनियादी आलोचना अव्वल तो असंभव ही है, संभव हो भी तो ऐसी आलोचना का संदर्भ व्यक्तित्व, मनुष्य की गरिमा, लोकतंत्र आदि जैसे ठेठ आधुनिक प्रतिमानों से नहीं जोड़ा जा सकता। मिसाल के तौर पर, जाति प्रथा अपने आप में कोई चिंताजनक परिघटना नहीं है। कारण यह कि हर समाज में पदानुक्रम—हायरार्की—का होना अवश्यंभावी है। विभिन्न समुदायों के बीच अंतर—डिफरेंस—अपरिहार्य है। जातिप्रथा तो बस इस अवश्यंभावी पदानुक्रम और इस अपरिहार्य अंतर को अभिव्यक्त करने वाली सामाजिक व्यवस्था है। पदानुक्रम और अंतर को व्यवस्थित किए बिना कोई भी समाज कैसे चल सकता है ? क्या आधुनिक समाजों में पदानुक्रम और अंतर को व्यवस्थित एवं संचालित करने वाले तंत्र नहीं होते ? फिर जाति व्यवस्था से ही एतराज क्यों ?

इस सापेक्षतावादी तर्क पद्धति में खोट यह है कि यहाँ पदानुक्रम और अंतर की व्यवस्था की बात समूहों के संदर्भों में की जा रही है—व्यक्तियों के संदर्भ में नहीं। यह भुलाया जा रहा है कि समतामूलक सामाजिक कल्पनाएँ भी पदानुक्रम व अंतर की अपरिहार्यता स्वीकार करती हैं—लेकिन व्यक्तियों के बीच न कि समूहों के बीच। ब्राह्मण जन्म से ही ऊँचा है, शूद्र जन्म से ही नीचा—इस अंतर को व्यवस्थित करने का एक तर्क यह है, तो मनुष्य जन्म से नहीं, कर्म और योग्यता से ऊँचा या नीचा होता है—यह दूसरा। स्त्री और पुरुष की शरीर रचना तथा मनोरचना में प्राकृतिक रूप से कुछ अंतर है। इस अंतर की एक 'व्यवस्था' यह हो सकती है कि नारी या तो देवी है या नरक का द्वार; अदन के बाग में बोर होते हुए बाबा आदम के मनोरंजनार्थ रची गई कौतुकपूर्ण वस्तु है और स्वभाव से ही इतनी झूठी है कि दो नारियों की गवाही मिलकर बराबर हो एक नर की गवाही के। लेकिन 'अंतर' को व्यवस्थित करने की एक पद्धति यह भी हो सकती है कि 'देवी' होने के पहले नारी मनुष्य है, और यह फैसला आप कृपया उसी पर छोड़ दें कि वह 'देवी' बनना चाहती है या व्यक्ति।

नैतिक सापेक्षतावाद की सबसे बड़ी खोट यही है कि वह एक तो व्यक्तियों के बीच जन्मजात अंतर के प्राकृतिक तथ्य को समूहों के बीच सैद्धांतिक असमानता के सामाजिक अन्याय को समर्थन देने का बहाना बना लेता है; दूसरे वह विभिन्न सांस्कृतिक परंपराओं के बीच अंतर के ऐतिहासिक तथ्य को इतनी दूर तक खींच देता है कि मनुष्यों के बीच संवाद की संभावना ही उसकी दृष्टि से ओझल हो जाती है। आधुनिकतावादी मुहावरे का 'सार्वभौम' होने का दावा गैर एकेश्वरवादी, गैरयूरोपीय सांस्कृतिक परंपराओं को आक्रांत करता था, उनके साथ संवाद नहीं, उनका 'सुधार' करना चाहता था। उत्तर-

आधुनिकतावादी मुहावरे का अस्मिता आग्रह, अंतर प्रेम और सापेक्षतावाद साझे मानवीय चैतन्य की संभावना को कम-से-कम व्यवहार में तो रद्द ही करता प्रतीत होता है। ये दोनों मुहावरे एक दूसरे के तो विरोधी हैं ही—लेकिन विभिन्न परंपराओं तथा संस्कृतियों के बीच तेजस्वी संवाद पर आधारित मानवीय चैतन्य की संभावना का विरोध दोनों एक साथ होकर करते हैं।

इन दोनों मुहावरों में सामान्य बात है—मनुष्य के सहज विवेक का नकार। इसीलिए नैतिक सापेक्षतावाद हर सांस्कृतिक परंपरा और उसकी सामाजिक व्यवस्था को प्रश्नातीत बना देता है। दूसरी ओर आधुनिकतावादी मुहावरा यह मानकर चलता है कि मानवीय-गरिमा और मुक्ति का कोई भी प्रोजेक्ट, कोई भी प्रस्ताव आधुनिकतावाद और एकेश्वरवाद को आत्मसात् किए बिना संभव ही नहीं है। यूरोपीय चिंतन और एकेश्वरवाद का यह लगभग दैवी विशेषाधिकार है कि वे असभ्यों को सभ्य बनने की प्रेरणा दें ! मूर्ति-पूजकों को 'तर्क' की महिमा स्वीकार करने की प्रेरणा दें। इस वैचारिक उपनिवेशवाद का आत्मसातीकरण कैसी चिंताजनक स्थितियाँ उत्पन्न कर सकता है—प्रतिष्ठित मार्क्सवादी इतिहासकार प्रो. इरफान हबीब द्वारा गाँधीजी का मूल्यांकन इसका एक उदाहरण है।

'सहमत' द्वारा आयोजित सेमीनार (28 दिसंबर 1994) में प्रो. इरफान हबीब ने गाँधीजी के बारे में एक आलेख प्रस्तुत किया जो 'सोशल साइंटिस्ट' के अंक 263-265 (अप्रैल-जून 1995) में प्रकाशित है। इस आलेख में प्रो. हबीब गाँधीजी को 'ठेठ मॉडर्न व्यक्तित्व' बताते हुए कहते हैं कि "आधुनिक पाश्चात्य चिंतन ही वह पहला गंभीर विमर्श था, जिससे गाँधीजी परिचित हुए।" प्रो. हबीब के अनुसार, "गाँधीजी ने हिंदू धर्म को एकेश्वरवादी बनाने के लिए आर्य समाजियों से भी अधिक प्रयत्न किया..." और, "उन्होंने किसानों के साथ तादात्म्य स्थापित करने के लिए धार्मिक भाषा का उपयोग किया।" कुल मिलाकर निष्कर्ष यह :

"इस बात को याद रखना बहुत ही जरूरी है कि गाँधीजी की बौद्धिक बुनावट के बुनियादी रेशे निश्चय ही आधुनिक हैं। गाँधीजी पूरी ईमानदारी से इन (आधुनिक) चिंतकों का ऋण स्वीकारते हैं। लेकिन उनका यह विश्वास कि इन चिंतकों के लेखन ने उनके मन में पहले से मौजूद, भारत की अपनी परंपराओं से आए सरोकारों को केवल पुष्ट किया—**निश्चय ही संदिग्ध है।**" (सोशल साइंटिस्ट 263-265, पृ. 6, जोर मेरा)

इस निष्कर्ष पर गहराई से सोचना जरूरी है। इसलिए भी कि इरफान हबीब की भ्रांति को समझा जा सके और इसलिए भी कि उस भ्रांति से कहीं अधिक चिंताजनक बौद्धिक संस्कार से जिरह भी की जा सके। वह बौद्धिक संस्कार—जिसके कारण यह भ्रांति संभव होती है। वह बौद्धिक संस्कार जो आधुनिक यूरोपीय चिंतकों का ऋण स्वीकार करते गाँधीजी को तो ईमानदार कहता है, लेकिन जब वही गाँधीजी अपने मुक्तिकामी सोच का, अपनी वैकल्पिक कल्पना का संबंध अपने समाज की बौद्धिक

सांस्कृतिक परंपराओं से जोड़ते हैं, तो 'निश्चय ही संदिग्ध' हो उठते हैं। गाँधीजी की बौद्धिक बुनावट के इस भ्रांत मूल्यांकन का कारण वह बद्धमूल संस्कार ही है जिसमें 'यूरोपीय', 'सेमेटिक' और 'एकेश्वरवाद' के बौद्धिक आतंक ने अपना उपनिवेश बना रखा है। गाँधीजी को आर्यसमाजियों से भी अधिक उत्साही एकेश्वरवादी बताते समय प्रो. हबीब भूल जाते हैं कि गाँधीजी ने मूर्तिपूजा को कभी भी निंदनीय नहीं कहा। वे यह भी भूल जाते हैं कि 'एकेश्वरवाद' एक पारिभाषिक शब्द है, यदि इसे हर उस व्यक्ति या सोच पर चिपका दिया जाए जो मानता है कि 'एक तत्त्व ही की प्रधानता, कहो उसे जड़ या चेतन' तो अद्वैतवादी भी एकेश्वरवादी हैं और मार्क्सवादी भी ! सत्य की निरपेक्ष रूप से अकथनीयता ही समाज, संस्कृति या व्यक्ति के अपने सापेक्ष रूप से सत्य का बोध बनती है—इसलिए सत्य निरपेक्ष है लेकिन उसका कोई भी कथन, कोई भी बोध न निरपेक्ष है, न अंतिम—यह एक दृष्टि है। एकेश्वरवादी दृष्टि इससे तत्त्वतः भिन्न है जो मानती है कि 'सत्य' का हमारे द्वारा अर्जित बोध सर्वथा निर्दोष है और अब इसका प्रचार असत्य से ग्रस्त लोगों के बीच करना ईश्वरीय आदेश है ! पहली दृष्टि से गाँधीजी की प्रसिद्ध सर्वधर्म प्रार्थना-सभाएँ फलीभूत होती हैं; दूसरी दृष्टि से 'सत्यार्थ प्रकाश—जो 'जैनी-पुरानी, कुरानी-क्रिस्तानी' मतों के निर्मम खंडन और 'सब सत्य विद्याओं के स्रोत-वेद' की प्रतिष्ठा को ईश्वरीय आदेश मानने वाली पुस्तक है। वह पुस्तक जिसे गाँधीजी ने 'एक महान् प्रतिभा द्वारा रची गई एक अत्यंत निराशाजनक पुस्तक' कहा था।

वास्तव में एकेश्वरवाद के धागे से आर्य समाज और गाँधीजी को गूँथना उस इतिहास दृष्टि का स्वाभाविक परिणाम है जो राजनीतिक हिंदुत्व को हिंदू धर्म का स्वाभाविक विस्तार मानती है। यह दृष्टि भूल जाती है कि 'हिंदू धर्म को एकेश्वरवादी बनाने का प्रयत्न' गाँधीजी नहीं, उनके समकालीन और परवर्ती हिंदुत्ववादी कर रहे थे और कर रहे हैं। एकेश्वरवाद को अपनाए बिना कोई समाज सुधर नहीं सकता, प्रगति नहीं कर सकता—एकेश्वरवाद का यह विशेषाधिकार गाँधीजी की नहीं, पारंपरिक हिंदू धर्म की नहीं, बल्कि आधुनिकतावाद, यूरोप केंद्रित इतिहास दृष्टि और सेमेटिक ज्ञानमीमांसा की साझी विशेषता है ! अपनी सारी समस्याओं और सीमाओं के साथ गाँधीजी वस्तुतः इसी विशेषाधिकारवादी अहम्मन्यता के विरुद्ध संघर्ष कर रहे थे। इस बात के निर्भ्रांत अहसास के साथ, 'शास्त्रों की कोई ऐसी बात स्वीकार नहीं की जा सकती जो स्पष्ट, सार्वभौम सत्यों और नैतिक मूल्यों के प्रतिकूल हो।'

बौद्धिक रूप से उपनिवेशीकृत मानस के विपरीत गाँधीजी की चिंता न तो एकेश्वरवाद, यूरोप और सेमेटिक परंपराओं का 'विशेषाधिकार' स्वीकार करती है न उनकी अपनी हिंदू परंपरा को विवेकसम्मत आलोचना के परे मानती है। वे यूरोप के आतंक से आक्रांत नहीं हैं और न ही अपनी सांस्कृतिक अस्मिता के प्रति भावाकुल व्यामोह से ग्रस्त हैं। इसीलिए वे पूरी ईमानदारी से आधुनिक यूरोपीय चिंतकों का ऋण स्वीकार करते हैं। इतिहासकार की ईमानदारी की माँग यह है कि गाँधीजी की बौद्धिक

बुनावट के सभी धागों को संवेदनशीलता और सम्मान के साथ रेखांकित किया जाए—और यह भी ध्यान में रखा जाए कि जिन आधुनिकों—थोरो, रस्किन और टॉल्स्टॉय—का ऋण गाँधीजी स्वीकारते हैं वे वस्तुतः आधुनिकता की मुख्यधारा के नहीं, बल्कि उसकी आत्मान्वेषी आलोचना के प्रवक्ता हैं !

यूरोप के आतंक और अस्मिता के व्यामोह दोनों से मुक्त होने के क्रम में ही गाँधीजी स्वयं अपनी परंपरा के मूल्यांकन के लिए उचित प्रतिमानों की तलाश करते हुए ईशावास्योपनिषद् के इस मार्मिक मंत्र तक पहुँचते हैं :

ईशावास्यमिदं सर्वं यत्किंच जगत्यां जगत्,
तेन त्यक्तेन भुंजीथा मा गृध कस्यस्विद्धनम्।

और दो टूक शब्दों में कहते हैं, "हिंदू धर्म की ऐसी किसी चीज का महत्त्व नहीं जो इस मंत्र के अर्थ से असंगत हो।" (कलेक्टेड वर्क्स—खंड 64, पृ. 289-90)

यहाँ सांस्कृतिक परंपरा को निरपेक्ष और प्रश्नातीत प्रतिमान की हैसियत हासिल नहीं है। अस्मिता का व्यामोह नहीं है, बल्कि मानवीय विवेक की सहज अभिव्यक्तियों में से एक—वह जिसे एक विशिष्ट परंपरा ने उपरोक्त मंत्र में रूपायित किया है—को उस सारी परंपरा और संस्कृति का प्रतिमान बनाया जा रहा है।

गाँधीजी के जीवन और व्यवहार से हम सीख सकते हैं कि अपनी अस्मितापरक परंपरा में पगे रहकर अन्य संस्कृतियों और परंपराओं के साथ सार्थक, उत्तेजक संवाद कैसे स्थापित किया जा सकता है। आखिरकार उन्होंने 'व्यक्तिगत मोक्ष' की पारंपरिक हिंदू अवधारणा को सामाजिक मुक्ति के अनुष्ठान में तब्दील कर दिखाया। आधुनिकता की निर्मम आलोचना करते हुए भी जनजागरण और मासमोबिलाइजेशन की ऐन आधुनिक तकनीकों में सिद्धहस्तता—मास्टरी हासिल कर दिखाई। आ. परशुराम चतुर्वेदी ने 'उत्तरी भारत की संत परंपरा' का बखान करते हुए उचित ही उस परंपरा की अंतिम महत्त्वपूर्ण कड़ी के रूप में गाँधीजी को याद किया है। गाँधीजी उस परंपरा के सर्जनात्मक विस्तार थे—कार्बन कॉपी नहीं, इसीलिए, उनकी संतई एक और पंथ में नहीं, बल्कि मानवीय विवेक की उत्तेजक संभावना में फलीभूत हुई।

उपरोक्त वाक्य में कही गई दोनों संभावनाएँ गाँधीजी के प्रति प्रचलित रवैयों में देखी जा सकती हैं। कुछ लोगों ने सचमुच गाँधीजी की चिन्ताओं को एक 'पंथ' का रूप दे दिया है और गाँधीजी को उस 'पंथ' के पीर पैगंबर का। दूसरी ओर कुछ लोग स्वयं गाँधीजी की बहुत सारी समस्यामूलक स्थापनाओं और व्यवहारों से तीखी बहस करते हुए भी उनकी सार्थक संभावनाओं का अपनी चिंताओं के संदर्भ में विस्तार करने का प्रयत्न कर रहे हैं। निश्चय ही यह संभावना भी गाँधीजी के अपने चिंतन में निहित है कि उन्हें परंपरा के जड़ महिमामंडन और प्रतिक्रियावादी राजनीति के दायरे में खींचा जा सके। यह प्रयत्न हमारे समकालीन बौद्धिक विमर्श और राजनीतिक जीवन में स्पष्टतया देखा ही जा सकता है। जरूरत गाँधीजी के भावतंत्र

और विचारतंत्र के ऐसे चिंताजनक पहलुओं को पहचानने और उनकी निर्मम आलोचना करने की भी है। यह एक अलग विमर्श का विषय है—जिस पर हम फिर कभी लौटेंगे।

फिलहाल, हम एक बार पुनः मनुष्य के सहज विवेक के दो प्रस्थान बिंदुओं को याद करें—एक, सत्य का कोई पाठ, कोई व्याख्या अंतिम होने का दावा नहीं कर सकती; दो, जन्म से कोई मनुष्य ऊँचा या नीचा नहीं होता। इस विवेक की व्यावहारिक परिणतियों का जो रूप आज हमारी सभ्यता, सामाजिक मान्यताओं और राजनीतिक संस्थाओं में व्यक्त होता है उसके विकास में यूरोपीय आधुनिकता के योगदान को नकारा नहीं जा सकता। सवाल यह है कि यूरोपीय मनीषा की इस उपलब्धि का स्वीकार गैरयूरोपीय समाज किस तरीके से करते हैं। क्या यह मानते हुए कि अब केवल छोटी से छोटी बात का भी अनुकरण ही संभव है—या फिर अस्मिता को बनाए रखने के लिए यूरोप की ओर पीठ कर लेना ही श्रेयस्कर है। इक्कीसवीं सदी का यक्ष प्रश्न यही है कि इन दो उपलब्ध रास्तों के अलावा क्या कोई तीसरा रास्ता—मुरारेः तृतीय पंथः—भी संभव है ?

मनुष्य की गरिमा और सभी मनुष्यों की मूलभूत समानता व्यक्तित्व की जिस अवधारणा से जुड़ती है, क्या गैरयूरोपीय समाजों में उसकी कोई परंपरा नहीं है ? रस्किन और तोलस्तोय जिस अर्थ में आधुनिक मानस के आलोचक आत्मान्वेषक थे, ऐसे अर्थ के आलोचक आत्मान्वेषक क्या प्राक् आधुनिक परंपराओं में नहीं हैं या नहीं थे ?

इन सवालों को ध्यान में रखें तो निर्गुण भक्ति की ज्ञानमीमांसा का विचारोत्तेजक महत्त्व खुलता है। वस्तुतः वह ज्ञानमीमांसा इक्कीसवीं सदी की दहलीज पर खड़ी मानव सभ्यता के लिए अत्यंत संभावनापूर्ण प्रस्थानों में से एक है। प्रसंगवश, यह ध्यान में रखना चाहिए कि निर्गुण भक्ति से मिलती-जुलती ज्ञानमीमांसाएँ और भावसंपदाएँ अन्य सांस्कृतिक परंपराओं में भी हैं जरूरत उन पर गहराई से ध्यान देने की है। निर्गुण भक्ति की विडंबना ही है कि उसे इन दिनों घोर अस्मितावादी विमर्श के साथ जोड़कर पढ़ा जा रहा है। यह अस्मितावादी विमर्श चाहे एथनीसिटी का हो, जेंडर का हो, या जाति का, महावृत्तांतों का निषेध करने के उत्साह में ऐसे बिंदु पर पहुँच गया है, जहाँ कि वह व्यक्तित्व की सत्ता तक स्वीकार नहीं करना चाहता ! स्थिति यह है कि यह बात 'पॉलिटिकल करेक्टनेस' के विपरीत लगने लगी है कि उत्पीड़ित अस्मिता से संबंधित कोई व्यक्ति, बतौर व्यक्ति के उत्पीड़क भी हो सकता है। ऐसी 'पॉलिटिकल करेक्टनेस' की परिणति यह है कि हमारे देश में दलितों पर होने वाले उत्पीड़न के विरुद्ध बने कानूनों के तहत दलित पर अत्याचार करने वाले सवर्ण के विरुद्ध तो कार्रवाई संभव है, लेकिन उत्पीड़क अगर स्वयं दलित हो तो वह ऐसे कानूनों की हद के बाहर है, उस पर भारतीय दंड संहिता के सामान्य प्रावधान ही लागू होते हैं। स्त्री अस्मिता के संदर्भ में स्थिति और भी विचित्र है। वहाँ कानून यह मानकर चलता है कि

पक्ष-प्रतिपक्ष यदि स्त्री और पुरुष में बँटा हो तो स्त्री बतौर व्यक्ति के गलत हो ही नहीं सकती।

ऐसी 'पोलिटिकल करेक्टनेस' में निहित अस्मिता के आग्रह की दो परिणतियाँ होती हैं। एक तो स्वयं सामाजिक अस्मिताओं के भीतर के सत्तातंत्र और उत्पीड़न के रूप किसी भी तरह की आलोचना से 'इम्यून' हो जाते हैं; दूसरे उत्पीड़ित अस्मिताओं से संबंधित व्यक्तियों के व्यक्तित्व की संभावना ही नकार दी जाती है।

दूसरी ओर निर्गुण भक्ति की ज्ञानमीमांसा और संवेदना में हम सामाजिक अस्मिता और व्यक्तित्व के विचारोत्तेजक द्वंद्व के साथ-साथ साझे मानवीय चैतन्य की संभावना में अदम्य आस्था भी पाते हैं। कबीर के प्रसंग में इसकी थोड़ी सी चर्चा हमने की ही है। यहाँ केवल इतना रेखांकित करें कि निर्गुण भक्ति में कौंधी मानवीय प्रज्ञा आज हमारे लिए प्रासंगिक इस कारण से है कि वह एकदम दो टूक ढंग से सार्वभौम नैतिकता की माँग करती है—उस परंपरा से जिरह करते हुए जो स्पष्ट रूप से वर्णों, समूहों यहाँ तक कि स्थिति विशेष की अपेक्षा में ही 'स्वधर्म' की बात करती थी। महत्त्वपूर्ण यह है कि कबीर तथा अन्य निर्गुण संत स्थिति विशेष की अपेक्षा को नैतिकता के निर्धारण के प्रसंग में नकारते नहीं हैं लेकिन उनका सैद्धांतिक प्रस्थान इस 'सहज' सत्य के 'परतख' बोध पर आधारित है कि व्यक्तिगत और सामाजिक नैतिकता के कुछ पहलू तो निश्चित रूप से सभी व्यक्तियों के लिए एक से स्वीकारणीय होने चाहिए।

भारतीय परंपरा की चर्चा करते समय निर्गुण भक्ति संवेदना को अनपढ़ों और निरक्षरों की भाव-व्यंजना के रूप में ही देखने का चलन है, ऐसी भाव-व्यंजना जो किसी न किसी शास्त्रीय परंपरा के अनुकूल या तो थी या उसे होना चाहिए। भारतीय परंपरा में धर्मबोध या नैतिकता की चर्चा करते हुए आमतौर से यही समझा जाता है कि यह परंपरा वर्णसापेक्ष 'स्वधर्म' की ही परंपरा है। उन्नीसवीं सदी में हीगेल ने लिखा था कि "हम यूरोपीय कहते हैं कि वीरता एक मानवोचित गुण है, हिंदू कहेंगे कि वीरता एक क्षत्रियोचित गुण है।" बीसवीं सदी के इस अंत समय में भी बहुत से 'वेलमीनिंग' लोग भी कहीं-न-कहीं यह मानते प्रतीत होते हैं कि भारतीय परंपरा का अर्थ वर्ण-सापेक्ष स्वधर्म की परंपरा तक ही सीमित है। दूसरी ओर कुछ लोग निर्गुण भक्ति की विस्मयकारी संभावनाओं को नितांत समकालीन राजनीतिक आग्रहों और प्रोजेक्ट्स के रेशनलाइजेशन तक सीमित कर देना चाहते हैं। विचार की ऐसी पक्की पड़ गई आदतों को त्यागने का साहस यदि हम जुटा सकें तो निर्गुण भक्ति की ज्ञानमीमांसा, आस्था और अस्मिता की गहरी समस्याओं से जूझने का विवेक अर्जित करने में सारी मनुष्यता के लिए बहुत सहायक हो सकती है।

आज जब यह कहा जाता है कि 'कबीर का गुरु कुत्ता-बिल्ली हो सकता था, ब्राह्मण नहीं,' तो इस अपरिहार्य सचाई के नकार के साथ ही कि जुलाहे होने के पहले कबीर और ब्राह्मण होने से पहले रामानंद मनुष्य थे—और मनुष्य तो मनुष्य का गुरु हो ही सकता है—भले ही उसकी जाति कुछ भी हो। सवाल रामानंद-कबीर के गुरु-शिष्य संबंधों

की किंवदंती के ऐतिहासिक रूप में प्रामाणिक होने या न होने का फिलहाल नहीं है। उस पर बहस चलती रही है, चलती रहेगी। फिलहाल सवाल अस्मितापरक आग्रह को आस्था में बदल देने से उत्पन्न समस्या का है। उपरोक्त वाक्य 'कबीर का गुरु...' ऐन वैसा ही अस्मितापरक वाक्य है, जैसा कि यह प्रसिद्ध वाक्य कि 'कबीर की शिराओं में ब्राह्मण नहीं तो हिंदू रक्त अवश्य ही प्रवाहित हो रहा था।' दोनों ही वाक्यों में अपने-अपने अस्मितापरक प्रोजेक्ट्स को आस्थापरक सिद्धांताभासों में बदला जा रहा है। यह समानता गौरतलब है !

तीन—कुछ और सोच-विचार

आस्था का आशय यदि किसी तर्केतर सत्ता के प्रति भावनात्मक लगाव तक सीमित मानें तो आस्था का संकट आधुनिकता के साथ ही आरंभ हो जाता है। सच तो यह है कि आधुनिकता स्वयं आस्था के संकट ही की परिणति है। इस द्वंद्वात्मक संबंध के उदाहरणों के लिए यूरोप का इतिहास याद करना जरूरी नहीं, हम स्वयं अपनी परंपरा से कुछ उदाहरण देखें। दिलीप चित्रे के अनुसार, तुकाराम मराठी के पहले आधुनिक कवि हैं। ठीक यही बात हिंदी में कबीर के बारे में कही जा सकती है। इन दोनों कवियों की संवेदना में हम मनुष्य की ऐसी अवधारणा पाते हैं, जो मनुष्य को ब्राह्मण, क्षत्रिय, वैश्य या शूद्र के रूप में नहीं सिर्फ मनुष्य के रूप में पहचानना चाहती है, व्यक्ति मनुष्य की यह अवधारणा ठेठ आधुनिक अवधारणा है, और इसे प्रस्तावित करने वाले कवि इसी अर्थ में आधुनिक हैं। ध्यान इस बात पर देना चाहिए कि कबीर और तुकाराम सरीखे कवि जिस बुनियादी मनुष्यता का आग्रह करते हैं, वह कुछ लोगों की आस्थाओं को चोट भी पहुँचाती थी। मूर्तिपूजा और अवतारवाद के साथ जिनकी आस्था जुड़ी हो, वे कबीर के प्रहारों से दुःखी तो होंगे ही। यदि उनके पास आधुनिक शब्दावली हो तो वे अपने दुःख को आस्था का संकट भी कहेंगे। लेकिन यह बात फिर भी अपनी जगह रहेगी कि इस संकट से ही वह जिरह पैदा होती है जो मनुष्य की मध्यकालीन प्रतिमा का आधुनिक विकल्प प्रस्तुत कर सके। एक विशेष आस्था जरूर संकट में पड़ेगी लेकिन मनुष्य का विवेक दो कदम आगे बढ़ेगा।

उपरोक्त उदाहरण से जो बात सामने आई वह यह कि तर्केतर सत्ता के प्रति भावनात्मक लगाव के अलावा भी आस्था का कुछ अर्थ है। आस्था के संकट की बात करते समय साफ कर लेना चाहिए कि कहाँ तक आस्था भावनात्मक लगाव है और कहाँ तक समाजसत्ता और किसी सामाजिक सांस्कृतिक अस्मिता को दिया गया एक नाम। इस बात को हम कुछ समकालीन उदाहरणों से समझें।

हमें बताया जाता है कि बाबरी मस्जिद विध्वंस 'आस्था' का सवाल था। 'मंदिर वहीं बनाएँगे' से लेकर 'काशी मथुरा बाकी है' तक का धमकी-भरा कार्यक्रम आस्था का ही मसला है। उधर सलमान रुश्दी और तस्लीमा नसरीन के लेखन से कुछ लोगों

को इस्लामी आस्था संकटग्रस्त होती नजर आती है। आस्था यदि सिर्फ तर्केतर के प्रति जुड़ाव की निजी अनुभूति भर हो तो उसे इससे क्या फर्क पड़ता है कि कोई लेखक उस अनुभूति के विषय–राम या पैंगबर–के प्रति क्या राय रखता है ? आस्था यदि सिर्फ आंतरिक हो तो किसी खास जगह पर ही, हर कीमत पर मंदिर बनाने के आग्रह का क्या मतलब ? जाहिर है कि आस्था सिर्फ निजी अनुभूति भर नहीं, सामूहिक स्मृतियों का एक समुच्चय भी है और एक सत्ता तंत्र में स्थित होने का आत्मबोध भी। इन दोनों तत्त्वों से मिलकर बनती है–सामाजिक-सांस्कृतिक अस्मिता। कोई भी आस्था एक धरातल पर किसी सामाजिक-सांस्कृतिक अस्मिता से संबंधित अवश्य है; इसीलिए आस्था के संकट की बात करते समय उसके सामाजिक अस्मितापरक पहलू की उपेक्षा संभव नहीं।

जिस आधुनिक बुद्धिवाद ने तर्केतर के प्रति आस्था पर प्रहार किया, उसने अपनी खुद की आस्थाएँ भी बुनीं। ईश्वर की मृत्यु की घोषणा और मनुष्य के सुनहरे भविष्य के प्रति आस्था–यह एक ही सिक्के के दो पहलू थे–उस आधुनिक, औद्योगिक समाज में पनपे बुद्धिवाद के लिए। आस्था के नवीकरण का एक रूप वह भी था जहाँ चुनौती ईश्वर के अस्तित्व को नहीं, उसकी प्रचलित और सत्तापरक व्याख्याओं को दी गई। दोनों ही स्थितियों में, आधुनिकता का आरंभ होने के समय, उसके बहुत अरसे बाद तक, संकट ईश्वर के प्रति समर्पित आस्था का था, आस्था मात्र का नहीं। लेकिन इस समय स्थिति बहुत बदली हुई है। इक्कीसवीं सदी की देहरी पर खड़ी मानव-सभ्यता की मूलभूत समस्याओं में से एक यह है कि आधुनिक बुद्धिवाद ने आस्था के जो वैकल्पिक संदर्भ उपजाए थे, वे संदिग्ध हो चुके हैं, और मनुष्य के मन में छाई हुई है गहरी धुंध। प्रगति की अपरिहार्यता, विज्ञान का आश्वासन और राष्ट्र-राज्य की सुरक्षा–आधुनिक बुद्धिवाद से उत्पन्न इन सभी भावनाओं और इनकी आधारभूत संस्थाओं की अपर्याप्तता आज एक यातनादायी सच है। प्रगति का रिश्ता जुड़ गया है–भीतर-बाहर दोनों तरफ की प्रकृति के प्रदूषण से, विज्ञान सिद्ध हुआ है असहिष्णु तानाशाह और राष्ट्रराज्य लगने लगा है एक आरोपित स्वप्न ! ऐसे में, अपने भविष्य के प्रति आश्वस्ति के उत्साह में ईश्वर को पीछे छोड़ आया मनुष्य क्या करे ?

बजाय यह कहने कि यह करे या वह करे; उपरोक्त सवाल के संदर्भ में जो किया जा रहा है, हम उसी को देखें। एक ओर तो जीवन अधिकाधिक उपभोगपरक और इसी कारण प्रतिस्पर्धापरक होता जा रहा है, दूसरी ओर भोग की निरर्थकता बखानने वाले धार्मिक आयोजनों की और गुरुओं-महात्माओं की महिमा बढ़ती चली जा रही है। यह भी दिलचस्प है कि स्वयं इन महात्माओं का जीवन भोग से और इनके आसपास केंद्रित आयोजन शानशौकत से भरपूर होते हैं। कुछ लोगों को ऐसे आयोजन आस्था की शानदार वापसी का प्रमाण भी नजर आते हैं। ऐसी 'शानदार' आस्था को हम आसाराम बापू, मोरारी बापू जैसे कथावाचकों के भव्य आयोजनों में मूर्त होती देखते हैं। आस्था की 'वापसी' का यह शानोशौकत वाला पहलू भी उतना ही गौरतलब है जितना कि

आक्रामकता वाला। जल्दबाजी में हम इसे पाखंड कहकर भी फारिग हो सकते हैं, लेकिन बात इतनी आसान कहाँ ?

जिस धर्म परंपरा के प्रति आस्था वापस लौट रही है, उसके आमतौर से समझे गए सार और इस वापसी के भौतिक परिवेश के बीच अंतर्विरोध है तो सही, लेकिन यह अंतर्विरोध उतना ही पुराना है जितना कि आस्था का सत्ता और अस्मिता में बदलना। ऋषि-मुनि स्वयं तो वैरागी ही होते थे, लेकिन राज और अर्थ की सत्ता से निर्लिप्त नहीं। ईसा मसीह स्वयं गरीब रहे हों, गरीबों के अपने मित्र और मसीहा रहे हों, लेकिन कैथोलिक चर्च जब से 'रोमन' बना तब से उसकी सत्ता और समृद्धि शब्दशः निस्सीम ही रही है। ईसा मसीह चर्च के रूपक बना दिए गए और उनकी दरिद्रता स्थिति विशेष का रूपक। कुछ-कुछ हिंदू धर्म की 'लीला' की तरह। आस्था के सत्ता बनने की प्रक्रिया में वास्तविक को 'लीला' कह दिया जाता है और काल्पनिक को अकाट्य सत्य। आज जिन लोगों के बीच कथा-प्रवचन प्रचलित हैं, उनकी समस्या सचमुच आत्मा के खोखलेपन की समस्या है, लेकिन यह खोखलापन आया कहाँ से ? जिस जीवन-पद्धति से यह खोखलापन उपजता है, उसके सुख हमारी चेतना के रेशे-रेशे में बसे हैं, उसे हम छोड़ नहीं सकते। साथ ही वह जीवन-पद्धति हमें हमारी विलक्षण अर्थवत्ता का अहसास दिलाने में असमर्थ है; सो हमें अपने वास्तविक जीवन से बाहर कुछ चाहिए जो हमें हमारी अर्थवत्ता का बोध कराए। जीवन और सार्थकता के विच्छेद से जन्मी असहायता, आत्मग्लानि और आत्मदया से उपजती है, वह करुण स्थिति जिसे कुछ लोग आस्था की वापसी समझते हैं। इस करुण स्थिति की तुलना हम उन लोगों से करें, जिन्हें अपनी जीवन पद्धति से बाहर आस्था नहीं खोजनी पड़ती; जिनका जीवन स्वयं ही आस्था का अनुष्ठान है। ऐसे लोगों के दैनिक जीवन, उनके जीवन-विवेक और उनके धार्मिक विश्वासों के बीच गहरी एकसूत्रता होती है और इसीलिए उन्हें अपनी आस्था की नुमाइश नहीं लगानी पड़ती। बड़े मशहूर नाम गिनाने की जरूरत नहीं, देखने चलें तो ऐसे लोग हमारे ऐन आसपास भी नजर आ जाएँगे।

आधुनिक बुद्धिवाद से कुछ नई संस्थाएँ उपजीं तो मनुष्य के सामूहिक जीवन को नए सिरे से परिभाषित करने वाली कुछ प्रक्रियाएँ भी। इनके अंतस्संबंध से विकास हुआ आधुनिक अस्मिताओं का, जिनमें से सर्वाधिक महत्त्वपूर्ण और इस वक्त सर्वाधिक संकटग्रस्त अस्मिता है—राष्ट्र। सामूहिक अस्मिता के पारंपरिक माध्यम—धर्म—के दोनों महत्त्वपूर्ण उपादान—सामूहिक स्मृतियाँ और निश्चित सत्तातंत्र—इस आधुनिक निर्मिति 'राष्ट्र' को भी सुलभ रहे। जैसे हर धर्म स्वयं को सनातन और ईश्वरीय मानता है, उसी तरह हर राष्ट्र अपना जन्म इतिहास के एकदम शुरू में मानना चाहता है। इतिहास में राष्ट्र का निर्माण नहीं होता, बल्कि इतिहास तो बस एक सड़क है, जिस पर चलता हुआ कोई राष्ट्र अपना राष्ट्र-राज्य प्राप्त करने के आधुनिक लक्ष्य तक पहुँचता है—यह दावा हर प्रकार का राष्ट्रवादी विमर्श करता है। इस विमर्श के वे रूप जो 'राष्ट्र' को ईश्वर की ही तरह प्रश्नातीत बना देना चाहते हैं, उनका मुख्य लक्ष्य राष्ट्र के नाम पर सामाजिक

सत्ता तंत्र को यथास्थितिवादी बनाए रखना होता है। धर्म के नाम पर या राष्ट्र के नाम पर यथास्थितिवादी विमर्श इसी सत्तातंत्र को आस्था का नाम देते हुए इसके हाशिए पर फेंक दी गई आवाजों के दमन को 'कर्त्तव्य' निरूपित करता है और उन आवाजों के अस्तित्व को आस्था के लिए चुनौती बताता है।

जटिल सा लगने वाला उपरोक्त तर्क ठोस उदाहरणों से एकदम सुबोध हो जाता है। 'सेटेनिक वर्सेज' से जिनकी इस्लामी आस्था खतरे में पड़ती है, उनमें से बहुत से यह जानते तक नहीं हैं कि उक्त उपन्यास में इमाम खुमैनी का भीषण कार्टून प्रस्तुत किया गया है। जब जानते नहीं हैं तो वह पूछने की जरूरत भी नहीं समझते कि रुश्दी के खिलाफ दिए गए फतवे की मूल प्रेरणा पैगंबर के प्रति श्रद्धा थी या उस कार्टून के प्रति खीझ ! तस्लीमा का लेखन इस्लाम को तो क्या खतरे में डालेगा, हाँ, वह पितृसत्ता के प्रति नारी के तीखे क्रोध की अभिव्यक्ति जरूर करता है। आस्था जैसे ही व्यक्तिगत अनुभूति या आंतरिक लगाव से परे किसी विचार, परंपरा या निर्मिति की यथावत स्वीकृति का अर्थ ग्रहण करती है, वैसे ही उसके संकट का स्वरूप बदल जाता है। इस 'संकट' का ही एक रूप वह आभ्यंतरीकृत सेंसरशिप भी है जिसने उन संपादक मित्र को 'आस्था और आलोचना' का उर्दू अनुवाद छापने से रोक दिया था। इस रूप में संकट आस्था का नहीं, अस्मिता का बन जाता है, बल्कि कहना चाहिए कि विभिन्न अस्मिताओं के बीच संघर्ष का !

आधुनिकता के साथ विकसित हुए आस्थातंत्रों का संकट भी अस्मिताओं के आत्मरेखांकन से ही उत्पन्न हुआ है। जातीय (एथनिक) पहचानें राष्ट्र को इतिहास का स्वाभाविक विकास मानने के लिए अब तैयार नहीं, नारीवादी आत्मचेतना 'वर्ग' को एक मात्र प्रामाणिक पहचान मानने के लिए तैयार नहीं; समलैंगिक समूह परिवार को सामाजिक संगठन का एकमात्र आधार मानने के लिए प्रस्तुत नहीं। विडंबना यह है कि आधुनिकता के भौतिक आधार—औद्योगीकरण—का प्रामाणिक विकल्प आधुनिकता के किसी भी प्रतिवाद के पास सुलभ नहीं। दूसरे शब्दों में, आधुनिकता के आस्था केंद्र संदिग्ध अवश्य हुए हैं, लेकिन वैकल्पिक आस्था केंद्र फिलहाल नजर नहीं आते। ऐसे में यह अस्वाभाविक नहीं कि मनुष्य अपनी विशिष्ट परंपराओं में आस्था के लिए लौटे। 'प्राकृतिक' से सांस्कृतिक बनने के क्रम में जो एक चीज सभी सभ्यताओं में मनुष्य ने अर्जित की है; वह है अपने आपको किसी बृहत्तर अनुभव से जोड़ने की आकांक्षा। वह बृहत्तर अनुभव चाहे ईश्वर की प्राप्ति हो, या सत्य की, जीवन के अर्थ की खोज हो या शोषणमुक्त समाज की। ऐसे बृहत्तर अनुभव की आकांक्षा का आस्था के दोनों रूपों से गहरा संबंध है; और यही कारण है कि जब ऐसे अनुभव मात्र के प्रति संदेह का भाव जागने लगे तो मानव-मन छटपटा उठता है। जो लोग 'आस्था' को सत्तापरक आशय से अलगाने में सफल हों; उनके लिए आस्था का संकट एक सामाजिक तथ्य होते हुए भी उनकी अपनी आत्मा का सत्य नहीं बनता। किसी गाँधी, किसी श्वाइट्जर, किसी मार्टिन लूथर किंग की आंतरिक आस्था तमाम बाहरी उथल-पुथल के बावजूद

संकटग्रस्त नहीं होती। वजह यह कि ऐसे लोग आस्था का संदर्भ मानवीय विवेक को बनाते हैं; किसी डॉग्मा, किसी विचार या किसी निर्मिति को नहीं। जो लोग आस्था के इस सूक्ष्म मर्म को नहीं समझ पाते, वे असल में सत्तातंत्र के प्रति अपने असंतोष या उसमें अपने न्यस्त स्वार्थ के संकट को आस्था के संकट का नाम देने की भूल या चतुराई करते हैं।

मानवीय विवेक अर्थात् ऐसे मानस की स्वीकृति जो अब तक के ऐतिहासिक अनुभव के आधार पर जान सके कि **एक, सत्य का कोई पाठ अंतिम नहीं हो सकता** अर्थात् श्रेष्ठ से श्रेष्ठ विचार को आलोचना और संवाद के लिए तत्पर रहना चाहिए, **दो, जन्म से किसी की ऊँचाई-नीचाई निर्धारित नहीं हो सकती** अर्थात् जो परंपराएँ इस तरह की जन्मगत ऊँच-नीच को किसी भी रूप में स्वीकारती हैं, उन्हें आत्मरूपांतरण के लिए प्रस्तुत रहना चाहिए। यह विवेक ही अमूर्त विचारणा से लेकर ठोस जीवन स्थितियों तक के धरातल पर प्रामाणिक आस्था का वास्तविक संबल है। धूम-धाम की धार्मिकता हो या आक्रामकता की—वह आस्था की वापसी नहीं—आस्था के उपभोक्तावाद की वापसी है।

असल में, संकट आस्था और विवेक को विच्छिन्न बल्कि विरोधी मान लेने से ही उपजता है। विवेक शुष्क तर्क का पर्याय नहीं। वह सब कुछ को गणितीय प्रमेय की तरह 'सिद्ध' करने की माँग नहीं करता। वह ऐसे बहुत कुछ को सहज़ रूप से स्वीकार करता है, जो यथातथ्यतावादी तर्क की दृष्टि से अतार्किक ठहरे। मसलन प्रतिमा या प्रतीक में ईश्वरबुद्धि या स्वयं ईश्वर का अस्तित्व ही। इन्हें तर्कहीन ठहराकर व्यर्थ ठहराना विवेक का प्रयोजन नहीं। स्वीकार करना चाहिए कि जीवन में सिर्फ एक नहीं अनेक तर्क होते हैं। उनमें से वरीय कौन—यह किसी तर्क की सर्वोच्चता से कैसे तय करें ? जीवन के व्यावहारिक तर्क की दृष्टि से प्रेम कई बार आत्मघातक प्रतीत होता है और प्रेम के तर्क की दृष्टि से व्यावहारिक जीवन तुच्छ और मूर्खतापूर्ण ! जो प्रेम कर रहा हो, वह तो अपने लिए फैसला स्वयं कर ही लेगा, लेकिन उस फैसले का नैतिक मूल्यांकन कोई और किस आधार पर करे ?

यही सवाल तनिक सा रूप बदलकर ईश्वर के संदर्भ में सामने आ जाता है। दुनियादारों की निगाह में अधिकांश साधक पागल ही तो थे, और हैं। ईश्वर के प्रति अविच्छिन्न अनुराग का तर्क कहीं-न-कहीं मर्यादा और व्यवहार के तर्क को काटता तो है ही, इनके बीच वरीयता का निर्धारण कैसे करें। फिर से, यह समस्या फिलहाल भक्त के दृष्टिकोण से नहीं, उसके दृष्टिकोण से विचारणीय है, जो मूल्यांकन का विवेक विकसित करना चाहता है।

इसीलिए, तर्क और विवेक में अंतर करना चाहिए। विवेक में संकीर्ण शुष्कता नहीं, खुलेपन की सरसता अपेक्षित है; ऐसी सरसता आस्था के मूलभूत आशय—तर्केतर के प्रति लगाव या व्यक्ति विशेष के प्रति तर्केतर लगाव (जैसा प्रेम में होता है) को एक नैतिक आयाम प्रदान करेगी। ऐसी विवेक-समृद्ध आस्था समाजसत्ता को और अधिक

प्रशस्त बनाएगी; हमारे समय के वास्तविक संकट से टकराने का आत्मबल हमें प्रदान करेगी।

आधुनिक बुद्धिवाद की सीमाएँ उजागर होने के इस दौर में, आस्था के विकट सत्तातंत्र बनने के इस दौर में, अस्मिताओं के टकराव के इस दौर में; सरस विवेक और विवेक संपन्न आस्था के प्रति इतनी आस्था तो हम रख ही सकते हैं।

[1999]

भक्ति संवेदना और कबीर : कुछ उधेड़-बुन

11

भक्ति संवेदना : शास्त्र और काव्य का मुखामुखम

स्वप्न एक पवित्र पोथी है, और बहुत सी पवित्र पोथियाँ स्वप्न के सिवाय कुछ नहीं हैं।

—अम्बर्टो ईको

समूचे मानवीय अनुभव के किसी खास कोने तक सीमित रहने से जिद भरा इनकार—यह सर्जनात्मक साहित्य की अद्भुत विशेषता है। साहित्य की आकांक्षाओं का आकाश अनंत है। ऐतिहासिक नियति का साक्षात्कार हो या व्यक्तिगत घुटन का; नितांत समकालीन सवाल हो या शाश्वत जिज्ञासाएँ, किसी को इस आकाश के बाहर नहीं किया जा सकता। अपनी तथा अन्यों की हदों को लेकर बेहद चौकन्ने विभिन्न अनुशासनों के जगत में साहित्य ऐसा विश्व नागरिक है जो वीसा पासपोर्ट की परवाह किए बगैर हदें उलाँघता रहता है। इसी उद्दंडता का परिणाम है कि 'दार्शनिक राजाओं' के 'गणतंत्रों' से साहित्य को या तो बाहर ही कर दिया जाता है, या फिर किसी तरह बर्दाश्त भर कर लिया जाता है।

इस देशनिकाले का कारण है—दार्शनिक धरातल पर 'सत्य' तथा 'मूल्य' के विवेचन और सामाजिक धरातल पर आदर्श व्यवस्था के सुचारु संचालन में साहित्य की भूमिका विध्वंसकारी मानी गई है। प्लेटो से लेकर स्तालिन तक साहित्य की नीयत और प्रभाव पर संदेह करने की परंपरा रही है। प्लेटो की परेशानी यह थी कि कविगण देवताओं को आदर्श रूप में चित्रित करने की बजाय उन्हें मनुष्यों जैसा ही ईर्ष्यालु, हिंसक तथा दुष्ट बनाकर पेश करते हैं। 'बुरे काम का बुरा नतीजा' दिखाने की बजाय अन्यायी लोगों को ऐश करता दिखाते हैं। दूसरे शब्दों में, 'आदर्श' व्यवस्था का निर्माण करने में सहयोग देने की बजाय दुखदायी विडंबनाएँ उजागर करते हैं। स्तालिन की माँग यह थी कि कवि कलाकार 'मानव आत्मा के शिल्पी' बन तो जाएँ, लेकिन 'शिल्प' के नक्शे पर बहस करने की जुर्रत न करें। नक्शा रूल्ड क्लास के आइडियोलॉग ही देंगे, कवि का काम सिर्फ अनुगमन करना है।

सर्जनात्मक साहित्य के स्वभाव में आखिर ऐसा क्या है कि हरेक रंगरूप के सर्वसत्तावादी मिजाज को इससे असुविधा होती ही होती है ? वह मिजाज चाहे दार्शनिक राजा का हो, चाहे कमिसार का; दैवी वचन के स्वामी बने बैठे अयातुल्लाहों का हो, चाहे

वर्णाश्रम धर्म को ही लोकधर्म मानने वाले आचार्यों का। ऐसे मिजाज की समझ से, ज्ञान के विविध अनुशासनों में तो फिर भी आवाजाही हो सकती है, लेकिन साहित्य का तो काम ही 'अन्य' द्वारा अर्जित एवं निरूपित सत्य को भावगम्य बनाने भर तक सीमित है। इसका यह भी अर्थ हुआ कि सत्य के निरूपण, उसकी सामाजिक परिणतियों, उसकी पद्धतियों तथा उससे जुड़े मूल्यों की समस्याएँ साहित्य के स्वाभाविक क्षेत्र से बाहर हैं। इनमें से किसी के भी प्रसंग में साहित्य न तो कोई नया प्रस्थान प्रस्तुत कर सकता है न ही कोई प्रामाणिक सवाल उठा सकता है। यही वह मूलभूत पूर्वग्रह है जिसकी परिणति ऐसी महीन तथा अनंत बहसों में होती है कि 'कबीर शांकराद्वैत से प्रभावित थे या विशिष्टाद्वैत से ?' 'प्रेमचंद को गाँधीवाद से अधिक प्रभावित माना जाए अथवा आर्यसमाज से ?' ऐसे सवालों की बनावट में ही यह मान्यता निहित है कि अन्य अनुशासनों की तो परस्पर क्रिया प्रतिक्रिया होती है साहित्य केवल प्रभावित होता है। सत्य के अनुसंधान में लगे अन्यों तथा भावना में डूबे साहित्य के बीच ऐसा वन वे ट्रैफिक चलता है कि विचार, मूल्य तथा प्रस्थान बिंदु सिर्फ अन्यों से साहित्य की ओर आते हैं। साहित्य का अपना कोई वैध प्रस्थान ही नहीं हो, तो वह अन्यों के सत्यानुसंधान को भला क्या प्रभावित करेगा ? यह तो बात ही व्यर्थ की है कि साहित्य मानवीय स्थिति के बारे में कोई नया बोध देकर अन्यों को आत्मनिरीक्षण तथा रूपांतरण के लिए बाध्य करे।

'सत्य' की अवधारणा को ज्ञान तथा अनुशासनबद्ध विचार पद्धति तक सीमित कर, कला एवं साहित्य के सत्य को सिर्फ भावनात्मक मानने और अनुगमन को ही साहित्य का धर्म मानने का यह पूर्वग्रह यूरोपीय चिंतन परंपरा में शुरू से मौजूद रहा है। रेनेसाँ के बाद ऐतिहासिक कारणों से यह पूर्वग्रह विश्वव्यापी बनता चला गया। हमारी अपनी बौद्धिक परंपरा में भी, भारत व्याकुल लोगों से लेकर वामपंथी विचारकों तक में जीवनानुभव की व्याख्या और ज्ञान के प्रसंग में साहित्य की अनुगमनधर्मिता—पर अद्‌भुत सहमति देखी जा सकती है। प्रसंगवश, संस्कृत काव्यशास्त्र की चिंतन परंपरा में साहित्य विवेचन का संदर्भ ही अलग है; वहाँ सत्य नहीं आनंद के प्रसंग में काव्य पर विचार किया गया है, लेकिन फिर आनंद का महत्त्व भी ठीक उतना ही है, जितना कि सत् और चित् का। बहुत सारे भारतव्याकुल-विमर्श की विडंबनापूर्ण अभारतीयता को समझने के लिए इस बात को ध्यान में रखना आवश्यक है। खैर।

मानवीय स्थिति की पड़ताल के स्वायत्त प्रस्थान के रूप में साहित्य का नकार, अंतर्दृष्टि से संभव होने वाली सत्य (दार्शनिक और सामाजिक) की कौंध की अस्वीकृति—मजे की बात यह है कि यह स्वयं साहित्य विवेचकों तक का संस्कार बन चुका है। अन्य के प्रसंग में साहित्य के सर्जनात्मक और आलोचनात्मक पक्षों के बीच जबर्दस्त विरोधाभास दीखता है। यहाँ तक कि सर्जना के क्षण में ज्ञानमीमांसा तथा मूल्यमीमांसा के प्रदत्त प्रस्थानों से स्वायत्त हो जाने वाले लेखक भी जब आलोचना लिखते हैं तो कई बार वे या तो विचार से छुट्टी ही पा लेना चाहते हैं या फिर आलोच्य कृति को धमकाने लगते हैं कि वह अपने विचार का गोत्र साफ-साफ बयान करे।

दरअसल, सर्जनात्मक क्षण में लेखकीय मन शब्द की महिमा के सघन साक्षात्कार से गुजरता है। साक्षात्कार इस बात का कि साहित्य का माध्यम शब्द सिर्फ अभिव्यक्ति का माध्यम नहीं है। वह सिर्फ भावनात्मक अनुभूति या कल्पसृष्टि भर का माध्यम भी नहीं है। शब्द बतौर शब्द के बोध और अहसास का भी माध्यम है। वह एक साथ ही तथ्यकथन, सूचना, संप्रेषण, अनुभूति और कल्पसृष्टि, विवेचन और विश्लेषण सबका माध्यम है। सर्जनात्मक उपयोग के लिए चुने गए एक-एक शब्द में विशद अर्थ और उससे भी कहीं अधिक अर्थों की संभावनाएँ मौजूद हैं। जिस गतिविधि के माध्यम ही को नपे-तुले क्षेत्र तक सीमित करना असंभव हो, उसके लिए मानवीय अनुभव का कौन सा क्षेत्र वर्जित प्रदेश हो सकता है ? किसकी छवि अन्य की छवि हो सकती है ? माध्यम की विशेषता के अलावा भी साहित्यिक सर्जनात्मकता ठोस स्थितियों का अंकन भी करती है और उनका विश्लेषण भी; वर्णन भी करती है और अर्थ का विशिष्ट संयोजन भी। बेशक, भाषा की अनेकविध प्रविधियों के जरिए साहित्य चित्र बनने की लालसा भी व्यक्त करता है, और संगीत सरीखा अमूर्त, सघन प्रभाव संभव करने की आकांक्षा भी। लेकिन वस्तुतः चाहकर भी साहित्य न तो अर्थशास्त्र का ठंडापन प्राप्त कर सकता है, न संगीत का अमूर्तन। उसकी नियति कहिए या धर्म, साहित्य तो ऐसे अनेक अतिरेकों के बीच मनुष्य की अपरिभाषेय, जीवंत और ऊष्म समग्रता से जूझता ही रहता है। उसके लिए न विचार से विदाई संभव है और न समग्रता के नैतिक दायित्व से मुक्ति।

साहित्य के धर्म और शब्द की महिमा का यह साक्षात्कार जो सर्जनात्मक साहित्य को स्वायत्त प्रस्थानों की खोज के लिए उकसाता है—क्या आलोचना प्रक्रिया को प्रभावित नहीं करता ? असल में, कविता यदि सांस्कृतिक प्रक्रिया है (अधिकांशतः कवि के अनजाने ही) तो आलोचना सांस्कृतिक रणनीति है। ऐसी रणनीति जो सांस्कृतिक प्रक्रियाओं से कहीं अधिक आत्मसजग रूप से जुड़ी होती है। इस आत्मसजगता की दो संभावनाएँ स्पष्ट हैं—एक—साहित्य को जीवन की व्याख्या का अन्यों जैसा ही वैध प्रस्थान मानते हुए उसकी समस्याओं और संभावनाओं पर विचार, और दो—साहित्य को अनुगमनधर्मी मानते हुए रचना की साहित्यिकता का मूल्यांकन साहित्यिक प्रतिमानों पर तथा महानता का मूल्यांकन साहित्येतर प्रतिमानों पर। कहने की आवश्यकता नहीं कि इस दूसरी संभावना में साहित्यिकता रूप और संरचना तथा भावना और प्रभाव तक सीमित हो जाएगी और महानता का संदर्भ ईसाइयत, वर्णाश्रम, राष्ट्रवाद या साम्यवाद से निर्धारित होगा। दूसरे शब्दों में, ऐसी आलोचना साहित्यिक सर्जनात्मकता के अपने दबावों की उपेक्षा कर उसे किसी-न-किसी अन्य प्रस्थान के अंतर्गत लाने, अर्थात् अनुशासित करने का प्रयत्न करेगी।

आत्मसजग सांस्कृतिक रणनीति होने के नाते सामाजिक सत्ता संघर्ष में आलोचना की पक्षधरता कहीं अधिक स्पष्ट होती है। यह पक्षधरता यदि सर्जनात्मक साहित्य की अंतर्दृष्टि को जीवन से मुठभेड़ का वैध और प्रामाणिक प्रस्थान मानकर चले तो मूल्यांकन तथा व्याख्या को साहित्य एवं समाज में से एक को चुनने की मजबूरी से नहीं गुजरना

पड़ेगा। तब साहित्यिकता केवल रूप या भावना तक सीमित नहीं रह पाएगी, बल्कि साहित्यिकता के विवेचन का एक मुद्दा यह भी होगा कि रचना अपनी अंतर्दृष्टि से सत्य को प्रभावित और अन्यों को रूपांतरित किस हद तक कर पाई है। लेकिन यदि आलोचना की पक्षधरता का संदर्भ केवल सामाजिक शक्ति संघर्ष तक सीमित हो, तो फिर वह रचना की महानता का निर्धारण अपनी पसंदीदा विचारधारा के पूर्वग्रहों के ही आधार पर करेगी। तब प्रस्थान बिंदु अन्य से निःसृत होगा, रचना सिर्फ अनुकूल या प्रतिकूल कहलाएगी। इस तरह की आलोचना को स्वीकृति भी साहित्येतर कारकों के चलते ही अधिक मिलती है और जब ऐसी अन्याभिमुख आलोचना समाज के प्रभु वर्ग की राजनीति के अनुकूल हो, तो उसे 'कल्चरल कॉमनसेंस' बनने में भी बहुत देर नहीं लगती।

साहित्य की आत्मविश्वासहीन अन्याभिमुखता केवल साहित्य का ही आत्मक्षय करे, सो बात नहीं; वह तो समूचे सांस्कृतिक विवेक को धुँधला देती है। साहित्य की विरासत हो या समकालीन रचना, उसके अपने धर्म की उपेक्षा कर जब उसे किसी नियामक विचारधारा के अंतर्गत एप्रोप्रिएट करने की कोशिश की जाती है तो समाज के आलोचनात्मक विवेक की आवाज प्रभु वर्ग की राजनीति के जंगल में खो जाती है। साहित्य की जो आवाज मनुष्य के पक्ष से व्यवस्था पर प्रश्नचिह्न लगाए उसे आलोचना की सांस्कृतिक रणनीति केवल गैरमहान ही नहीं, अप्रामाणिक अप्रासंगिक और परकीय भी करार दे देती है। प्रभु वर्ग की सुविधा के लिए विरासत को एप्रोप्रिएट करने वाली रणनीति की लपेट में रचना तो क्या, रचनाकार का वंश तक आ जाता है। सुधीजन निश्चयपूर्वक घोषणा कर देते हैं कि "कबीर की शिराओं में ब्राह्मण नहीं तो हिंदू रक्त अवश्य ही प्रवाहित हो रहा था।" ऐसे निर्दोष दिखने वाले वक्तव्य असल में क्या कर रहे होते हैं—हमारे समाज की जाति प्रथा, लोक और शास्त्र के द्वंद्व के संदर्भ में किस तरफ और क्यों खड़े हो रहे होते हैं क्या यह स्पष्ट नहीं है ?

हिंदी भाषी मध्य-वर्ग का ऐतिहासिक, सांस्कृतिक व साहित्यिक कॉमनसेंस जिन पूर्वग्रहों को रूपायित करता है—वे आचार्य रामचंद्र शुक्ल की आलोचना में अत्यंत व्यवस्थित रूप से व्यक्त हुए हैं। भक्तिकाव्य शुक्लजी की आलोचना का मुख्य उपजीव्य था। इस काव्य की सबसे विलक्षण बात ही यह है कि इसने भावुक भक्त की संवेदना को सत्य की खोज और उसके निरूपण का उतना ही प्रामाणिक प्रस्थान माना जितना कि आचार्यों का ज्ञान तथा वेद था। भारतीय साहित्य ही नहीं, ज्ञानमीमांसा के क्षेत्र में भी यह अभूतपूर्व स्थिति थी कि 'अनिर्वचनीय प्रेमस्वरूप' (अर्थात् भक्ति) के पक्ष से कोई यह तेजस्वी घोषणा करे; 'प्रमाणांतरस्यानपेक्षत्वात् स्वयं प्रमाणत्वात्' (नारदीय भक्ति सूत्र, 59) भावजनित सर्जनात्मकता को वैध प्रस्थान के रूप में इस अकुंठ ढंग से रेखांकित करने के आशय मूलगामी भी थे और दूरगामी भी। स्वाभाविक ही था कि श्रेष्ठ भक्ति रचनाएँ आस्थावान् पाठकों के बीच अन्य से प्रभावित काव्य कर्म भर न मानी गईं। 'रामचरितमानस'

हो या 'बीजक', 'ज्ञानेश्वरी' हो या 'गीतगोविन्द' ये सब ज्ञान के संदर्भ में दूसरे दर्जे की रचनाएँ कम-से-कम उनके द्वारा नहीं मानी जातीं, जिनके लिए रची गई हैं। वे सत्य तथा जीवनानुभव की व्याख्याओं का आर्ष ग्रंथों जैसा ही प्रामाणिक प्रस्थान प्रस्तुत करती हैं जो कि सर्जनात्मक होने के नाते कहीं अधिक आत्मीय भी है। वैष्णव धर्म और साहित्य की जिस मूलभूत एकता की बात आचार्य हजारीप्रसाद द्विवेदी करते हैं, वह सर्जनात्मक शब्द के अन्य के साथ—तेजस्वी मित्रवत् संवाद की ही तो परिणति है। इस संवाद ने आध्यात्मिक से लेकर सामाजिक धरातल तक सारे महत्त्वपूर्ण प्रस्थानों पर पुनर्विचार का विलक्षण दबाव उत्पन्न कर दिया। भक्तिकाव्य के बाद न तो ईश्वर वही रह गया, जो पहले था, और न ही मनुष्य का आत्मबोध वैसा रह गया, जैसा पहले था। समाज के हाशिए पर फेंक दिए गए लोगों, अछूतों तथा स्त्रियों को तीखे सवाल पूछने का मुहावरा और अपनी खुद की ही नहीं, सारे अस्तित्व की समस्याओं पर बोलने के लिए शब्द मिल जाएँ—यह सिर्फ संयोग नहीं था। सामाजिक शक्तियों की उथल-पुथल को अभिव्यक्त करने वाला मुहावरा चाहे जहाँ से नहीं आ सकता था। वह भक्ति से ही विकसित हो सकता था, क्योंकि यहाँ बहुत विनम्र दृढ़ता के साथ ज्ञान की अवधारणा मात्र का एक समग्र विकल्प प्रस्तुत किया जा रहा था। प्रभुओं के सुपरिभाषित, व्यवस्थित लेकिन अन्यायी सत्य के बरक्स अटपटे, अव्यवस्थित लेकिन अंतर्दृष्टि और सहज बोध से परिचालित, न्याय के लिए छटपटाते सत्य का विकल्प।

ऐसे प्रखर, तेजस्वी सांस्कृतिक सर्जन को उपजीव्य बनाकर चलने वाली आचार्य रामचंद्र शुक्ल की आलोचना इसके साथ क्या सलूक करती है और क्यों ? शुक्लजी की मान्यताएँ दो टूक हैं। उनके अपने शब्दों में, ''भागवत धर्म या वैष्णव धर्म की जो परंपरा भारतवर्ष में चली उसमें ज्ञान का स्थान अलग रहा है और प्रेम या भक्ति का अलग। प्रत्येक संप्रदाय के ज्ञानपक्ष या सिद्धांत पक्ष का प्रतिपादन आचार्य लोग करते थे और प्रेम या भक्ति भाव का जनता में संचार आड़वार लोग भजन-कीर्तन द्वारा करते थे।'' (सूरदास, ना. प्र. सभा, पृ. 16) सिद्धांतकार और प्रचारक की इस साफ-सुथरी कल्पना में यह व्यंजक सच्चाई गायब हो गई है कि रामानुजाचार्य ने अपनी दार्शनिक अवधारणाएँ भजन कीर्तन करने वाले आड़वारों के पदों से ही विकसित की थीं और इन पदों को निस्संकोच पंचम वेद का दर्जा दिया था। रामानुजाचार्य के इस काम का महत्त्व समझने के लिए जरूरी है कि याद रखा जाए कि ब्राह्मण परंपरा में रचे-पगे किसी आचार्य के लिए वेद का क्या महत्त्व होता है। कितनी मनोरंजक है यह स्थिति कि मध्यकालीन ज्ञानी आचार्य बिना किसी झिझक के, शूद्रों, स्त्रियों की सर्जनात्मकता में निहित प्रज्ञा की कौंध को वेद जैसा ही महत्त्व दें और आधुनिक आचार्य फतवा दें कि ''भवत अपने ध्यान या भाव की मग्नता में भगवान के संबंध में किसी नई बात का, उसके किसी ऐसे स्वरूप का जिसका निरूपण कहीं न हुआ हो, उद्घाटन नहीं करता।'' (वही, पृ. 18) कोई ताज्जुब की बात नहीं कि 'अंतर्जामिहु ते बड़ि बहरजामी हैं राम' कहने वाले तुलसीदास के संदर्भ में शुक्लजी लगभग बचाव की मुद्रा में बताते हैं कि बहिर्यामी की उद्भावना

असल में 'तैत्तिरीयोपनिषद्' में वर्णित अन्नरूप ब्रह्म की उपासना का पुनर्कथन भर है। जब ब्रह्मनिरूपण जैसे गंभीर काम की औकात ही साहित्य के पास नहीं है, तो कवि की अपनी उद्‌भावना को सच की स्वाधीन संभावना भला कैसे माना जाए ? फिर कवि तुलसीदास ही क्यों न हों। प्रसंगवश दर्शन के आचार्य आर. डी. रानाडे 'बहिर्यामी' ब्रह्म की निष्पत्तियों पर विचार करते हुए इसे भारतीय दर्शन के विकास में कवि तुलसी का अपना मौलिक योगदान मानते हैं।

शुक्लजी के अनुसार, तुलसीदास हिंदू जाति को जीवन-रसायन देने वाले कवि थे, वे सच्चे लोकधर्म (वर्णाश्रम) के उन्नायक कवि थे। आदर्श कवि थे। लेकिन सवाल साहित्य के स्वाभाविक धर्म के बारे में शुक्लजी की धारणा का है। इस धारणा में आध्यात्मिक या सामाजिक संदर्भ में साहित्य कोई नया प्रस्ताव कर ही नहीं सकता इसलिए शास्त्रों के सत्य की हमारी व्याख्या में जिसकी संगति किसी तरह बैठाई जा सके वह भारतीय भक्ति मार्ग के स्वाभाविक विकास का एक अंग है, और जिसकी न बैठाई जा सके उसकी बानियों में कोई 'दार्शनिक व्यवस्था खोजने का प्रयत्न ही व्यर्थ है।' यही नहीं, वह अभारतीय है, रहस्यवादी है, यहाँ तक कि 'लोकविरोधी नहीं तो लोकविद्वेषी' (गोस्वामी तुलसीदास, ना. प्र. स., पृ. 16) अवश्य है।

भक्तिकाव्य के बारे में प्रचलित कॉमनसेंस की यह अद्‌भुत सफलता है कि इस बात पर ध्यान ही नहीं दिया गया कि भक्ति की अपनी सर्जनात्मकता का तो ऐसा कोई दबाव है नहीं कि उसे 'भारतीय भक्ति मार्ग के स्वाभाविक विकास' और 'सामी धर्मों से प्रेरित रहस्यवाद' में विभाजित करना आवश्यक हो। विडंबना तो यह है कि आचार्य हजारी प्रसाद द्विवेदी तक कबीर की भारतीयता कमोबेश उन्हीं शर्तों पर निरूपित करते हैं जो शुक्लजी ने निश्चित कर दी थीं। द्वैताद्वैत विलक्षणवाद को कबीर का दार्शनिक प्रस्थान निरूपित करने की सीमा तक। इस कॉमनसेंस में भारतीयता और वर्णाश्रमपरक ब्राह्मण धर्म को पर्याय नहीं तो अन्योन्याश्रित अवश्य मान लिया गया है। इस वर्णाश्रमपरकता का अनुगमन या 'भीतर से सुधार' ही भक्ति काव्य का नैतिक आदर्श होना चाहिए—मूल्यांकन का यह नॉर्म भी इसी कामनसेंस की देन है, भक्तिकाव्य के अपने स्वभाव की परिणति नहीं। उल्टे, भक्तिकाव्य ही नहीं भक्ति दर्शन तक के अस्तित्व का तर्क ही था मूल्यमीमांसा के नए प्रस्थानों की खोज का आग्रह। नारद के भक्तिसूत्रों में भक्ति 'त्रिसत्यस्य गरीयसी' (सूत्र 81) ही नहीं 'निरोधस्तु लोकवेदव्यापारन्यासः' (सूत्र 8) कहकर भी परिभाषित की गई है। माया से तरने की चिंता नारद को भी है, लेकिन उनके अनुसार तरते वही हैं जो वेदों का भी परित्याग कर केवल अविच्छिन्न अनुराग लाभ करें (कस्तरति कस्तरति मायाम् ?—यो वेदानपि सन्नयस्यति केवलमविच्छिन्नानुरागं लभते। स तरति स रित स लोकांस्तारयति'—सूत्र 46-50)

दर्शन के अपने क्षेत्र में भी ये घोषणाएँ क्रांतिकारी ही थीं, लेकिन काव्य संवेदना में घुलते-घुलते तो भक्ति ने सर्जनात्मक शब्द के स्वराज के अभूतपूर्व आग्रह का रूप ले लिया। काव्य के रूप में यह आग्रह इतना तेजस्वी था कि उसने अन्य प्रस्थानों का

अनुगमन नहीं, उनके साथ बराबर की हैसियत से संवाद किया। स्वयं भक्तिशास्त्रों की पारिभाषिक शब्दावली के आशय मौलिक रूप से बदल डाले। कबीर की तो बात ही क्या, तुलसी तक की नवधा भक्ति वही नहीं है जो शास्त्रों में बताई गई है। 'भागवत' (7, 5.23-24) की नवधा या नारदीय भक्ति सूत्रों (सूत्र 82) की एकादशधा भक्ति भगवान के प्रति समर्पण को अभिव्यक्त करने की विधियाँ भर सूचित करती है, जबकि भक्तों की नवधा भक्ति में भक्त-भगवान के संबंध के साथ ही गूँथ दिया गया है—मनुष्य मनुष्य के संबंध का नया प्रस्ताव। सवाल इस प्रस्ताव के विविधरूपों को स्वीकार अस्वीकार करने का नहीं है। सवाल है, इसकी उपस्थिति की उपेक्षा न करने का। शबरी के आग्रह पर नवधा भक्ति का निरूपण करते तुलसी के राम, सारे जगत को भगवत्स्वरूप देखने की बात करते हैं। कपटहीन जीवनाचरण पर बल देते हैं, और गुरु के महत्त्व को रेखांकित करते हैं। जबकि 'भागवत' या 'भक्तिसूत्र' गुरु का उल्लेख तक नहीं करते। फिर से सवाल तुलसी के मूल्यों, प्रतिमानों को स्वीकार-अस्वीकार करने का नहीं, बल्कि इस बात का मर्म समझने का है कि कितने सहज, स्वाभाविक ढंग से अहैतुक आत्मसमर्पण का विस्तार सामाजिक मूल्यसरणि में कर दिया गया है।

भक्तिकाव्य सर्जना और प्रभाव दोनों ही के अर्थों में जनसाधारण की प्रज्ञा का विस्फोट था। इसके आरंभिक रूप (अर्थात् निर्गुण काव्य) में एक वैकल्पिक विश्वदृष्टि खोजने की कसमसाहट कहीं प्रखर रूप में मिलती है। वहाँ भक्ति की दार्शनिक प्रपत्तियों को बिना लाग-लपेट के सामाजिक परिणतियों तक पहुँचाया गया है। लोकधर्म का अभिप्राय यदि वर्णाश्रम तक ही सीमित माना जाए तो निर्गुण कवि आत्मसजग रूप से लोकविरोधी थे, लेकिन यदि शास्त्रवर्णित लोक के समानांतर आम लोगों के अपने अनुभवों का भी कोई लोक होता हो तो निर्गुण कविता बहुत, बहुत गहरे अर्थ में लोकधर्मी कविता है। वह किसी भी अन्य से इकहरा प्रभाव ग्रहण करने की बजाय सहजबोध और अंतर्दृष्टि के बल पर दिक्कत तलब और गौरतलब जिज्ञासाएँ करती है। इसी कारण उसे रद्द करना या विदेशी करार देना शास्त्रीयतावादी रणनीति की सबसे बड़ी चुनौती रही है। बहरहाल, यह बात तो समूची भक्ति संवेदना के संदर्भ में बेखटके कही जा सकती है कि अपने आदर्श तथा व्यवहार दोनों ही धरातलों पर वह अन्याभिमुखता का उदाहरण नहीं बल्कि शास्त्र और काव्य के मुखामुखम का प्रेरणादायी रूप प्रस्तुत करती है।

भक्ति के अपने शास्त्र हैं। फिर काव्यों को प्रमाण की, शास्त्र की गरिमा भक्ति के अपने विमर्श में प्राप्त रही है। चैतन्य महाप्रभु और राय रामानन्द के वार्तालाप में 'गीत गोविन्द' को 'भागवत' के ही समान वैध प्रमाण के रूप में प्रस्तुत किए जाने का उल्लेख आचार्य हजारीप्रसाद द्विवेदी ने किया है। इसका अर्थ यह नहीं कि अन्य शास्त्रों से भक्ति का कोई संबंध ही नहीं है। लेकिन यह संबंध दो बराबर वालों के संवाद का संबंध है, न कि ज्ञानी मार्गदर्शक और भावुक अनुयायी का। भक्ति की शब्दावली प्राचीन काल से सुलभ रही है, लेकिन मुद्दा सुलभ शब्दों के अर्थबोध के मूलगामी रूपांतरण कर देने का है। यह रूपांतरण दोहरी प्रक्रिया में हुआ। एक तो भक्ति के अपने दर्शन

की प्रक्रिया, जिसमें वेद के प्रति बस औपचारिक निष्ठा प्रकट करते हुए स्वायत्त प्रस्थान के रूप में भक्ति का रेखांकन हुआ। दूसरी, भक्ति के दर्शन की जनआकांक्षाओं तथा सर्जनात्मकता के साथ अंतःक्रिया, जिसमें काव्यरूपा संवेदना ने स्वयं भक्ति दर्शन के आशय का दार्शनिक तथा सामाजिक विवेचन के संदर्भ में विस्तार किया।

इस जटिल सांस्कृतिक प्रक्रिया तथा भक्ति की सर्जनात्मकता को ऐसे अन्याभिमुख मूल्यांकन के जरिए नहीं समझा जा सकता जो न तो शास्त्रबद्ध सत्य के बरक्स लोकधर्मी सत्य को बर्दाश्त कर पाए और न ही सर्जनात्मक शब्द की अपनी ज्ञानमीमांसा को। इस अन्याभिमुखता के बरक्स आचार्य आर. डी. रानाडे की यह स्थापना खासी विचारोत्तेजक है कि यह "मध्यकालीन रहस्यवाद किन्हीं प्रदत्त दार्शनिक अवधारणाओं पर नहीं टिका है। यह आत्मनिर्भर है।" ('पाथ वे टू गॉड इन मराठी लिटरेचर' भारतीय विद्या भवन, 1961, पृ. 1) दार्शनिक अवधारणाओं (फिलॉसफिकल कंस्ट्रक्ट्स) से रानाडे का अभिप्राय ब्रह्म के उन्हीं निरूपणों से है, जिन्हें भजन-कीर्तन के द्वारा भावगम्य बनाना ही, भक्ति काव्य का स्वाभाविक धर्म माना गया था। यही नहीं, विदेशी परंपरा के रहस्यवादी निर्गुणियों की तो बात ही क्या, 'हिंदू जाति को अपूर्व जीवन रसायन देने वाले' तुलसीदास के बारे में भी रानाडे की व्याख्या यही है कि "उन्होंने रामानुज, शंकर, निंबार्क आदि के सिद्धांतों को एक तरफ कर आत्मसाक्षात्कार के नए सिद्धांत का प्रतिपादन किया है।" ('पाथ वे टु गॉड इन हिंदी लिटरेचर,' अध्यात्म विद्या मंदिर, 1954, पृ. 14-15)

लोक को शास्त्र से जाँचने की बजाय शास्त्र को लोक की चिंता से देखने की जो सिफारिश आचार्य हजारीप्रसाद द्विवेदी ने की थी उसे दर्शनाचार्य रानाडे द्वारा भक्ति साहित्य की दार्शनिक स्वायत्तता को उपरोक्त स्वीकृति से मिलाकर देखें तो भक्ति की प्रचलित व्याख्या के विकल्प की संभावना दिखती है। धर्मशास्त्र से लेकर स्वायत्त भक्तिशास्त्र और फिर भक्तिकाव्य तक की यात्रा की विभिन्न अंतःक्रियाओं, समस्याओं तथा संभावनाओं के उचित आकलन की जरूरत अभी बनी हुई है। भक्ति को भावगम्य शास्त्रवचन मानने की बजाय यह शायद बेहतर होगा कि हम 'शास्त्रोक्त' भक्ति और 'काव्योक्त' भक्ति के स्वायत्त अस्तित्व को स्वीकार करें। भक्ति को 'शास्त्रोक्त' और 'काव्योक्त' के संदर्भ में देखने का मेरा यह आग्रह किसी परस्पर अपवर्जी विभाजन का प्रस्ताव न होकर सर्जनात्मक शब्द की अपनी विशिष्ट भूमिका और ऊर्जा का रेखांकन है। भक्ति के विशेष संदर्भ में 'शास्त्रोक्त-काव्योक्त' का यह विभाजन भारतीय समाज के शक्ति तंत्र और उसके लोकधर्मी प्रतिवाद की पड़ताल का उपकरण भी है।

भक्ति को वे भावुकता तक भले ही सीमित कर दें, लेकिन शुक्लजी भक्ति की यह विशिष्ट व्याख्या भावुकतावश नहीं कर रहे थे। भक्ति विषयक उनकी व्याख्या तथा नवोदित शिक्षित मध्यवर्ग के बीच उसकी व्यापक स्वीकृति और धीरे-धीरे सांस्कृतिक कॉमनसेंस में उसका रूपांतरण ये सब बृहत्तर सांस्कृतिक प्रक्रिया के परस्पर संबद्ध पहलू हैं। इस प्रक्रिया में निहित रुझानों को समझने का एक तरीका यह भी हो सकता है कि हम कल्पना करें कि जो हुआ, उसके अलावा क्या हो सकता था। मसलन उन्नीसवीं

सदी के नवजागरण का प्रस्थान बिंदु, सुदूर अतीत का नॉस्टेल्जिया एवं तत्प्रेरित शुद्ध संस्कृति की खोज के स्थान पर यदि समकालीन लोकजीवन ही होता तो ? तब संभवतः नवजागरणकालीन बौद्धिक के लिए सारी समस्याओं का स्रोत केवल विदेशी सत्ता में न होता बल्कि आंतरिक शक्तितंत्र का भी पर्याप्त नोटिस लिया गया होता। कोई भी समाज निरंतरता के कुछ सूत्रों से अपने अतीत के साथ जुड़ा होता है, इन्हीं के आधार पर वह समकालीन दबावों से टकराते हुए अतीत को इतिहास का रूप देता है। यह रूपायन बिना मूल्यपरक चयनदृष्टि के संभव ही नहीं है, और ऐसे हर चयन के कुछ 'स्वयंसिद्ध' होते हैं; सवाल इन्हीं स्वयंसिद्धों की यथार्थपरकता और प्रासंगिकता का है।

शुक्लजी ने भी साहित्य की विशाल विरासत को इतिहास में रूपायित किया। इस रूपायन का सबसे पहला स्वयंसिद्ध यही है कि हिंदी साहित्य का अर्थ है हिंदू जाति का साहित्य—जाति के ठेठ राजनीतिक अर्थ में; आधुनिक राष्ट्र के पूर्वरंग के अर्थ में। यह स्वयंसिद्ध ऐतिहासिक पद्धति का रूप इस तरह अख्तियार करता है, "आदिकाल की इस दीर्घ परंपरा के बीच प्रायः डेढ़ सौ वर्ष के भीतर तो रचना की किसी विशेष प्रवृत्ति का निश्चय नहीं होता।...इस अनिर्दिष्ट लोकप्रवृत्ति के उपरांत जब से मुसलमानों की चढ़ाइयों का आरंभ होता है, तबसे हम हिंदी साहित्य की प्रवृत्ति एक विशेष रूप से बँधती हुई पाते हैं।" ('हिंदी साहित्य का इतिहास,' पृ. 3) स्पष्ट है कि यह प्रवृत्ति वीरगाथाकाल ही कही जा सकती थी, क्योंकि इस काल में हिंदू राजा मुसलमानों से युद्ध कर रहे थे और हिंदी कवि उनका उत्साह बढ़ा रहे थे। फिर "मुसलमानों का साम्राज्य भारत में स्थिर हो गया और हिंदू राजाओं को न तो आपस में लड़ने-भिड़ने का उत्साह रहा, न मुसलमानों से। जनता की चित्तवृत्ति बदलने लगी और विचारधारा दूसरी ओर चली। मुसलमानों के न जमने तक तो उन्हें हटाकर अपने धर्म की रक्षा का वीर प्रयत्न होता रहा पर मुसलमानों के जम जाने पर अपने धर्म के उस व्यापक रूप के प्रचार की ओर ध्यान गया जो सारी जनता को आकर्षित रखे और धर्म से विचलित न होने दे।" (वही, पृ. 42) और यह तो हम जानते ही हैं कि "अपने पौरुष से हताश जाति के लिए भगवान की शरण में जाने के सिवाय मार्ग ही क्या था ?" आरंभिक भक्ति कवियों की मूलभूत कमजोरी यही तो थी कि वे "मुसलमानों के बीच रहकर भगवान के दुष्टदलनकारी रूप को व्यक्त करने का साहस न कर सके।" यह ऐतिहासिक दायित्व आगे चलकर तुलसीदासजी ने पूरा किया।

परंपरा को इतिहास बनाने की इस पद्धति की चयन प्रक्रिया एकदम स्पष्ट है। 'हिंदू' जाति एक समस्याविहीन, आंतरिक संघर्षरहित राजनीतिक इकाई के रूप में सैकड़ों बरसों से मौजूद थी। प्रयोजन की ऐसी एकरूपता थी इस जाति के पास कि पराक्रमी राजा अत्याचारियों से युद्ध करते थे, और कवि वीररस के स्थायी भाव का संचार। क्या इस बयान में (जो अपनी आत्मचेतना में केवल तथ्यकथन कर रहा है) कोई 'नॉर्म' निहित नहीं है ? क्या साहित्यिक विरासत का मूल्यांकन करने के लिए प्रतिपादित किए गए इस 'नॉर्म' में हमारे नवजागरण की विडंबनाएँ नहीं बोल रही हैं ? उन्नीसवीं-बीसवीं

सदी में जैसी समस्याविहीन 'हिंदू जाति' गढ़ने की कोशिश की जा रही थी, शुक्लजी की इतिहास दृष्टि और उनकी भक्तिकाव्य विषयक आलोचना उसी को अतीत पर आरोपित और प्रक्षिप्त करती है। यह उस उत्पीड़न ग्रंथि को भी अतीत पर प्रक्षिप्त करती है जो औपनिवेशिक समाज के सांस्कृतिक आत्मबोध में अंतर्निहित थी। यह अतीत को समझने की कोशिश कम और अतीत के जरिए वर्तमान राजनीति को रेशनलाइज करने की चेष्टा ज्यादा है। हिंदी साहित्य का धर्म हिंदू जाति की आकांक्षाओं को व्यक्त करना ही है--एक बार ऐसा मान लिया जाए तो निर्गुण कविता को विदेशी प्रभाव, भटकाव और लोकविद्वेष का एक रूप मानना ही होगा। इस तरह शुक्लजी की इतिहास योजना में गहरी आंतरिक सुसंगति तो है ही। विडंबना बस यही है कि भक्तिकाव्य का सबसे तीक्ष्ण विरोध इसी हिंदू जातिपरक सुसंगति से है।

भक्तिकाव्य नवजागरण के ही काल तक नहीं, बल्कि आज तक भी हमारे समाज को अपने अतीत से जोड़ने वाले नैरंतर्य के सूत्रों में से एक है। हिंदी-हिंदू का समीकरण इस पर लादने की बजाय, हिंदू जातिपरक नॉर्म के समक्ष इसे नतमस्तक करने की बजाय यदि इसके अपने स्वरूप को परखा जाए तो स्पष्ट होगा कि इसमें समाज के आंतरिक उपनिवेशीकरण की तीखी आलोचना व्यक्त हुई है। यह आलोचना बहुत सुसंगत चाहे न भी हो, यथार्थपरक अवश्य है। यथार्थपरकता और मनुष्य की समग्रता के प्रति अपने सरोकार के कारण वस्तुतः भक्ति संवदेना में न्यायपरक भारतीयता का भावकेंद्र बनने की संभावना नवजागरण काल में भी थी, अब भी है। लेकिन भारतीयता को परिभाषित करने वाला बौद्धिक तब भी अधिकांशतः अपने ही समाज में पराया था और सारा भारत व्याकुलता के बावजूद आज भी पराया ही है। वह उपनिवेशीकरण से अत्यंत क्षुब्ध है, लेकिन आंतरिक उपनिवेशीकरण से सर्वथा बेखबर।

भक्ति की ताकत को उसकी कमजोरी बताने वाली शुक्लजी की आलोचना उस भद्रलोक की जरूरतों तथा आत्मछवि के सर्वथा अनुकूल थी जिसने हिंदी-हिंदू-हिंदुस्तान का समीकरण आत्मसात् कर लिया था। इस वर्ग के लिए लोकधर्म का अर्थ यही था कि लोक चुपचाप प्रभुओं और महाजनों द्वारा निर्दिष्ट पथ पर चलता जाए। न 'राष्ट्र' के आशय पर पुनर्विचार का प्रस्ताव करे और न 'काव्य' के अर्थ को पुनः परिभाषित करने का साहस। उसके लिए अनुगमन ही सर्जनात्मकता है; अन्याभिमुखता ही सच्ची आत्मनिर्भरता है; दमन ही स्वाधीनता है और अस्मिता का विसर्जन ही है उसका आत्मगौरव। जब प्रभुवर्ग के स्वार्थ ही प्रकृति का नियम और संस्कृति का मर्म मान लिये जाएँ; जब वर्णाश्रम को ही लोकधर्म मान लिया जाए तो किसी भी प्रतिवाद को असहज भटकाव ही नहीं, परकीय प्रभाव भी कहकर धकिया देने में न कोई नैतिक बाधा रहती है, न कोई सांस्कृतिक उलझन। तब समाज के आंतरिक दमन और शक्तिसंघर्ष की संगठित उपेक्षा समकालीन और ऐतिहासिक 'कॉमनसेंस' का अंग बनकर सामाजिक संस्कार का रूप ले लेती है। उन लोगों तक के संस्कार का जो हाशिए पर फेंक दिए गए हैं। उनकी व्यथा, पीड़ा और सर्जनात्मकता तक का अपहरण तथा एप्रोप्रिएशन कर लिया जाता है।

शुक्लजी की भक्ति काव्य विषयक आलोचना अपहरण की इसी राजनीति का सांस्कृतिक साहित्यिक दृष्टांत है और उसकी इतनी व्यापक स्वीकृति का एक मुख्य कारण यही है कि उसने हमारे आत्मसीमित भद्रलोक की भौतिक बाधाओं, सांस्कृतिक उलझनों का शमन करने का काम बड़े सुसंगत रूप से किया है।

साहित्य की अन्याभिमुखता को ही श्रेयस्कर मानने वाली साहित्य दृष्टि का भद्रलोकीय आत्मछवियों के साथ ऐसा गहरा सहसंबंध—क्या यह सिर्फ संयोग है ? यह कोई 'रेटारिकल' सवाल नहीं है। भक्तों के सर्वाधिक प्रिय शब्द 'राम' का नहीं, स्वयं 'रामभक्त' का भी डरावना अवमूल्यन कर देने वाले हमारे वक्त में यह सवाल समूचे समाज के जीवन-मरण के यक्ष प्रश्न से जुड़ गया है। जब भाषा और अनुभव के रिश्ते को अश्लील बना देने के विकृत प्रयत्नों तक के प्रति स्वीकार का भाव समाज में बढ़ता जा रहा हो तब क्या सर्जनात्मक शब्द चुप बैठा रह सकता है ? और क्या इस स्वीकार के खतरों से समाज को आगाह करने का दायित्व अन्याक्रांत होकर निभाया जा सकता है ? इस दायित्व को निभाने की उत्सुकता और साहित्य के स्वत्व की चिंता यदि सच्ची है तो फिर मुक्तिबोध के मुहावरे का सहारा लेकर यही कहा जा सकता है कि 'पार्टनर पहले अपनी पॉलिटिक्स साफ कर लो।'

सर्जनात्मक शब्द की अपनी पॉलिटिक्स यानी प्रचलित कॉमनसेंस और इत्मीनान को ध्वस्त कर सकने की वही संभावना जिसके कारण सर्वसत्तावादी मिजाज सर्जनात्मक शब्द को सबसे बड़ा गुस्ताख मानता है। जिसके कारण सर्जनात्मक शब्द को भजन कीर्तन तक सीमित रहने के आदेश दिए जाते हैं। याद आता है 'सेटेनिक वर्सेज' का एक प्रसंगबाल नामक कवि कहता है, "वेश्याएँ और कवि ! महाउंड, वे लोग हैं जिन्हें तुम कभी क्षमा नहीं कर सकते।" महाउंड के जवाब की बेबाकी लाजवाब है, "वेश्याओं और कवियों में मुझे कोई फर्क नहीं लगता क्योंकि तुम दोनों ही तमाम लोगों के निकृष्टतम को उजागर कर देने में कामयाब होते हो।"

अपनी श्रेष्ठता के दंभ में डूबे लोगों, समाज और विचार के नजदीक सचमुच इससे बड़ी गुस्ताखी क्या हो सकती है कि उनके निकृष्टतम को उजागर कर दिया जाए ? यही गुस्ताखी सर्जनात्मक शब्द की अपनी पॉलिटिक्स है।

इस प्रसंग में, हम हिंदीवालों का अपनी साहित्य-परंपरा के प्रति इत्मीनान खासा मनोरंजक है। समाज में बढ़ती असहिष्णुता और हिंस्रता के बरक्स हम अपनी साहित्य-परंपरा को कैसे गर्व के साथ रखते हैं, इसका टिपिकल उदाहरण 'पूर्वग्रह' के शतांक के संपादकीय का यह अंश है, "हिंदी भाषा की अपनी जातीय परंपरा और उसका साहित्य किसी लेखक को सांप्रदायिक होने की इजाजत नहीं देता और हम इस पर उचित ही अभिमान कर सकते हैं। इस पर भी कि आज जो शक्तियाँ छद्म, अध्यात्महीन, छिछली धार्मिकता को मुहरा बनाकर एक व्यापक विभाजन हमारे समाज में पैदा कर रही हैं उनके पास अपने समर्थन में कहने के लिए भी, कोई महत्त्वपूर्ण लेखक या कृतियाँ नहीं हैं। वे शक्तियाँ सृजन-विरोधी हैं यह इसी से प्रमाणित है कि कोई सृजनात्मक साक्ष्य या

समर्थन वे अपने पक्ष में प्रस्तुत ही नहीं कर सकतीं। पर यह विडंबना ही है कि इन सृजनविरोधी, विचारविमुख शक्तियों को अपने उन्माद और आक्रामकता को फैलाने का सबसे अधिक अवसर, हिंदी समाज ही दे रहा है।"

जातीय साहित्य परंपरा की विडंबनाओं की कुछ चर्चा ऊपर की ही गई है, समकालीन संदर्भ में भी उचित अभिमान के साथ थोड़ी सी चिंता भी उचित ही होगी। कारण यह कि सृजनात्मक साक्ष्य भले ही उन्हें न मिला हो, लेकिन उन्माद और आक्रामकता की शक्तियों को यह प्रमाण-पत्र आपके परम महत्त्वपूर्ण लेखक श्री निर्मल वर्मा दो बरस पहले ही दे चुके हैं कि "भारत की मौजूदा स्थिति में भाजपा का उत्थान न आकस्मिक है और न ही आश्चर्यजनक। पिछले बरसों में भारतीय राजनीति पर जिस प्रकार की उच्छृंखल अराजकता का घटाटोप फैला है, वह उससे बाहर निकलने का एक विकल्प प्रस्तुत करता है। यह विकल्प अपने में काफी स्पष्ट और साफ-सुथरा है—भारतीय राजनीति का भारतीयकरण।" (हिंदी संडे ऑब्जर्वर, 24 मार्च, 1990)

इटालो काल्विनो का एक वाक्य लेखकों के बीच बहुत लोकप्रिय है, "राजनीति साहित्य से और कुछ नहीं तो कम-से-कम खुद पर शक करना तो सीख ही सकती है।" साहित्य का आत्मक्षय निस्तेज अन्याभिमुखता से ही नहीं, अपने भीतर पनप रहे सृजनविरोधी शक्तियों के स्वीकार को नजरअंदाज करने से भी होता है। इसीलिए जब ऐसा लगने लगे कि हमारा साहित्य और कलाएँ आज हमारे समाज के विरुद्ध खड़े हैं (पूर्वग्रह, वही) तब सरलीकरण आधारित अभिमान से बेहतर है खुद अपने इत्मीनान पर शक करना। सर्जनात्मक शब्द की अपनी पॉलिटिक्स का यह दूसरा पहलू भी उतना ही प्रासंगिक है।

जिसे हमने 'काव्य और शास्त्र का मुखामुखम' कहा वह भक्ति साहित्य इस बुनियादी सच्चाई का शिक्षाप्रद दृष्टांत है कि जीवंत साहित्य विचारधारा, दर्शन, धर्म, इतिहास, सरीखे अन्यों के 'सत्य' से न तो आच्छादित होता है, न आतंकित। उल्टे, वह अपने विशिष्ट सरोकारों के संदर्भों में ही वैचारिक वर्चस्व के विविध रूपों, संस्कृति व इतिहास की प्रचलित मान्यताओं को चुनौती देता है, समाज को अपनी आत्मछवियों से ईमानदार मुठभेड़ करने का न्यौता देता है। उसमें स्वप्न भी है, और पवित्र पोथी की संभावना भी।

अंततः, चुनाव अन्य से आतंकित या निर्लिप्त हो जाने के विकल्पों तक सीमित नहीं है। सनातनता और समसामयिकता के दबावों से अपने मुहावरे में, अपने आग्रहों के साथ मुठभेड़ अब भी संभावना है। वक्त के चेहरे से साहित्य आँख क्यों चुराए ? वह उसे देखता है, इस देखने की तेजस्विता इसमें है कि आईना उधार का नहीं, अपना हो :

कल फिराक मैंने वक्त के चेहरे को
आईना-ए-हुस्न-ए-दोस्त में देखा है।

[1992]

12

कबीर को 'रहस्यवादी' कहने की राजनीति

कबीर के 'रहस्यवाद' की चर्चा हमारे पाठ्यक्रमों, अध्ययनों और साहित्यिक बातचीत में कुछ इस तरह होती है कि जैसे कि 'रहस्यवाद' तो अपने आप में निर्विवाद शब्द है ही, बहस केवल इस बात पर हो सकती है कि उनका रहस्यवाद 'गैरभावुक' रूखा-सूखा था (जैसा कि आचार्य रामचंद्र शुक्ल को लगता था) या कि उसमें भक्तसुलभ भावुकता थी (जैसा कि बाबू श्यामसुंदर दास ने सिद्ध करने का प्रयत्न किया)।

क्यों न यहीं से शुरू करें कि 'रहस्यवाद' शब्द कहाँ से आया ? कबीर और अन्य निर्गुणपंथियों के संदर्भ में इसका उपयोग सबसे पहले किसने और क्यों किया ? आगे चलकर इसने क्या अर्थ हासिल किए ? इस शब्द ने कबीर की जीवन-दृष्टि और कविता के मूल्यांकन को कैसे प्रभावित किया ? इन सवालों से गुजरकर शायद रहस्यवाद का रहस्य कुछ खुले।

सबसे पहली बात यह कि 'रहस्यवाद' शब्द का भारतीय परंपरा में कहीं अता-पता नहीं है। न ज्ञानमीमांसा में, न काव्यशास्त्र में। कबीर की ज्ञानमीमांसा को यदि भारतीय दर्शन के अनुसार श्रेणीबद्ध किया जाए तो सबसे पहले तो उन्हें 'नास्तिक' कहना होगा, क्योंकि 'नास्तिको वेद निंदकः'। इसी तर्क से बौद्ध और जैन दर्शनों को नास्तिक माना गया है और सांख्य को निरीश्वरवादी होने के बावजूद आस्तिक। इस प्रथम श्रेणीकरण के बाद कबीर को संभवतः प्रत्यक्षवादी कहा जा सकता है। क्योंकि उनका बल 'पारखपद' पर है, लेकिन चूँकि वह प्राचीन चार्वाकों की तरह प्रत्यक्ष को एकमात्र प्रमाण नहीं मानते, चूँकि उनकी संवेदना और ज्ञानमीमांसा में परमात्मा का केंद्रीय स्थान है, इसलिए उन्हें सूक्ष्मवादी भी कहा जा सकता है या कि ब्रह्मवादी। लेकिन चूँकि कबीर जगत को मिथ्या मानने की बजाय उसके कटु यथार्थ की प्रखर आलोचना करते हैं, अपने प्रत्यक्ष और पारख के आधार पर भारतीय समाज सत्ता के मूर्त रूप-वर्ण व्यवस्था से जिरह करते हैं, इसलिए उन्हें शब्द के प्रचलित अर्थ में ब्रह्मवादी कहना भी मुश्किल है।

कबीर की समस्या यह है कि उनकी कविता और उनकी ज्ञानमीमांसा—दोनों ही वेदपरक जीवन दृष्टि तथा वर्णाश्रमवादी समाज व्यवस्था का सिर्फ प्रतिवाद ही नहीं करती, उससे बाहर निकलने को छटपटाती है। ज्ञान के स्रोत के रूप में गुरु और ज्ञान

के प्रतिमान के रूप में प्रत्यक्ष अनुभव की स्थापना दरअसल इस छटपटाहट की ही परिणति है। यह छटपटाहट भारतीय परंपरा के संदर्भ में क्रांतिकारी महत्त्व की थी और इतनी परेशानी पैदा करने वाली थी कि मध्यकाल की पांडित्य परंपरा ने कबीर और अन्य निर्गुणपंथी भक्तों के प्रति उपेक्षापूर्ण चुप्पी अपनाना ही ठीक समझा। उनकी ज्ञानमीमांसा को दार्शनिक विश्लेषण के लायक नहीं समझा गया और न ही उनकी संवेदना को काव्यशास्त्रीय विमर्श में जगह पाने लायक।

सांस्कृतिक वर्चस्व की इस पांडित्य परंपरा के आधुनिक उत्तराधिकारियों की मजबूरी थी कि वे ऐसी चुप्पी अपना नहीं सकते थे। साथ ही कबीर जैसों की ज्ञानमीमांसा और संवेदना का स्वागत भी नहीं कर सकते थे। उन्हें उपलब्ध सामग्री को 'हिंदी साहित्य के इतिहास' का रूप देना था, इसलिए हिंदी भाषा और उसके समाज की विभिन्न सांस्कृतिक गतिविधियों का नोटिस तो लेना ही था, लेकिन वर्चस्वशील सांस्कृतिक ढाँचे को न केवल सुरक्षित रखते हुए बल्कि उसे और भी सूक्ष्म और भी प्रभावी बनाते हुए। इस ढाँचे के सांस्कृतिक प्रतीक थे 'तुलसीदास', उन्हीं की अपेक्षा में, उनके जीवन-दर्शन की अनुकूलता-प्रतिकूलता में बाकी मध्यकालीन कवियों-भक्तों का मूल्यांकन होना था।

सो तुलसीदास या उनके सरीखे कवियों का 'ज्ञान' स्वाभाविक था, उनसे अलग सोचने वालों का ज्ञान 'अटपटा'। तुलसीदास की कविता कविता थी, कबीर या उनके सरीखों की कविता 'ज्ञान की नीरस बानी' या फिर 'फोकट का माल'। तुलसीदास की अनुभूतियाँ स्वाभाविक थीं, कबीर की 'रहस्यपरक'—सो भी भावनात्मक कम और साधनात्मक ज्यादा।

कहाँ से आया यह शब्द 'रहस्यवाद' ? अंग्रेज विद्वानों, प्राच्यवादियों के भक्ति विषयक लेखन से। इन विद्वानों ने ही पहले-पहल कबीर व दूसरे निर्गुण पंथियों को 'रहस्यवादी' कहा—खासकर मैकालिफ ने सिख धर्म का इतिहास लिखते हुए कबीर के रहस्यवाद पर बहुत जोर दिया। यूरोप की बौद्धिक परंपरा में 'रहस्यवाद' का एक निश्चित आशय था। मध्यकालीन ईसाई साधक 'रहस्यवादी' थे, क्योंकि वे ईसा के साथ दांपत्य भाव की—इसीलिए रहस्यवादी कल्पना करते थे। कुछ रोमैंटिक कवि 'रहस्यवादी' थे क्योंकि सृष्टि से संबंध बनाने की 'वैज्ञानिक' विधियों की बजाय अंतर्दृष्टिपरक संबंध सृष्टि के साथ बनाते थे। दोनों ही तरह के 'रहस्यवादियों' में समाजसत्ता के ठोस प्रश्नों के प्रति एक तरह की उदासीनता, उनके अध्येताओं को प्रतीत होती थी। यह बात दीगर है कि स्वयं इस उदासीनता की बनावट में सामाजिक संदर्भ का निश्चित योगदान था। बहरहाल, 'रहस्यवाद' शब्द रूढ़ हो गया, आत्मपरक साधना और अंतर्दृष्टिपरक काव्य संवेदना के लिए।

प्राच्यवादी कबीर आदि का अध्ययन कविता की दृष्टि से नहीं, धर्मसाधना के इतिहास के प्रसंग में कर रहे थे, सो उन्हें मूर्तिपूजा का खंडन करने के कारण कबीर 'रहस्यवादी' और अवतारवाद का खंडन करने के कारण 'एकेश्वरवादी' प्रतीत हुए। ये दोनों पारिभाषिक शब्द अपने अंतर्निहित अर्थों के साथ कबीर पर चिपका दिए गए।

ये पारिभाषिक शब्द कबीर के देशी अध्येताओं द्वारा भी इतने सहज भाव से अपना लिए गए कि यह तथ्य पूरी तरह उपेक्षित हो गया कि न तो कबीर की ज्ञानमीमांसा रहस्यवादी है और न उनकी ईश्वर भावना एकेश्वरवादी।

परिणाम बड़े रोचक हुए। प्राच्यवादियों में से बहुतों के लिए इस बात का नोटिस तक लेना जरूरी नहीं रहा कि 'रहस्यवादी' कबीर की संवेदना में जाति का 'सामाजिक' सवाल कितने यातनापूर्ण ढंग से, उनके व्यक्तिगत जीवन-मरण का सवाल बन जाता है। मूर्तिपूजा और अवतारवाद के खंडन को जितने उत्साह से रेखांकित किया गया, जाति के सवाल को उतने ही उदासीन भाव से देखा गया। कबीर की समग्र चेतना में दांपत्य–रति, गुरुपरक ज्ञानमीमांसा, आध्यात्मिक अनुभव और सामाजिक जिरह ये सब एक-दूसरे में गुँथे हुए थे। अध्येताओं की कृपा से, 'रहस्यवाद' जैसे भ्रामक शब्दों की कृपा से यह समग्र चेतना खंड-खंड हो गई। इस हद तक कि रवीन्द्रनाथ ठाकुर कृत कबीर के पदों के अंग्रेजी अनुवाद की विस्तृत भूमिका में एवेलिन अंडरहिल ने कबीर के जाति विषयक विचारों पर एक वाक्य तक लिखने की जरूरत महसूस नहीं की।

देशी अध्येताओं ने 'रहस्यवाद' शब्द अपने ढंग से अपनाया। आचार्य क्षितिमोहन सेन जब बांग्ला में लिखते थे तो पारंपरिक शब्द 'मर्मी' का उपयोग करते थे, अंग्रेजी में यही शब्द 'मिस्टिक' बन जाता है। रहस्यवाद को लेकर आचार्य सेन की यह उलझन आचार्य हजारीप्रसाद द्विवेदी तक आती है, जो इस शब्द के प्रयोग से बचने का प्रयत्न करते रहे।

'रहस्यवाद' शब्द और इससे जुड़ी अवधारणाओं का लगभग राजनीतिक (समाजसत्ता से जुड़ी अपनी मान्यताओं को पुष्ट करने के अर्थ में) उपयोग आचार्य रामचंद्र शुक्ल ने किया। उनके हिसाब से कबीर 'रहस्यवादी' थे, सो भी 'भावनात्मक' ढंग से नहीं, जैसे कि कवि हो सकते हैं। वह तो 'साधनात्मक' रहस्यवादी थे। वजह यह कि वह परमात्मा की विभूति को केवल 'अपने भीतर' देखकर घट-साधना का उपदेश करते थे, जगत में व्याप्त परमात्मा पर उनका ध्यान ही नहीं था। अब भले ही कबीर अपने राम को 'जगजीवन' कहते रहें, भले ही इस सर्जनात्मक उलझन के गीत गाते रहें कि 'भीतर कहूँ जो जगमय लाजै/बाहर कहूँ तो झूठा लो/बाहर-भीतर सबद निरंतर/केहि विधि कहौं/कबीरा लो'। कहते रहें कबीर परम सत्य को बाहर-भीतर की निरंतरता साधने वाले 'सबद' के जरिए–आचार्य को क्या ! उन्होंने तो कबीर को रहस्यवादी कह दिया तो कह दिया।

सवाल है कि इतने भारतीयता प्रेमी शुक्लजी ने, जो कबीर को ऐन इसी वजह से 'अभारतीय' परंपरा का साधक मानते थे कि उन्होंने वेद, वर्णाश्रम और अवतारवाद का खंडन किया, जो कबीर को 'लोक-विरोधी नहीं तो लोक-विद्वेषी अवश्य' मानते थे– कबीर के प्रति अपनी वितृष्णा प्रकट करने के लिए ठेठ अभारतीय शब्द 'रहस्यवाद' का चुनाव क्योंकर किया ?

जैसा कि हमने देखा, मध्यकालीन पांडित्य-परंपरा उपेक्षापूर्ण चुप्पी अपना सकती

थी, इसलिए उसमें ऐसा कोई शब्द विकसित नहीं हुआ जो कबीर का वाद वर्णन कर सके। आधुनिक पांडित्य परंपरा के लिए यह संभव न था, क्योंकि अब तो साहित्य का संबंध राष्ट्र से था, सो कबीर जैसों के बारे में कुछ-न-कुछ तो कहना ही था। ऐसे में 'रहस्यवाद' शब्द काम आया। तर्क यह बना कि कबीर 'ज्ञान की प्रकृत प्रक्रिया' की उपेक्षा करते हैं। 'प्रकृत प्रक्रिया' माने वेद और वर्णाश्रम को प्रमाण मानना। वास्तव में ज्ञान की प्रकृत प्रक्रिया क्या है ? अपने प्रत्यक्ष अनुभवों, आध्यात्मिक खोजों को जब मनुष्य एक वैचारिक ढाँचे में ढालता है तो उसके अपने विवेक और ज्ञान की उपलब्ध परंपरा के बीच द्वंद्वात्मक संवाद होता है। इस संवाद के कारण मनुष्य प्रत्यक्ष तक सीमित न रहकर उसके आंतरिक अर्थ तक जाता है, दूसरी ओर ज्ञान की परंपरा का भी परिष्कार और विस्तार होता है। क्या वैदिक परंपरा ज्ञान की इस प्रकृत प्रक्रिया को कोई जगह देती थी ? जहाँ ज्ञान का सामाजिक आधार और उसका अनुभव संदर्भ इतना सीमित हो कि रामानंद जैसे उदार आचार्य को भी गुरु बनाने के लिए कबीर जैसे शिष्य को छल का सहारा लेना पड़े, सिर्फ इसलिए कि उसका जन्म गलत जाति में हुआ है, वहाँ 'ज्ञान की प्रकृत प्रक्रिया' वही हो सकती थी जो कबीर ने चुनी। उनकी ज्ञानमीमांसा में प्रामाणिकता को सूचित करने वाले शब्द वैदिक विमर्श से नहीं, सीधे जीवन से आते हैं। उस जीवन से जो बाहर और भीतर के सबद निरंतर में गूँजता है। उनके अपने शब्द हैं, विवेक (बूझा नहीं विवेक) अनुभव (उतरा अनुभौ पार) प्रत्यक्ष (कहबे की शोभा नहीं, परतख की परमान)। कोई भी ज्ञानमीमांसा तभी सार्थक हो सकती है, जब उसमें अनुभव और परंपरा का—आँखन की देखी और कागज की लेखी का—तेजस्वी संवाद निरंतर चले। जब उसमें सामाजिक और आध्यात्मिक दोनों प्रकार के अनुभवों का लेखा-जोखा रखने का उत्साह हो।

कबीर की ज्ञानमीमांसा इसी संवादधर्मी उत्साह पर आधारित है। 'ज्ञान की प्रकृत परंपरा' को ठीक से यदि समझें तो 'रहस्यवाद' वह ज्ञान परंपरा थी, जिससे कबीर जिरह कर रहे थे। समाज के प्रति उदासीन वह मर्यादा थी, जिसके समक्ष कबीर जीवन के विवेक को खड़ा कर रहे थे। कबीर की उलटबाँसियाँ उनके 'रहस्यवादी' होने का अचूक प्रमाण समझी जाती हैं। जीवन से स्वयं को काट लेने वाली अपने ही समाज के अधिकांश को बाहर कर देने वाली ज्ञानमीमांसा को 'ज्ञान की प्रकृत प्रक्रिया' कहना ऐसी उलटबाँसी है, जो कबीर के सारे तथाकथित रहस्यवाद से कहीं ऊँचे रहस्यवाद की सूचना देती है।

इस विचित्र रहस्यवाद को आचार्य लोग मर्यादा का मोहक नाम देते हैं। इस मर्यादा को चुनौती देना साधनात्मक रहस्यवाद, विदेशीपन और लोक विद्वेष मान लिया जाता है। इस चुनौती की अभिव्यक्तियाँ उलटबाँसी कह दी जाती हैं।

इस वैकल्पिक ज्ञानमीमांसा पर चुप्पी साध लेना एक रणनीति है और उसे 'रहस्यवादी' बताकर 'ज्ञान की प्रकृत प्रक्रिया' के खिलाफ़ बता देना दूसरी। लक्ष्य दोनों का ही एक है—वर्ण व्यवस्था के भीषण यथार्थ पर मर्यादा का मोहक पर्दा पड़ा रहे और

इस यथार्थ की पड़ताल का कबीर जैसा प्रयत्न 'रहस्यवादी' कहकर, या चुप्पी साधकर, समाज की चेतना और बौद्धिक विमर्श के हाशिए पर ठेल दिया जाए।

इसलिए ऊपर हमने कहा, कबीर को रहस्यवादी कहने में एक गहरी राजनीति निहित है—वर्णव्यवस्था की यथास्थिति को हर हाल में बचाने की राजनीति।

[1998]

13

कवि कबीर की खोज !

इस निबंध का शीर्षक बड़ा उद्धत है—निबंध के विषय 'कबीर' की ही तरह अक्खड़ ! हम क्या कवि कबीर की खोज करेंगे—उन्हें तो सारी दुनिया कवि मानती ही है ! लेकिन क्या सचमुच ? क्या वास्तव में हिंदी-आलोचना की परंपरा में और नहीं क्यों—कबीर के अध्ययन के विभिन्न प्रयत्नों में भी कबीर को सहज रूप से कवि माना गया है ? शायद नहीं। वरना हमारे छात्र अब तक ऐसे प्रश्नों को परीक्षा के लिए महत्त्वपूर्ण न मान रहे होते कि 'कबीर कवि थे या समाज सुधारक ?' या 'कबीर की कविता उपदेश ही देती है या कुछ भावोन्मेष भी करती है ?'

यहाँ तक कि जिन आचार्य हजारीप्रसाद द्विवेदी को हिंदी साहित्य में कबीर की प्रतिष्ठा करने का उचित श्रेय प्राप्त है, उनका भी कहना है, "रूप के द्वारा अरूप की व्यंजना, कथन के जरिए अकथ्य का ध्वनन काव्य शक्ति का चरमनिदर्शन नहीं तो क्या है ? फिर भी वह ध्वनित वस्तु ही प्रधान है, ध्वनित करने की शैली और सामग्री नहीं। इस प्रकार काव्यत्व उनके पदों में फोकट का माल है—बाईप्रोडक्ट है, वह कोलतार और सीरे की भाँति और चीजों को बनाते-बनाते अपने आप बन गया है।" ('कबीर', पृ. 225) यदि आशय यह है कि आधुनिक कवियों के विपरीत कबीर की प्राथमिक आत्मछवि कवि की नहीं थी, वे बतौर कवि के लोकस्मृति में जीने के लिए बहुत उत्सुक नहीं थे, तो उपरोक्त कथन से असहमति नहीं हो सकती। लेकिन यह सवाल जरूर पूछा जा सकता है कि स्वयं को प्राथमिक रूप से कवि तो तुलसी और सूर भी नहीं मानते थे। उद्‌देश्य तो उनका भी भक्तिपरक ही था फिर उनके काव्यत्व को भी हम फोकट का माल या बाईप्रोडक्ट क्यों न कहें ? सचाई तो यही है कि हमारे भक्त और सूफी कवियों में केवल जायसी हैं जो स्वयं को प्राथमिक रूप से कवि मानते हैं, उनका आत्मपरिचय यही है, 'मुहम्मद कवि प्रेम का न तन रकत न माँसु। जिइ देखा तिइ हँसा, सुना तो आए आँसु।'

ऐसा नहीं कि कवि के भक्ति करने या किसी तरह की साधना करने पर कोई रोक है, जायसी परंपरा में बड़े साधक माने गए हैं। सवाल स्वयं कवि और स्वयं परंपरा द्वारा निर्धारित प्राथमिक पहचान का है, और इस दृष्टि से तो कोई भक्त स्वयं को कवि नहीं

कहलाना चाहता, सभी का लक्ष्य भक्ति ही है, फिर खास कबीर के प्रसंग में यह कहने की क्या जरूरत थी कि 'ध्वनित वस्तु ही प्रधान है ध्वनित करने की शैली या सामग्री नहीं।'

समस्या को समझने के लिए उन रूपों का त्वरित सर्वेक्षण सहायक होगा, जिनमें आधुनिक अध्ययन दृष्टियों ने कबीर को देखा है। आरंभिक ब्रिटिश अध्येताओं के लिए कबीर एक नए पंथ के प्रवर्तक, ब्राह्मण धर्म के कठोर आलोचक और सामी धर्मों के प्रभाव के कारण मूर्तिपूजा तथा अवतारवाद की आलोचना करने वाले एकेश्वरवादी थे। स्मरणीय है कि ये अध्येता कबीर का अध्ययन हिंदू धर्म को समझने के प्रसंग में कर रहे थे, इसलिए ये कबीर की चर्चा अनिवार्य रूप से कबीरपंथ को ध्यान में रखकर करते थे। यहाँ तक कि विल्सन (1862) की तो मान्यता थी कि कबीर किसी व्यक्ति विशेष का नहीं, बल्कि पदवी का नाम है, एक 'जेनेरिक' नाम है। इन विद्वानों ने कबीर और उनके पंथ को मिलाकर पढ़ा, पंथ को घर जोड़ने की माया मात्र समझ कर नहीं। वे कबीर को कभी मार्टिन लूथर जैसा समाज सुधारक मानते थे तो कभी हिंदू-मुसलमान दोनों को एकेश्वरवाद का उपदेश देने वाला महात्मा। भक्ति संवेदना को अपने पौरुष से हताश हतदर्प जाति की बेबसी और कबीर को उस बेबसी की पहली आवाज मानने वाली पद्धति के बीज भी इन ओरियंटलिस्ट विद्वानों की पद्धति में ही मौजूद थे।

हिंदी साहित्य की परंपरा का आधुनिक हिसाब से निर्माण करने वाले आरंभिक आलोचकों की दृष्टि में कबीर हिंदू-मुस्लिम संघर्ष में हिंदू धर्म और हिंदू जनता के आत्मसम्मान के रक्षक हैं, हालाँकि कबीर और दूसरे निर्गुणपंथी संतों में हिम्मत की थोड़ी कमी थी, इसलिए "मुसलमानों के बीच रहकर भगवान के दुष्टदलनकारी रूप की ओर दृष्टि ले जाने का साहस वे न कर सके।" (आचार्य शुक्ल) इस साहसहीनता के बावजूद उन्होंने 'निम्न श्रेणी की जनता में आत्मगौरव का भाव जगाया' और परवर्ती सगुणभक्ति के लिए भावभूमि का निर्माण किया।

आचार्य द्विवेदी ने कबीर पर लगाए गए 'लोकविरोध' और विदेशीपन के आरोप को मुख्य चुनौती माना और कबीर की व्याख्या समाजसुधारक कवि से अलग रहकर ऐसे भक्त के रूप में की, समष्टि वृत्ति जिसके चित्त का 'स्वाभाविक धर्म' नहीं था। उनका काव्यत्व तो भक्ति का बाईप्रोडक्ट है ही, उनकी सामाजिक आलोचना भी भक्ति का बाईप्रोडक्ट ही है। आचार्य द्विवेदी के अनुसार, "भक्ति तत्त्व की व्याख्या करते हुए उन्हें उन बाह्याचार के जंजालों को साफ करने की जरूरत महसूस हुई है जो अपनी जड़ प्रकृति के कारण विशुद्ध चेतन तत्त्व की उपलब्धि में बाधक हैं। यह बात ही समाज सुधार और सांप्रदायिक एकता की विधात्री बन गई है। पर यहाँ भी यह कह रखना ठीक है कि यह भी फोकट का माल या बाईप्रोडक्ट ही है।" (कबीर, पृ. 221)

इधर दलित चिंतकों का ध्यान दलितों की अपनी सांस्कृतिक साहित्यिक परंपरा पहचानने की ओर गया है। डॉ. धर्मवीर कबीर के 'ब्राह्मणवादी आलोचकों' की कड़ाई से खबर लेते हुए कबीर को ऐसे 'ब्राह्मण विरोधी समाज दार्शनिक' ('कबीर के

आलोचक', पृ. 94) के रूप में प्रतिष्ठित करते हैं, जिनका लक्ष्य दलितों के अपने धर्ममत का प्रतिपादन करना था।

कबीर के इन सभी रूपों का विश्लेषण अपने आप में निहायत जरूरी काम है, लेकिन हम फिलहाल ध्यान इसी बात पर दें कि इन सभी रूपों में कबीर का कवित्व आनुषंगिक है, प्राथमिक है उनका समाजसुधारक या भक्त होना। किसी कोण से वे हिंदू धर्म को भीतर से सुधारने वाले सुधारक हैं तो किसी कोण से वे दलितों की सामाजिक आकांक्षाओं को धारण करने वाले धर्म की प्रतिष्ठा के लिए प्रयत्नशील हैं। किसी को कबीर लोक की अवहेलना करने वाले घटसाधक भक्त लगते हैं तो किसी को भक्ति के आवेश ही के कारण बाह्याचार का खंडन करने वाले अक्खड़ भक्त। इतना स्पष्ट है कि हर हाल में कबीर काव्य परंपरा के न तो जानकार थे और न कायल और बावजूद इसके कि उनमें प्रतिभा बड़ी प्रखर थी, कविसुलभ भावुकता का तो उनमें अभाव ही था। कुल मिलाकर कबीर या तो व्यष्टिवादी भक्त थे या किसी-न-किसी प्रकार के सामाजिक चिंतक और सुधारक—उनका कवि होना उनका प्राथमिक परिचय नहीं है। कबीर का कवित्व फोकट का माल नहीं तो उनके व्यक्तित्व का आनुषंगिक पहलू तो अवश्य ही है।

कबीर को कवि मानने में हिचकिचाहट की यह जो आम राय है, जाहिर है कि अध्येताओं की व्यक्तिगत समस्या भर नहीं है। सीधी सी बात है, आप किसे कवि मानते हैं—यह इस पर निर्भर करता है कि आप कविता किसे मानते हैं। आपकी काव्यकर्म की कसौटी क्या है ? कविता से आपकी अपेक्षाएँ क्या हैं ? कविता की परंपरा को पहचानने वाला आपका काव्य-प्रतिमान—पोयटिक कैनन—क्या है ? इन प्रश्नों पर चर्चा हम करेंगे ही लेकिन उसके पहले हम अपने आप से यह मूलभूत प्रश्न पूछें कि :

क्या कवि बतौर कवि के, ईश्वर से, प्रेम से, जगत् से, समाज से वास्ता नहीं रख सकता ? क्या स्वाभाविक यही है कि कोई साधक, कोई दार्शनिक, कोई सुधारक अपनी उपलब्धियों का विवरण देने के लिए लक्ष्य श्रोता तक अपनी बात पहुँचाने के लिए कविता का सहारा ले ? या फिर किसी दर्शन या विचार द्वारा कमाए गए सत्य का भावानुवाद करे ? आचार्यों द्वारा किए गए ब्रह्म निरूपण को भावसम्मत और संवेदन गम्य बनाए !

क्या यह संभव नहीं कि कोई कवि अपने आपको और अपनी दुनिया को, अपनी हालत को समझने के क्रम में विचार की परंपराओं से बराबरी का संवाद करे, ब्रह्मांड में मनुष्य की स्थिति को अपनी आँख—कविता की आँख—से देखे, समाज की दशादिशा पर अपने मुहावरे—कविता के मुहावरे—में टिप्पणी करे, क्या यह सचमुच संभव नहीं कि काव्य और शास्त्र का संबंध अनुकरण की भाषा में नहीं, मुखामुखम के मुहावरे में कल्पित किया जाए; कविता पहले से मौजूद सवालों-जवाबों को दोहराने की बजाय अपने सवाल पूछे, अपने जवाब खोजे।

इन मूलभूत प्रश्नों पर मैंने अन्यत्र यत्किंचित् विचार किया है, उसे यहाँ दोहराना

अनावयश्क है, यहाँ तो हम काव्य प्रतिमान—पोयटिक कैनन—की उस समस्या पर लौटें जो कबीर को कवि मानने संबंधी हिचकिचाहट की जड़ में है।

अग्रणी साहित्यचिंतक और भाषाविज्ञानी श्री अशोक केलकर अपने निबंध 'प्राचीन भारतीय साहित्य मीमांसा' का आरंभ इस वाक्य से करते हैं, "प्राचीन भारतीय मीमांसा से अभिप्राय उस मीमांसा मात्र से है जो भारतीय इतिहास के प्राचीन कालखंड की अभिजात संस्कृति में उत्पन्न हुई है, तत्पश्चात् मध्ययुग में सत्रहवीं शती तक सीधे विकसित होती रही और संस्कृत भाषा में ग्रथित हुई। अन्य सांस्कृतिक उपप्रवाहों में निहित मीमांसा का विचार यहाँ नहीं किया गया है।" (पृ. 1)

संकेत बहुत महत्त्वपूर्ण है यहाँ। संस्कृत काव्यशास्त्र की परंपरा का एक निश्चित विचारकोश है, उस काव्यशास्त्र के आधार पर रचना और आस्वाद करने वालों का एक साझा भावजगत है। कविता और उसके प्रयोजन की अवधारणा का एक विशिष्ट रूप है यहाँ। कविता का काम 'प्रीति' अर्थात् आनंद की उद्‌भावना करना है, थोड़ा गहरे में जाएँ तो संस्कृत काव्यशास्त्र कविता के लिए अनुव्याहरण का अवकाश तलब करता है। अनुव्याहरण अर्थात् किसी अनुभव किसी विचार या मान्यताओं को अपने ढंग से देख सकना, कुछ भी पूछ सकना। धर्माधर्म का निर्णय करना शास्त्र और स्मृति का काम है, पुराण का काम है, बल्कि पुराण का काम तो धर्माधर्म निर्णय को कथा प्रसंगों में गूँथ करके उसका मूर्तिकरण करना भी है। दूसरे शब्दों में, उपदेश या किसी तात्कालिक वैचारिक या सामाजिक प्रयोजन की सिद्धि संस्कृत काव्यशास्त्र के अनुसार कविता का काम नहीं है। वह उपदेश यदि है भी तो 'कांता सम्मित' ही। इसी के साथ यह भी स्पष्ट है कि अपने विशिष्ट प्रयोजन के प्रति अत्यंत सचेत रहते हुए भी, अपना काम धर्माधर्म निर्णय को न मानते हुए भी संस्कृत काव्यशास्त्र उसी विचारलोक, उसी संवेदनाजगत का नागरिक है जिसमें वेद की अपौरुषेयता वेद-पुराण-स्मृति की निरंतरता, कर्मफल और अवतारवाद सहज स्वीकृत प्रस्थान बिंदु हैं। यह काव्यशास्त्र मानता है, और ठीक ही मानता है कि साधारणीकरण सहृदय के मन में संस्कार रूप से स्थित भाव सत्ता का होता है, और यह भी कि काव्य 'शब्द' के विशिष्ट प्रयोग की परंपरा में ही स्थित होता है

ध्यान देने की बात यह कि जीवनसंस्कार हों या काव्यसंस्कार—वे व्यक्ति और समुदाय के सामाजिक अनुभवों और संचित स्मृतियों से गहरे में जुड़े होते हैं। कविता वहाँ तक सार्वजनीन—यूनिवर्सल—है जहाँ तक वह अपने प्रदत्त या लक्ष्य भावक के साधारण संस्कारों और उनसे रची-बसी भावसत्ता से आगे जा सके। विशिष्ट सांस्कृतिक साहित्यिक परंपरा और मूल्यबोध से बनने वाले सौंदर्यात्मक मानस का विस्तार कर सके। इसी अर्थ में कविता सिर्फ विचारधारा को नहीं, विचारलोक मात्र को ट्रांसेंड करती है। कबीर के पदों के आस्वाद के लिए कबीरपंथी या नेरूदा की कविता को सराहने के लिए मार्क्सवादी होना इसीलिए गैरजरूरी है। ऐसा ट्रांसेंडेंस एक तरह से कविता के अस्तित्व का तर्क ही है और कविता की विश्वव्यापी, सार्वजनीन अपील का आधार भी, लेकिन इसके बाद अधिक आत्मीय धरातल पर कविता उस विशिष्ट एस्थेटिक मानस में ही

उतरती है, जिनके साथ उसके विचार लोक, संवेदना जगत के साझेपन का रिश्ता होता है। ऐसे साझेपन के रिश्ते वाला भावक कवि को जिस ढंग से सराह सकेगा, उस ढंग से सराह सकना उस भावक के लिए कठिन है जिसके साथ कवि के विचारलोक का संबंध अजनबीपन या विरोध का है। मैं 'रॉबिन्सन-क्रूसो' के साथ, उसके नायक की आकांक्षाओं, समस्याओं और तकलीफों के साथ वैसा तादात्म्य किस तरह महसूस करूँ जैसा कि 'ह्वाइट मैंस बर्डन' से परेशान यूरोपियन कर सकता है ? यही वजह है कि जो कविता अपने समय के सांस्कृतिक पूर्वग्रहों और वर्चस्व को जितने गहरे ढंग से, जितनी मानवीय आकुलता से प्रश्नविद्ध करती है, वह वर्चस्वशील काव्यशास्त्र में उतनी ही तिरस्कृत लेकिन कालांतर में उतनी ही स्वीकृत होती चली जाती है—बशर्ते वह कविता की शर्तों पर कविता हो, कोरा उपदेश न हो।

कबीर की कविता ऐसी ही कविता है। वर्चस्वशील काव्यशास्त्र द्वारा उपेक्षित होने पर भी धीरे-धीरे अपनी काव्यस्वीकृति का दायरा बढ़ाती कविता।

इस तथ्य पर ध्यान नहीं दिया गया है कि आधुनिक युग से ठीक पहले तक के साहित्य-विमर्श में भक्त कवियों को बतौर कवि के विमर्श का विषय नहीं बनाया जाता था। एक विशिष्ट सांस्कृतिक प्रवाह में विकसित संस्कृत काव्यशास्त्र और उसका अनुकरण करते भाषा के कवि और आचार्य भक्तों की अवहेलना तो निश्चय ही नहीं करते थे लेकिन कविता की परंपरा का बोध अन्य प्रकार का था। लक्षण का प्रसंग हो या उदाहरण का, मध्यकालीन दौर में बतौर कवि के वे ही स्मरणीय माने जाते थे जिन्हें हम रीतिवादी कवि कहते हैं। दूसरी ओर एक भिन्न प्रकार का काव्यबोध समानांतर रूप से मौजूद था, अस्पष्ट और अनिर्दिष्ट रूप से ही सही। इस बोध को व्यक्त करने वाला सबसे महत्त्वपूर्ण ग्रंथ नाभादास का भक्तमाल है, जो उनकी विलक्षणताओं को रेखांकित करता है, जिन्हें उस वक्त कवि के रूप में नहीं, भक्त के रूप में ही महत्त्वपूर्ण माना जाता था। सच तो यह है कि 'भक्तमाल' उस समय के मुहावरे के कवियों का तो नोटिस तक नहीं लेती और उन्हीं ऐतिहासिक व्यक्तियों का बखान करती है जिन्हें परंपरा किसी-न-किसी वैष्णव आचार्य से जोड़ती है। रीतिकालीन कवि की पंक्ति 'आगे के सुकवि रीझैं तो कविताई नहिं तो राधिका कन्हाई सुमरन को बहानो है' ऐसे काव्य विवेक के संदर्भ में ही संभव है, जहाँ कवि का भक्त होना उसका निजी मामला है, और कवि के रूप में स्वीकृत होना सुकवियों द्वारा स्वीकृत परंपरा में स्थान पाने के बाद ही संभव है।

1857 के बाद न केवल ब्रिटिश राज एक तरह की दैवीय सचाई बन गया, बल्कि धर्म, संस्कृति साहित्य के विमर्श की परंपरा में भी गहरा विच्छेद उत्पन्न हो गया। पारंपरिक बौद्धिक वर्ग हतप्रभ, निस्तेज हो गया और नव-विकासमान बौद्धिक वर्ग परंपरा को आधुनिकता के कोण से देखने लगा। कविता के प्रयोजन और समाज से उसके संबंध की परिकल्पना में रेडिकल बदलाव आया, साहित्य 'राष्ट्र की आत्मकथा' के रूप में देखा जाने लगा। जिस सवाल ने आगे चलकर एक रिटॉरिकल काव्य-पंक्ति का रूप लिया

वह उन्नीसवीं सदी में ही भारतीय समाज को मथने लगा था, 'हम कौन थे, क्या हो गए और क्या होंगे अभी ?' विडंबना यह थी कि इस 'हम' की व्याप्ति अत्यंत सीमित थी। वर्ण, वर्ग और लिंग तीनों ही के संदर्भ में नवजागरणकालीन बौद्धिक वर्ग ने अपने आप को ही समूचे 'राष्ट्र' का वाचक मान लिया। राष्ट्र की आत्मकथा का अर्थ हो गया सवर्ण अभिजात पुरुष की आत्मकथा। ऐसी आत्मकथा—जिसकी सर्जनात्मक कल्पना और परंपरा बोध में दरिद्र, वंचित, दलित, आदिवासी और स्त्रियाँ अपनी आवाजों को या तो परिशिष्ट में सुन सकते थे या फिर हाशिए पर। राष्ट्र की आत्मकथा अर्थात् साहित्य की परंपरा भी स्वाभाविक रूप से उन्हीं सीमाओं में पढ़ी जा सकती थी जिन सीमाओं में राष्ट्र की आत्मछवि गढ़ी जा रही थी।

अब साहित्य का प्रयोजन आनंद तक सीमित नहीं रह सकता था। काव्यानंद यदि लोकोत्तर हो तो भी उसकी प्रतिष्ठा लोक सामान्य भावभूमि पर ही संभव थी। साहित्य का प्रयोजन राष्ट्र की आवश्यकताओं के अनुरूप सामाजिक प्रतिबिंबन ही नहीं, बल्कि सामाजिक परिवर्तन की प्रेरणा देना और लोकमंगल की प्रतिष्ठा करना भी है—यह परंपरा का आधुनिक कंस्ट्रक्ट था। 'लोकमंगल' का अर्थ भी सूक्ष्म बहसों में भले इधर-उधर हो जाए, मोटे तौर पर उसका आशय स्पष्ट ही था। समस्या इन मानदंडों पर खरे उतरने वाले साहित्य की परंपरा के निदर्शन और फिर उस परंपरा के सूक्ष्म काव्यशास्त्रीय बखान की थी। आधुनिक युग के हिंदी बौद्धिक ने ग्रियर्सन की पहल पर तुलसीदास को प्रधानतः कवि के रूप में पहचाना—ग्रियर्सन के आधुनिक मानदंडों पर भी खरे उतरने वाले कवि के रूप में। परंपराभावित मानस तुलसी को प्रधानतः भक्त मानता था, परंपरा के आधुनिक संस्कारकर्ता ने तुलसी को एक तरफ हिंदू जाति के सांस्कृतिक रक्षक और दूसरी तरफ श्रेष्ठ कवि के रूप में पहचाना। यह पहचान स्वाभाविक थी क्योंकि तुलसी द्वारा प्रस्तावित समाजादर्श और इस बौद्धिक द्वारा कल्पित समाजादर्श में बोध और सरोकार की गहरी निरंतरता थी। जिस लोकमानस का निर्माण उन्नीसवीं-बीसवीं सदी का हिंदू बौद्धिक कर रहा था, उसके आदर्श कवि तुलसीदास ही हो सकते थे।

तुलसी को केंद्र में रखकर विकसित होने वाला साहित्य विमर्श एकाएक नहीं विकसित हो गया। इस विकास में सामाजिक उथल-पुथल, सांस्कृतिक विक्षोभ और इनके ठोस रूपों—सभाओं, संस्थाओं और विश्वविद्यालयों की दूरगामी भूमिका थी। यह कथन इस बात के परीक्षण से ही पुष्ट किया जा सकता है कि तुलसीदास पर भारतेन्दु युग में कितना ध्यान दिया गया, 'सरस्वती' के दौर में कितना, और शुक्लजी के दौर के तथा उसके बाद के साहित्य-विमर्श में कितना। तुलसी केंद्रित साहित्य परंपरा के बारीक विश्लेषण के लिए काव्यशास्त्र की जरूरत थी, वह संस्कृत परंपरा में मौजूद था ही, बस उसकी पद्धतियों और मान्यताओं को साहित्य के प्रयोजन की नई धारणा के साथ समायोजित करने की जरूरत थी। ऐसे समायोजन के बीजवपन के लिए भी तुलसी की कविता आदर्श जमीन प्रस्तुत करती थी। संस्कृत काव्यशास्त्र की चिंताओं को सामाजिक प्रयोजनपरक कविता धारणा के साथ समायोजित कर कविता की जो समझ विकसित

हुई, उसने भक्तों की कविता को रीतिकाव्य से अलग, अधिक प्रामाणिक (लोकमंगल परक होने के कारण) अधिक जातीय (राष्ट्र की आत्मकथा के उतार-चढ़ाव को प्रतिबिंबित करने के कारण) और अधिक प्रासंगिक (समाज सुधार में सहायक होने के कारण) काव्य परंपरा के रूप में पहचाना।

कविता की इस धारणा के केंद्र में हैं तुलसीदास—क्योंकि संस्कृत काव्यशास्त्र के विचारलोक के साथ और आधुनिक बौद्धिक के विचारलोक के साथ उन्हीं का तादात्म्य सर्वाधिक है। कबीर इस धारणा में हैं जरूर क्योंकि उन्होंने राष्ट्र की निम्न श्रेणियों में आत्मगौरव का भाव जगाकर बड़े नाजुक मौके पर राष्ट्र को सँभालने में कुछ सहायता अवश्य की लेकिन कुल मिलाकर वे विदेशी परंपरा में तो थे ही, लोकविद्वेषी भी थे।

जिस काव्य संस्कार का सामाजिक आधार वर्ण, वर्ग और लिंग की सीमाओं से बाधित है, जो संस्कृत काव्यशास्त्र की परंपरा को ही एकमात्र भारतीय परंपरा मानता है, और उस काव्यशास्त्र का भी समायोजन अपनी विशिष्ट प्रयोजनवादी कविता धारणा के अनुकूल कर डालता है, उस काव्यसंस्कार की भावभूमि पर खड़े हुए व्यक्ति को कबीर का कवित्व स्वीकारने में हिचक होगी ही। लेकिन भावक की भावना-शक्ति में परिवर्तन आते हैं। राष्ट्र की अवधारणा उन प्रश्नों से टकराने को विवश होती है, जिन्हें अवरुद्ध कर दिया गया था। इन प्रश्नों के जो उत्तर सामाजिक धरातल पर उभरते हैं, वे भावक या सहृदय कहे जाने वाले वर्ग का विस्तार करते हैं। सामान्य संवेदनशीलता के विस्तार के साथ मिलकर भावक वर्ग का यह विस्तार साधारणीकरण की संभावनाओं का सिर्फ विस्तार ही नहीं करता, साधारणीकरण की सर्वथा नई प्रक्रियाओं का प्रस्ताव भी करता है। सामाजिक शक्ति विमर्श के नए संतुलन अब तक सहज माने गए साधारणीकरण को समस्यामूलक बना देते हैं।

सीताहरण और लक्ष्मणशक्ति के प्रसंगों में राम का दुःख अभी भी सार्वजनीन साधारणीकरण का विषय है; लेकिन अब ऐसे मुखर सामाजिक वर्ग मौजूद हैं जो सीताहरण के प्रसंग में 'नारि', 'शास्त्र' और 'नृपति' की स्वेच्छाचारिता का बखान करने वाली और लक्ष्मणशक्ति के प्रसंग में 'नारी हानि' को विशेष क्षति न मानने वाली संवेदना को तो स्वीकार नहीं ही कर पाएँगे। इसी तरह यह विरोधाभास जो विरोधाभास तो हमेशा था लेकिन इस रूप में जिसे बखानने से काव्य विमर्श बचता रहा कि यदि कवि के इरादे के कोण से देखें तो कबीर की ही नहीं, तुलसी की कविता भी फोकट का माल ही है। अधिक महत्त्वपूर्ण बात यह कि भाषा की सर्जनात्मकता के अपने धरातल पर भी काव्य कला और काव्यरूढ़ियों की ही नहीं, जीवन के साथ कविता के रिश्ते को पहचानने की भी वैकल्पिक विधियाँ और परंपराएँ संभव हैं। इन विधियों और परंपराओं को संस्कृत काव्यशास्त्र में यदि स्थान नहीं मिला तो यह संस्कृत काव्यशास्त्र की अपनी सीमा है। उससे भी अधिक उस सांस्कृतिक परिवेश की सीमा है, जिसमें मानुषी वाक् और संस्कृत भाषा के बीच अलंघ्य खाई खोद दी गई। ध्यान इस खाई को पाटने पर देना चाहिए। कविता का प्रयोजन किसी विचार विशेष के चश्मे से समाज

को, ईश्वर को देखने तक ही सीमित नहीं, बल्कि कविता का अपना एक ढंग हो सकता है समाज और ईश्वर के साथ संवाद स्थापित करने का—इस वस्तु सत्य को पहचानने की जरूरत है।

कबीर के काव्य का सबसे गंभीर महत्त्व इस बात में है कि वह इस पहचान में बहुत सहायक है। वह कविता का एक और ढंग है, जिसे हम यदि ढंग से समझें तो वह हमारे काव्यसंसार की ही नहीं, विचारलोक की भी सीमाओं का विस्तार कर सकता है।

क्या है यह कविता का एक और ढंग ? क्या हैं इसकी विशेषताएँ ?

सबसे पहली बात तो यही कि कबीर की कविता उस विचारलोक से जिरह करती है, बल्कि उस विचारलोक में 'आउटसाइडर' की हैसियत रखती है, संस्कृत काव्यशास्त्र जिस विचारलोक का सम्मानित नागरिक है। कबीर की कविता का संबंध जिस विचारलोक से है उसकी ज्ञानमीमांसा भिन्न प्रकार की है, उसकी समस्याएँ भिन्न प्रकार की हैं। वहाँ ज्ञान का अंतिम प्रमाण 'शब्द' है तो सही, लेकिन वेद में रूपायित होने वाला शब्द नहीं, बल्कि जीवन के अनुभवों को वर्णाश्रम-विरोधी निगाह से देखने वाला और इस देखने को आध्यात्मिक जिज्ञासा से जोड़ने वाला शब्द। यही बात कबीर और अन्य निर्गुणपंथी कवि वेद के बरक्स सूक्ष्म वेद की धारणा के जरिए कहते हैं। इसकी परिणति आध्यात्मिक धरातल पर यह होती है कि साधना का रूप वेद या कुरानसम्मत होने की बजाय स्वसंवेद्य पर आधारित हो जाता है, और नैतिक धरातल पर आचरण के मानदंड वर्णाश्रम की नैतिकता का विकल्प तलाशने लगते हैं। ऐसी ज्ञानमीमांसा पर आधारित काव्य के लिए स्वाभाविक ही है कि उसकी भावसत्ता भिन्न प्रकार की हो और यह भी कि यह भावसत्ता साधारणीकरण के लिए सहृदय से उसके एस्थेटिक मानस के विस्तार की अपेक्षा करे। ऐसा विस्तार जिस एस्थेटिक मानस में हो नहीं सकता, जो विचारलोक कबीर की कविता में अंतर्निहित स्वायत्त ज्ञानमीमांसा का अस्तित्व तक स्वीकार नहीं सकता उससे कबीर कह भी क्या सकते हैं, सिवा इसके कि 'मैं कहता सुरझावन हारी, तू राखे उरझाई रे।'

असल में कबीर के साथ 'उद्धत', 'दूसरों को चिढ़ाने वाला', 'अक्खड़' जैसे जो विशेषण चस्पाँ किए गए हैं, उसका मूल कारण यही है कि कबीर की कविता की समस्या को उठाया ही गलत ढंग से जाता है। पहले उन्हें सुधारक मान लिया जाता है, फिर इस बात पर खेद प्रकट किया जाता है कि उन्होंने ऐसी आक्रामकता अपनाई जो सुधार-भावना के अनुकूल नहीं है। या फिर यह मान लिया जाता है कि कबीर के व्यष्टिपरक चित्त की मूल चिंता तो आत्मसमर्पण की थी, इसी प्रसंग में थोड़ी बहुत सामाजिक आलोचना आ गई है। कुछ लोग यह भी मान लेते हैं कि कबीर का मूल ध्येय तो वर्ग संबंधों में क्रांति करना था; भक्ति उनकी रणनीति मात्र है, और कविता उनका माध्यम।

आलोचकों द्वारा रची गई कबीर-छवियों को दरकिनार कर यदि सीधे उनकी कविता तक पहुँचे तो स्पष्ट हो जाएगा कि कबीर की उलझन और वेदना का उत्स वास्तविक जीवन में है। साथ ही यह भी कि उनकी आध्यात्मिक खोज और सामाजिक आलोचना वस्तुतः संवेदना के एक ही सिक्के के दो पहलू हैं। उनकी भक्ति स्वयं गहरी भावुकता की परिणति है और इस भावुकता में उनकी सामाजिक चिंताएँ अंतर्निहित हैं। ये चिंताएँ उनके अस्मितापरक अनुभवों की वेदना से पुष्ट होती हैं, और कबीर इस वेदना को कविता की आँख से परखते हैं, भक्ति के जरिए इस वेदना से टकराते हैं। उनकी चेतना को सुधारवादी या व्यष्टिवादी मानना भ्रामक है। ऐसा नहीं है कि कबीर की चेतना बाह्य से ऊबकर अंतर्मुखी होने लगती है। जो आंतरिक है उसका सार स्वरूप बाह्य से यदि अछूता रह जाता तो कबीर प्रखर कवि न होकर नाथों-वैरागियों में से ही एक होते। तब वे भी जाति-पाँति का मुखर प्रतिवाद करने की बजाय या तो उसे व्यावहारिक सत्य मान लेते या फिर वैरागी होकर स्वयं जाति से ऊपर उठ जाते—लेकिन कबीर तो बार-बार अपने जुलाहेपन को रेखांकित करते हैं। दूसरी तरफ जो बहिर्मुख है उसका गहरा रिश्ता यदि कबीर की अनुभव-अनभय परक ज्ञानमीमांसा और विह्वल भावुकता से न होता तो कबीर कवि नहीं, कोरे उपदेष्टा होते। हमारे सौभाग्य से ऐसा हुआ नहीं। कबीर-काव्य की ऊर्जा और जिरह की तीक्ष्णता का आधार ही है—भीतर और बाहर के सत्य की निरंतरता का खरा अहसास और भीतर-बाहर के बीच सार्थक संवाद। स्वयं कबीर के शब्दों में :

ऐसा लो नहिं वैसा लो, मैं केहि विधि कथौं गंभीरा लो।
भीतर कहूँ तो जगमय लाजै बाहर कहूँ तो जूठा लो।।
बाहर भीतर सकल निरंतर चित अचित दोउ पीठा लो।
दृष्टि न पुष्टि परगट अगोचर, बातन कहा न जाई लो।।

कबीर की काव्य संवेदना बाहर-भीतर की इसी सकल निरंतरता की गंभीरता का कथन करने वाली विधि की खोज है। इस विधि की खोज के प्रति सजग हुए बगैर हम अपनी सहृदयता—अपने एस्थेटिक मानस का वह विस्तार नहीं कर सकते—जो कबीर की कविता के अर्थबोध के लिए आवश्यक है।

इसी के साथ आवश्यक है—निर्गुण भक्ति के बारे में उस आलोचकीय 'कामनसेंस' से मुक्ति पाना जो इन कवियों की भाषा को ही नहीं, उनके जीवन दर्शन तक को 'पंचमेल खिचड़ी' के रूप में देखता है। या तो आप भक्ति के किसी-न-किसी आचार्य द्वारा प्रतिपादित सिद्धांत पक्ष के आधार पर जनता में भाव और प्रेम का संचार करें, या फिर आपके विचारों में दार्शनिक व्यवस्था दिखलाने का प्रयत्न ही व्यर्थ है। उपलब्ध विकल्प यही कि या तो आप शांकराद्वैत की आँख से दुनिया को देख रहे हैं या विशिष्टाद्वैत की आँख से या फिर शायद नाथों के द्वैताद्वैत विलक्षण तत्त्ववाद की निगाह से।

सवाल यह है कि दर्शन की मूल समस्या क्या है ? आमतौर से माना जाता है कि

यूरोप में दर्शन बौद्धिक प्रक्रिया के जरिए विश्व के यथार्थ का ग्रहण है, जबकि भारतीय परंपरा में दर्शन है आत्मसाक्षात्कार। कहना मुश्किल है, यह सरल विभाजन सही है या गलत, लेकिन यदि सचमुच ऐसा है तो निर्गुण कविता उस गहन, सार्थक हस्तक्षेप का अत्यंत उत्तेजक साक्ष्य देती है जो कि वह बतौर कविता के कर सकती है—उन प्रश्नों और जिज्ञासाओं में, जिन्हें कविता की पहुँच के बाहर घोषित कर दिया जाता है। यहाँ प्रयत्न है विश्व के यथार्थ ग्रहण और आत्म के साक्षात्कार की प्रविधियों के बीच पुल बनाने का। यहाँ नकार है अनुभव की आध्यात्मिक-सामाजिक समग्रता को पारमार्थिक और व्यावहारिक सत्य की कोटियों में बाँटने का। कबीर जैसे कवियों का इस गहरे अर्थ में, समूची भारतीय मनीषा में बहुत बड़ा योगदान है कि वे भगवत्प्रेम में तो जाति अप्रासंगिक लेकिन 'सामाजिक जीवन में वर्णाश्रम ही लोकधर्म' के द्वैत और इससे उपजने वाली फाँक, इससे पुष्ट होने वाले अन्याय और पाखंड को एक झटके से नकारकर नई ज्ञानमीमांसा और नई नैतिकता का प्रस्ताव करते हैं—कविता की भावगम्य, विचारगम्य भूमि पर।

इस निर्गुण ज्ञानमीमांसा की मूलभूत समस्या आध्यात्मिक अनुभव और सामाजिक अनुभव के बीच फाँक की ही है। यदि आत्मा मूलतः एक है तो ब्राह्मण और शूद्र की स्थिति उनके गुणों की बजाय उनकी जन्मगत स्थिति से क्यों तय हो ? यदि आध्यात्मिक धरातल पर निर्मलता ही सबसे बड़ा गुण है तो सामाजिक धरातल पर ज्ञान गुणहीन विप्र की पूजा करने की बजाय विप्रदेव से ज्ञानी, गुणी और शीलवान बनने का आग्रह क्यों न किया जाए ? उपासना यदि मनोशुद्धि के लिए है तो बाह्याचार की जरूरत ही क्या है ? सबसे बड़ी बात यह कि निश्छल, सहज प्रेम यदि ईश्वर और मनुष्य के बीच संबंध की पहली शर्त है तो यही प्रेम सामाजिक संबंधों का आधार क्यों नहीं हो सकता ?

यह मूलभूत समस्या कबीर के लिए दार्शनिक ऊहापोह की समस्या नहीं, जीवन-मरण का प्रश्न है। वे अपने समूचे अस्तित्व को; विचार, अनुभूति और भावुकता की समग्रता को दाँव पर लगाकर इस समस्या से टकराते हैं, इस समग्र दाँव के ही कारण उनकी अभिव्यक्ति में केवल दार्शनिक विवेचन या केवल भावुक अकुलाहट नहीं, बल्कि विचार, बोध और भावना की वह निरंतर समग्रता है, जो सर्जनात्मक शब्द की—काव्य की अपनी पहचान है। इस समग्रता के ही कारण कबीर में यह कह सकने का आत्मविश्वास है :

कबीर मन निर्मल भया जैसे गंगा नीर।
पाछौं लगा हरि फिरै कहत कबीर कबीर।।

कबीर की मूलभूत समस्या ध्यान में रखें तो स्पष्ट हो जाएगा कि उनके लिए प्रेम भावदशा तो है ही, बोध और विवेक की ऐसी 'कैटेगरी' भी है, जिसके जरिए वे विश्व के यथार्थ ग्रहण और आत्मसाक्षात्कार की एक नई विधि का प्रस्ताव करते हैं। प्रेम अपने अनुभूत रूप में सार्वजनीन है; ऐसी भावदशा है जो लौकिक भी है, लोकोत्तर भी। कायिक

भी है और मानसिक भी। वैयक्तिक भी है और सामाजिक भी। प्रेम किसी प्रदत्त व्यवस्था के लोकधर्म के अनुकूल भी होता है, लेकिन अपने गहनतम रूप में आमतौर से प्रेम तथाकथित लोकधर्म से टकरा जाता है—चाहे वह टकराव प्रत्यक्ष मुठभेड़ का रूप न भी ले। ऐसा टकराव काव्य-सर्जना में सामाजिक-आध्यात्मिक अनुभवों की नई व्याख्या का आधार बन सकता है, इसी कारण सामाजिक संदर्भ में तात्कालिक रूप से भले ही अस्वीकार्य हो, लेकिन गहन प्रेम सामाजिक स्मृतिकोष में दर्दभरे आदर के साथ सुरक्षित रखा जाता है। अपने घर में मीराँबाई यदि हो तो हम भी शायद उसे उन्हीं विशेषणों से नवाजेंगे, जिनसे मीराँ का समकालीन लोकधर्मपरक समाज उसे नवाजता था, लेकिन भक्त मीराँ, कवि मीराँ से हम प्रेम करते हैं, उनका आदर करते हैं क्योंकि उनमें प्रेम की वह ऊष्मा हमें दीखती है, जो समाज और व्यक्ति के संबंध को अधिक प्रशस्त बना सके। मीराँ हों या जायसी, सूर हों या कबीर—इनकी साझी विशेषता यही है कि इनकी काव्य संवेदना प्रेम को समाज व्यवस्था द्वारा एप्रोप्रिएट किए जाने से बचाकर उसे समाज व्यवस्था को परखने का एक आत्मीय और विश्वस्त उपकरण बना देती है।

कबीर की अपनी विशेषता यह है कि उनकी काव्य-संवेदना में प्रेम सिर्फ निरीह आत्मसमर्पण का कोमल रूपक नहीं, प्रचंड प्रश्नाकुलता का आधार भी है। प्रश्नाकुलता जिस प्रकार सामाजिक आलोचना और व्यंग्यदक्षता का रूप लेती है, उसके उदाहरण क्या देना—कबीर की अक्खड़ और उद्धत पहचान ही उनसे बनी है। लेकिन उद्धत कबीर ही यह भी कहते हैं :

कबीर कूता राम का मुतिया मेरा नाऊँ।
गले राम की जेवड़ी जित खेंचे तित जाऊँ।।

कबीर 'यह भी ठीक वह भी ठीक' मार्का समन्वय के तो कवि नहीं ही हैं, ऐसे संतुलन के भी कवि नहीं हैं, जो पारमार्थिक-व्यावहारिक द्वैत के संतुलन का आधार बन जाए। सार-सार को गहने और थोथे को उड़ा देने का आग्रह है कबीर का, और जाहिर है कि सार और थोथे को अलग-अलग करने वाला सूप साधु का अपना विवेक ही हो सकता है। यह उसी को तय करना होगा कि क्या सार है क्या निस्सार, समन्वय और संतुलन का आत्यंतिक आग्रह अधिकांशतः सार-निस्सार के विवेक को धूमिल कर देता है—यह अपने अनुभव से जानता है हर मनुष्य, जानती है हर संस्कृति। आध्यात्मिक अनुभव हो या सामाजिक, सार-निस्सार का विवेक करने का जोखिम तो हर व्यक्ति को अपने तईं ही लेना पड़ेगा। यह जोखिम ही मनुष्य का स्वधर्म है, न कि गुण कर्म विभागशः जन्म के पहले ही बाँट दिए गए अपने-अपने काम की अंध-स्वीकृति।

कबीर की कविता बहुत प्रखर और बहुत भावुक ढंग से मनुष्य को उसका स्वधर्म याद दिलाने वाली कविता है। वह हमें यह भी याद दिलाती है कि कवि कबीर की रचना प्रक्रिया का केंद्रीय तत्त्व प्रेम ही है—अत्यंत कोमल, रोमांचक भावदशा के रूप में भी, अंतर्मन के प्रकाश के रूप में भी और भाषिक सर्जनात्मकता के आधार के रूप में भी :

पिंजर प्रेम प्रकास्या आंतिर भया उजास।
मुख कस्तूरी महमही बानी फूटी बास।।

कवि कबीर की प्रेमपगी कारयित्री प्रतिभा निर्गुण राम को उपासना का विषय नहीं, बल्कि प्रेम की समग्रता का विषय बनाती है, ऐसे प्रेम का विषय जिसमें एकनिष्ठा का अभिमान है और प्रेम जनित अधिकार भाव भी, विरह की भुजंग सरीखी वेदना है तो मानसिक-कायिक मिलन की अदम्य कामना भी। ऐसे मिलन की कवि कबीर बल्कि कहिए कबीर नामक अरध सरीरी नारी व्यक्ति कल्पना ही तो कर सकता है, लेकिन इतनी गहरी और मार्मिक है यह कल्पना कि यह कविता में वास्तविक अनुभव के स्मृतिबिंब का रूप ले लेती है :

अब तोहि जान न देऊँ राम पियारे,
ज्यूँ भावै त्यूँ होह हमारे।
बहुत दिनन के बिछुरे हरि पाये भाग बड़े घर बैठे आए।
चरननि लगि करौं बरियायी, प्रेम प्रीति राखौं उरझाइ।
इत मनमंदिर रहौ नित चोखे कहे कबीर परहु मति धोखे।

साधक के लिए यहाँ—'राम' निरुपाधि, निर्गुण ही हैं, लेकिन कवि के लिए वे ऐसे प्रिय हैं, जिन्हें प्रेम प्रीति में उलझाए रखने की जरूरत है ताकि वे चोखा मनमंदिर छोड़कर किसी धोखे में न जा पड़ें। कविता बड़ी कविता इसी कारण है कि वह साधना का रूपक मात्र बनने से इनकार करती हुई अपने काव्यत्व को बलपूर्वक रेखांकित करती है। शब्द सर्जनात्मक तभी कहलाता है, जब वह एक से अधिक संदर्भों में अर्थ को प्रकाशित करे—अन्यथा वह पारिभाषिक शब्द कहलाता है। जिन आचार्यों को कबीर की कविता केवल घटसाधना की पारिभाषिक शब्दावली प्रतीत होती है या योग के अष्टांगों का परिचय देने वाली प्रतीत होती है—वे क्या कहना चाहते हैं—वह कम-से-कम कबीर की कविता से गुजरते हुए तो समझ नहीं आता।

कबीर की कविता लौकिक-अलौकिक के साफ-सुथरे विभाजन को हास्यास्पद बना देती है। वह हमें याद दिलाती है कि नितांत लौकिक और बुनियादी अनुभव—प्रेम—ही अलौकिक अनुभवों, आकांक्षाओं तथा अनुष्ठानों को अर्थ प्रदान करता है; दूसरी तरफ यह कि अलौकिक के अनुभव—उनकी व्याख्या आप जैसे भी करें—मनुष्य की व्यक्तिगत और सामूहिक आकांक्षाओं को रंजित किए रहते हैं। जब मनुष्य की चेतना का ऐसी कोटियों में साफ-सुथरा विभाजन संभव नहीं है, जो परस्पर संबद्ध न हों तो उस चेतना में रूपायित होने वाले अनुभव को भला कैसे परस्पर असंबद्ध लौकिक-अलौकिक में बाँटा जा सकता है ?

कबीर काव्य में प्रेम संवेदना भी है, अवधारणा भी। संवेदना के रूप में प्रेम एकदम अकुंठ है—अपनी लालसाओं में और उनकी अभिव्यक्ति में। अवधारणा के रूप में प्रेम एकदम बुनियादी है अपने आग्रहों में और उनकी तार्किक परिणति में। स्त्री-

पुरुष संबंध भावित प्रेम संवेदना; अपने दुःख, अंदेशे और पिपासा की कैसी मार्मिक व्यंजना करती है :

बालम आव हमारे गेह रे
तुम बिन दुखिया देह रे।
सब कोई कहें तुम्हारी नारी मोको यह संदेह रे
एकमेक ह्वै सेज न सोवैं तब लगि कैसा नेह रे।
अन्न न भावै नींद न आवै, गृह बन धरै न धीर रे।
ज्यूँ कामी को काम पियारा, ज्यूँ प्यासे कूँ नीर रे।
है कोई ऐसा पर उपकारी, हरि सूँ कहै सुनाइ रे।
ऐसे हाल कबीर भए हैं, बिन देखे जीव जाइ रे।

इस पद में नारी कबीर भी हैं, पुरुष कबीर भी। असल में तो मिलन की आतुरता का चित्र नारी का ही है, जिसका नाम पुल्लिंग में है। अंतिम पंक्ति पद के तर्क में अधिक-खपती यदि यों होती 'ऐसे हाल कबीर भईं, बिन देखे जीव जाई रे।' यों तो साहित्य की एक़ विधि ही है—परकाया प्रवेश। पुरुष सूरदास भ्रमरगीत में गोपियों की शब्द देह धार लेते हैं, लेकिन यहाँ कवि स्वयं ही नारी बन गया है—राम की दुल्हनिया। कबीर के सारे पदों, साखियों को यदि एक विराट् रचना के रूप में पढ़ें तो देखेंगे कि वह प्रेमाभिव्यक्ति के धरातल पर नारी की कविता है—नारी के बारे में कविता नहीं। प्रिय के प्रति वैसा ही अधिकार भाव, वैसा ही संकोच और आतुरता का द्वंद्व, मिलन को लेकर वैसी ही उत्सुकता, वैसी ही घबराहट, विरह की वैसी ही वेदना और यह दर्द भरा अहसास कि 'बिन रोवाँ क्यूँ पाइए, प्रेम पियारा मित्र।' कुछ अधिक ही निस्संकोच समझे जाने का जोखिम लेते हुए भी कबीर की कविता हमसे यह कहती प्रतीत होती है कि प्रेम का दर्द—आपकी जानकारी के लिए—दर्द होता नहीं है। वस्तुतः दिल में दर्द को जगह दिए बिना कोरे इल्म से शायरी होती कहाँ है ? यही तो कहते हैं कबीर :

बिरहा बुरा जिन कहौ बिरहा है सुलतान—
जिइ घर बिरह न संचरै सो घर सदा मसान।

कैसी विडंबना है कि जो कबीर प्रेमानुभूति के स्तर पर नारी बन जाते हैं; वही कबीर सिद्धांत के धरातल पर नारी की छाया मात्र से भुजंग के अंधे हो जाने की भी याद दिलाते हैं। इस विडंबना में निहित चुनौती से तो हम अन्यत्र टकराएँगे, लेकिन यहाँ जो बात गौरतलब है वह यह कि जिसे आचार्य परशुराम चतुर्वेदी 'प्रकृत काव्य परंपरा' कहते हैं, उसकी बद्धमूल काव्य-रूढ़ि है—विरह की वेदना, मिलन की आकांक्षा की काव्याभिव्यक्ति को नारी का अपना विशिष्ट क्षेत्र मानना। इस परंपरा में विरह के गीत गाते तो पुरुष भी हैं, लेकिन उन गीतों में बोलती नारी ही है। विरह की अनुभूति निश्चय ही पुरुषों को भी होती है, लेकिन लोकगीतों में रूपायित प्रकृत काव्य परंपरा में उस

अनुभूति को स्वर देता है—नारी का आर्केटाइप ! कबीर की कविता—यदि हम केवल संरचना के धरातल तक सीमित रहकर बात करें तो—इस प्रकृत काव्य परंपरा की काव्यरूढ़ियों को आत्मसात् करती है। अभिजातवर्गीय काव्यशास्त्र की रूढ़ियों से कबीर सचमुच न वाकिफ हैं, न उनके कायल, लेकिन प्रकृत काव्य परंपरा की रूढ़ियों से वे वाकिफ भी हैं, उनके कायल भी हैं, और उनके उत्साही प्रयोक्ता भी। सीमा संस्कृत काव्यशास्त्र और उसके अनुकरण पर बने काव्यशास्त्रों की है कि वे प्रकृत काव्य परंपरा और उसकी रूढ़ियों को विमर्श का विषय नहीं बनाते। जब कभी प्रकृत-काव्य परंपरा का भी नोटिस लेने वाला काव्यशास्त्र बनेगा तब हम न केवल कबीर की कविता में मौजूद आर्केटाइपल नारी से सार्थक संवाद करेंगे, बल्कि उस सर्जनात्मकता का शास्त्रीय विमर्श भी विकसित कर सकेंगे जो जीवन को तो झीनी-झीनी चदरिया कहती ही है, राम को बड़े आत्मीय भाव से रंगरेज भी पुकारती है :

कहै कबीर रंगरेज पियारे मुझ पर हुए दयाल।
सीतल चुनरी ओढ़िके रे भई हो मगन निहाल।।

जैसे कबीर की.कविता एक निश्चित काव्यपरंपरा में प्रतिभा का विशिष्ट विस्फोट है, वैसे ही उनकी ज्ञानमीमांसा की भी एक निश्चित परंपरा है। इस परंपरा का अत्यधिक महत्त्वपूर्ण सोपान है—नारद के भक्ति सूत्र, जहाँ भक्ति को स्वतः प्रमाण मानते हुए यह तेजस्वी प्रस्ताव किया गया है कि तरता वही है जो वेदों से भी संन्यास ले ले। कबीर की कविता की परंपरा को गंभीर विमर्श के ही लायक जो नहीं मानते वे जब अपनी मनचीती-परंपरा की कसौटियों पर जाँचें तो स्वाभाविक ही है कि उन्हें कबीर के कवित्व को स्वीकारने में हिचकिचाहट हो और उन्हें कबीर के अनुभव, अनभय और विवेक के दावों में लोकविद्वेषी अहम्मन्यता की गंध आए। यह कुछ-कुछ वैसी ही स्थिति है जैसे कि आप किसी को महज इसलिए अज्ञानी कह दें कि उसे अंग्रेजी नहीं आती।

यह स्थिति दुराग्रह के सांस्कृतिक कामनसेंस का रूप ले लेने की स्थिति है। कबीर उस सिलसिले के सर्वाधिक आत्मविश्वासी और प्रखर प्रवक्ता हैं, जिसने इस दुराग्रह मूलक कामनसेंस से सदियों तक जिरह की है। कविता के प्रयोजन से लेकर जीवन के लक्ष्य तक के प्रसंग में। इस जिरह का प्रतिपक्ष इतना प्रचंड, बौद्धिक रूप से इतना संपन्न है कि वह तर्क के सहारे सहज मानवीय न्यायबोध और स्वाभाविक विवेक को सर के बल खड़ा कर इस उलटपन को ही शास्त्रीय प्रमाण से पुष्ट सत्य का दर्जा दे सकता है। ऐसी शास्त्रीयता से जन्मजात रूप से वंचित, इस अभिजात लोक के हाशिए पर ही रहने को अभिशप्त संवेदना और कल्पना या तो आत्मसमर्पण कर दे या फिर ज्ञानमीमांसा, नैतिकता और भावसत्ता के वैकल्पिक रूपाकार प्रस्तुत करे। कबीर की कविता इस चुनौती को स्वीकारने वाली कविता है, और ऐसी सर्जनात्मक 'विट' से संपन्न कविता जो विवेक के उलटेपन पर आधारित शास्त्रीयता के सामने ऐसे विकल्प प्रस्तुत करती है जो कि प्रत्यक्ष तर्क की दृष्टि से असंभव प्रतीत हों—ऐसे ही वक्तव्यों को आचार्यगण

दुरूह और ऊटपटांग उलटबाँसियाँ कहते हैं। वास्तव में ये उलटबासियाँ उस प्रक्रिया की परिणति है, जिसे डॉ. रघुवंश उचित ही 'अपनी अभिव्यक्ति के लिए नए मिथकों का निर्माण करना' कहते हैं।

कबीर की तथाकथित उलटबाँसी तो केवल प्रत्यक्ष के भाषिक तर्क को उलटती है : ठाड़ा सिंह चराबै गाई—निम्नलिखित पंक्तियों को हम क्या कहेंगे जो मानवीय संबंधों और सामाजिक विवेक के मूलभूत तर्क को ही उलटे दे रही हैं :

सापत ताड़त परुष कहंता। बिप्र पूज्य अस गावहिं संता।
पूजिअ बिप्र सील गुन हीना। सूद्र न गुन गन ग्यान प्रबीना।।

ध्यान रखें कि यह किसी खलपात्र का प्रसंगवश कथन नहीं, तुलसी के राम का निजधर्म है ! कैसा विवेक है यह, कैसी है यह मर्यादा जो साधु का ज्ञान नहीं उसकी जात पूछती है, तलवार का नहीं म्यान का मोल करती है। कबीर अपनी उलटबाँसी को इस आत्मतुष्ट मर्यादा के बेतुकेपन के सामने खड़ा करके प्रत्यक्ष भाषिक तर्क को उलटकर जैसे याद दिलाते हैं कि जब सारा जग बौराया हो, सच कहने पर मारने आता हो और झूठ कहने पर पतियाता हो तो ऐसे जग को झकझोरने की एक प्रविधि उसकी भाषा के तर्क को झकझोरना भी है। उलटबाँसी के जरिए कबीर अपनी साधना की उस स्वाभाविकता को, उस मूल विवेक को रेखांकित करते हैं जो इस तथाकथित मर्यादा के जाल में उलझे समाज को समझ नहीं आता। असहज को सहज, अविवेक को विवेक मानने वालों के सामने उनकी भाषा के तर्क को उलट देना जैसे उन्हें याद दिलाना है कि वे इस भाषिक उलटबाँसी के बहाने अपनी सामाजिक और तार्किक उलटबाँसी पर ध्यान दें।

यदि हम निरालेपन का अर्थ परंपराविहीन होने या परंपरा में विक्षेप होने के संदर्भ में लें तो न कबीर का पंथ निराला है, न उनकी कविता। हाँ, उनकी परंपरा वर्चस्वशील संस्कृति के प्रतिरोध की परंपरा जरूर है—कवि संवेदना के धरातल पर भी और पंथ में व्यक्त होने वाले अस्मिताबोध के धरातल पर भी।

निस्संदेह कबीर की कविता उस ढंग की नहीं है, जिस ढंग से हम कविता को जाँचने-परखने के आदी हैं। यह हम खुद सोचें कि कबीर की कविता के ढंग को समझने की कोशिश किए बिना अपने मनमाने ढंग से उसे बेढंगी या किसी तरह काबिले-बर्दाश्त घोषित कर देना अपने आप में बेढंगापन है या नहीं। असल में कबीर की कविता निराली इसलिए है—कि वह शास्त्र का अनुगमन करने की बजाय उसके साथ मुखामुखम करना चाहती है। किसी विचार का भावानुवाद बनने की बजाय स्वयं संवेदना में विचार का अंतर्दर्शन करना चाहती है। सामाजिक और आध्यात्मिक के विभाजन को स्वयंसिद्ध मानकर अपने लिए सुविधापूर्ण जगह की तलाश करने की बजाय भीतर-बाहर के निरंतर को साधने की हौंस रखना चाहती है। दुनिया जैसी दिखाई गई, उसे वैसा ही देखने की बजाय अपनी विधि से दुनिया को पढ़ना-परखना चाहती है।

असल में कवि कबीर हमें कवि शब्द के उस महिमापूर्ण अर्थ की याद दिलाते हैं, जिस अर्थ में ऋग्वेद ऋत्विक को भी कवि कहता है और कारु को भी।

जरूरत कबीर की कविता और उसकी परंपरा से सार्थक संवाद करने वाले काव्यशास्त्र का विकास करने की भी है, इस परंपरा को एप्रोप्रिएट करने के लिए उत्सुक काव्यशास्त्र की नहीं। कबीर की कविता का ढंग और है, उसे पढ़ने का ढंग भी और ही होगा, जब तक ऐसा ढंग विकसित नहीं होता तब तक घटसाधक कबीर चलेंगे, व्यष्टिवादी कबीर चलेंगे, समाज सुधारक कबीर चलेंगे, दलित धर्म के संस्थापक कबीर चलेंगे—हाँ, कवि कबीर यही सोच-सोचकर तड़पते रहेंगे :

ऐसा कोई न मिले जासूँ कहूँ निसंक।
जासूँ हिरदै की कहूँ सो फिरि मारै डंक।।

[1998]

14

'जाति जुलाहा मति का धीर' : कबीर की कविता में व्यक्तित्व और अस्मिता

आचार्य हजारीप्रसाद द्विवेदी और लिंडा हेस्स ने कबीर की भाषा के अनोखे स्वभाव और उसमें झलकने वाले कबीर के व्यक्तित्व का विश्लेषण किया है। आचार्य द्विवेदी ने तो कबीर को वाणी का डिक्टेटर ही निरूपित किया था। लिंडा हेस्स ने भी उनकी 'स्वतःस्फूर्त अनगढ़, वाक् पटुता' पर विस्तार से विचार किया है। 'व्यक्तित्व' की उस अवधारणा पर ध्यान देने की जरूरत बनी हुई है, जो कबीर की वर्णाश्रम संबंधी आलोचना में अंतर्निहित है; और जो कबीर की गहरी बेचैनी, जिज्ञासा और लालसा को रूपायित करती है।

तथाकथित 'व्यक्तिवाद' के कारण कबीर कटु आलोचनाओं के पात्र भी बने हैं। आचार्य शुक्ल ने जायसी की 'हृदयग्राही विनयशीलता' को कबीर के 'औद्धत्य–जो दूसरों को चिढ़ाने के काम आता है,' के सामने खड़ा किया। यह स्वाभाविक था। आखिरकार कबीर उस तरह से शास्त्र के 'सही अर्थ' की खोज नहीं करते थे जैसे कि सूफी साधक, सगुण संत या ईसाई रहस्यवादी करते थे। कबीर के लिए मुख्य प्रश्न शास्त्र के सही या गलत अर्थ का था ही नहीं। उनके हिसाब से तो टकराव था शास्त्र के प्रमाण और उनके अपने अनुभव की प्रामाणिकता के बीच। वे जब बेद कतेब के संदर्भ में 'विचारने' की बात करते हैं, तो विचार का संदर्भ शास्त्र की दैवीयता से नहीं, बल्कि इस प्रश्न से जुड़ता है कि शास्त्र में उनके अपने सामाजिक और आध्यात्मिक अनुभवों को आलोकित करने की क्षमता या अक्षमता कितनी है।

यहाँ एक निजी बात कहूँ। समकालीन भारतीय समाज में मानवाधिकार विषय पर एक पेपर तैयार करते समय मन में जिज्ञासा जागी कि देखें कबीर की काव्यसंवेदना में क्या वैसा कुछ मिलता है, जिसे हम दार्शनिक अर्थ में 'व्यक्ति' की अवधारणा कहते हैं। यह तो स्पष्ट है कि मानवाधिकार के समूचे विचार का आधार ही है–ऐसे 'व्यक्तित्व' की कल्पना जो हर मानव-व्यक्ति में एक निश्चित गौरव की अपरिहार्य उपस्थिति स्वीकार करे। ऐसा गौरव जिसका होना जाति-प्रजाति लिंग या भाषा का मुखापेक्षी न हो–बल्कि जो मनुष्यमात्र का अधिकार–मानवाधिकार हो। मानवाधिकार का विचार किसी भी

'दैवी' या ईश्वर प्रदत्त पदानुक्रम को सिरे से खारिज करता है। इसका मतलब सामाजिक संबंधों और तंत्र को खारिज करना नहीं; सामाजिक संबंधों से तो 'व्यक्ति' गुजरता ही है। असल में तो 'व्यक्ति' परिभाषित ही होता है सामाजिक संबंधों से। लेकिन इस परिभाषा के बावजूद वह पहचाना जाता है बतौर 'व्यक्ति' के और ऐन इसी पहचान के संदर्भ में, किसी भी तरह के जन्मजात भेदभाव से मुक्ति उसका अधिकार है—मानवाधिकार है। दूसरे शब्दों में, किसी मनुष्य का मोल निर्धारित करने का आधार उसकी जाति या लिंग नहीं हो सकता। वर्णाश्रम के तर्क का इस विचार से सीधा और अपरिहार्य विरोध है। वर्णाश्रम सिद्धांत के अनुसार, व्यक्ति के गुण-अवगुण (और इसीलिए उसकी सामाजिक हैसियत) का संबंध उस समूह से है जिसमें उसका जन्म हुआ हो। वर्णाश्रम में निहित जन्मगत पदानुक्रम को 'ईश्वरीय स्वीकृति' प्राप्त है—जो कि कर्मफल में व्यक्त होती है। निस्संदेह इस सिद्धांत की सामान्य स्वीकृति के साथ ही इसके व्यावहारिक अनुपालन और विभिन्न समूहों को उपलब्ध अधिकारों के बारे में वर्णाश्रम चिंतन के भीतर विभिन्न प्रकार के मत हैं। आजकल कुछ लोग जन्मजात भेदभाव को 'अंतरों को व्यवस्थित' (ऑर्डरिंग द डिफरेंसेज) करने जैसा मनोहर नाम भी देते हैं; लेकिन वर्णाश्रम के किसी भी सिद्धांतकार के लिए यह कल्पना सहज ही अस्वीकार्य है कि सभी व्यक्ति मूलतः समान हैं। सीधी सी बात है—जिन 'अंतरों' को वर्णाश्रम व्यवस्थित करता है वे 'अंतर' निजी तौर से योग्य/अयोग्य; सक्षम/अक्षम 'व्यक्तियों' के बीच नहीं, बल्कि सामाजिक समूहों के बीच हैं, जिनमें से कुछ में जन्म लेना पुण्य का प्रताप है, तो कुछ में जन्म लेना पाप का फल। आखिर कुछ जातियाँ (और स्वभावतः उनमें जन्म लेने वाले व्यक्ति) कहलाते ही हैं—पापयोनि !

कर्मफल से अंतिम मुक्ति—मोक्ष—ही परम पुरुषार्थ है, लेकिन इसके अधिकारी वही हैं जो पवित्रता का एक निश्चित स्तर प्राप्त कर चुके हैं। पवित्रता का प्रतिमान भी कोई सार्वभौमिक नैतिकता नहीं, बल्कि हर वर्ग का अपना-अपना 'स्वधर्म' है। अपने वर्णगत, जातिगत या लिंगगत 'स्वधर्म' का पालन करते-करते ही जीव धीरे-धीरे परम पुरुषार्थ की ओर बढ़ता है, और उसका यह बढ़ना ही तय करता है कि उसका जन्म किस 'योनि' में होगा। पशु से मानव, और मानव में भी पापयोनि से उपनयन के अधिकारी बनने तक की यात्रा 'स्वधर्म' के पालन से ही जुड़ी हुई। इसीलिए—गीता की स्पष्ट घोषणा है, 'स्वधर्मे निधनं श्रेयः पर धर्मो भयावहः।' इसीलिए उच्च जाति में जन्म निराधार विशेषाधिकारों का कारण नहीं, बल्कि ऐसी जाति में जन्मे मनुष्य के पुण्यात्मा होने का अकाट्य प्रमाण है—और स्वाभाविक ही है कि सारा समाज ऐसे 'पुण्यात्मा' की महिमा स्वीकार करे—लौकिक से लेकर आध्यात्मिक संदर्भ तक में।

सवाल उठता है कि इस विचारणा की संगति सर्वव्यापी 'ब्रह्म' की अवधारणा से कैसे बैठती है ? कण-कण में व्याप्त ब्रह्म या परमसत्ता की अवधारणा कैसे वर्णाश्रम के अनुकूल बनाई जाती है ? वह अवधारणा जिस पर भारतीय शास्त्रीय धर्म परंपरा और दर्शन को इतना गर्व है, और गर्व उचित ही है। संगति बैठाई जाती है स्वयं सत्य

को दो रूपों में बाँट कर। एक है पारमार्थिक सत्य—जिसके धरातल पर ब्रह्म की विभिन्न अभिव्यक्तियों के बीच कोई अंतर नहीं है, जिसके धरातल पर अद्वैत सहज स्वीकार्य है। लेकिन दूसरा है—व्यावहारिक सत्य, जिसके धरातल पर 'धर्म' (अर्थात् समूचे अस्तित्व और समाज विशेष की व्यवस्था) की धारणा ही बहुस्तरीय तथा संरचनागत विषमतामूलक बोध के बिना संभव नहीं है।

कबीर के समय में 'व्यक्ति' का ऐसा नकार सिर्फ हिंदू धर्म तक सीमित नहीं था। इस्लाम में भी ऐसे 'व्यक्ति' की अवधारणा का अभाव है जिसे हम नैतिक अर्थ में व्यक्ति कह सकें, जो अपने निर्णय स्वयं अपनी मति के अनुसार करने और उनका नैतिक दायित्व वहन करने में सक्षम हो। हिंदू धर्म और इस्लाम दोनों ही कानून (सामाजिक अनुशासन) के संदर्भ में तो व्यक्ति सत्ता को स्वीकरते थे, लेकिन उस नैतिक चुनाव के संदर्भ में नहीं, जहाँ व्यक्ति बतौर व्यक्ति स्वतंत्र रूप से जीवन के लक्ष्य और सार का निर्धारण करता है, अधिकारों का उपभोग और कर्त्तव्यों का निर्वाह करता है। इस्लाम ने सैद्धांतिक रूप से 'अहले इस्लाम' की समानता का पाठ पढ़ाते-पढ़ाते ही, भारत की जाति व्यवस्था के साथ समझौता कर लिया। जो 'अहले इस्लाम' की परिधि के बाहर पड़ते थे, उनके साथ समानता का तो खैर सवाल ही नहीं। यहाँ भी सत्य वस्तुतः दो भागों में बँट गया—परम सत्य और व्यावहारिक सत्य एक दूसरे को काटने लगे।

कबीर को उद्धृत किए बिना भी याद किया जा सकता है कि उनकी सारी सामाजिक आलोचना का लक्ष्य वस्तुतः सत्य का यह द्विभाजन ही है। उनके तर्क इसीलिए तो अकाट्य हैं कि महीन बहसों के तर्कजाल में उलझने की बजाय वे सत्य के इस द्विभाजन पर ही आक्रमण करते हैं। यदि सारे जगत में परमात्मा का ही पसारा है; यदि सभी के जीवन में उसी 'जगजीवन' के रूप हैं तो सामाजिक व्यवहार में यह कैसे मान लिया जाए कि कोई गुण-ज्ञान हीन होने पर भी पूज्य है; और कोई सिर्फ इस कारण उत्पीड़न का पात्र है कि उसका जन्म पापयोनि में हुआ है। तर्क की यह विसंगति समाजव्यवस्था और नैतिक संस्कार का रूप लेकर महादुःखदायी यातना बन जाती है। तब निरुपाधि ब्रह्म के सर्वव्यापी होने के पवित्र मंत्रों और उसी ब्रह्म के मनुज रूपों का ताड़न करने वाले पवित्र धर्मदिशों का सह अस्तित्व परम स्वाभाविक और सहज मान लिया जाता है। कबीर का महत्त्व यह है कि ऐसे विचित्र तर्क जाल के यातनापूर्ण दुश्चक्र में फँसे मनुष्य के सामने वे व्यक्तित्व की वैकल्पिक अवधारणा प्रस्तुत करते हैं। किस तरह व्यंजित होता है यह व्यक्ति विकल्प कबीर की कविता में ?

कबीर का दुख क्या किसी सामाजिक अस्मिता विशेष का दुख भर है ? क्या उनका असली सरोकार व्यष्टिपरक भक्ति साधना तक सीमित था—और क्या उनकी कठोर सामाजिक आलोचना 'बाईप्रोडक्ट' मात्र है ? क्या वे सोच-समझकर एक निराला पंथ खड़ा कर रहे थे—जैसा कि डॉ. रामकुमार वर्मा मानते हैं ? और जैसा कि आचार्य शुक्ल पहले संकेत कर चुके थे ! या वे दलित धर्म की स्थापना करने का प्रयत्न कर रहे थे, जिसमें कि विफल रहे—जैसा कि डॉ. धर्मवीर का विश्वास है !

कबीर की संवेदना को समग्रतः समझने के लिए आवश्यक है कि हम अस्मिता पर उनके जोर तथा व्यक्तित्व के उनके आग्रह को एक साथ ध्यान में रखें। उनके सामाजिक आग्रहों की उपेक्षा जितनी घातक है, उतनी ही घातक है—उनकी आध्यात्मिक वेदना के प्रति उदासीनता। कबीर के बारे में सवाल पूछने का ढंग बदलना चाहिए; उनके आत्मवर्णन को जरा गौर से पढ़ना चाहिए।

'ना हिंदू, ना मुसमलान' होने का कबीर का आग्रह सुविख्यात है। आचार्य द्विवेदी के अनुसार, यह आग्रह आध्यात्मिक सत्य के साथ ही सामाजिक तथ्य की ओर भी संकेत करता है। डॉ. बड़थ्वाल की मान्यता को विस्तृत और विकसित करते हुए द्विवेदीजी ने प्रतिपादित किया कि कबीर का जन्म 'सद्यधर्मांतरित जोगी जाति' में हुआ था। मजे की बात यह है कि स्वयं कबीर कहीं अपने आप को जोगी नहीं कहते, बल्कि वे तो अपने आध्यात्मिक अनुभव को हिंदू मुसलमान या योगी की पहचान से अलग रखने का आग्रह करते हैं :

जोगी गोरख गोरख करै, हिंदू राम राम उच्चरै।
मुसलमान कहे एक खुदाइ। कबीर का स्वामी रह्या समाई।

मार्के की बात यह है कि अपने आध्यात्मिक अनुभव के अनोखेपन को बार-बार रेखांकित करते हुए भी कबीर कहीं भी अपनी जातिगत अस्मिता से पलायन नहीं करते। कहीं नहीं छिपाते वे जुलाहा या कोरी होने के तथ्य को। वे अपनी जाति का 'स्वभाव' मान लिए गए 'कमीनपन', 'नीचता' और 'मूर्खता' जैसे गुणधर्म के प्रति तीखे ढंग से सजग हैं। वस्तुतः इतने सजग हैं कि ऐसी बातों को जुलाहा स्वभाव मानने वाले संस्कार पर कहीं मार्मिक व्यंग्य करते हैं तो कहीं इस संस्कार के सामने स्वयं चुनौती बनकर पूरे के पूरे खड़े हो जाते हैं :

जाति जुलाहा मति का धीर। हरख हरख गुन रमै कबीर।

x x x

आई हमारै कहा करोगी हम तो जात कमीना
तहाँ जाहु जहाँ पाट पटंबर अगर चंदन घसि लीना।

कबीर जानते थे कि उनकी सामाजिक हैसियत लोगों की निगाहों में उनकी जाति से ही निर्धारित होती है। वे इस तथ्य से टकराना चाहते हैं—भागना नहीं। 'हिंदू' 'मुसलमान' या 'जोगी' जैसे नाम विशिष्ट अवधारणात्मक ढाँचों, जीवन दृष्टियों, संस्कारों और इन सब पर आधारित सामाजिक अस्मिताओं के व्यंजक हैं। इनमें रो किसी का भी अंग बनने से इनकार करना कबीर की प्रचंड बौद्धिक स्वतंत्रता और प्रखर व्यक्तित्व का प्रमाण है। उनका व्यक्तित्व अपने अनुभव-अनभय सत्य के आधार पर जातियों की विशेषता मान लिए गए 'गुण-धर्म' को पूरे आत्मविश्वास के साथ चुनौती देता है। वे स्पष्ट कह तो रहे हैं—जात जुलाहा मति का धीर। 'मति के धीर' इसलिए नहीं है कि

'उनकी शिराओं में ब्राह्मण नहीं तो हिंदू रक्त' अवश्य बह रहा था, बल्कि जुलाहे होते हुए भी वे 'मति के धीर' और अनभै साँच के साधक हैं। कबीर का यह आत्म परिचय व्यक्ति की महत्ता को उसकी उपलब्धि की बजाय उसके पेशे से जोड़ देने वाली जीवनदृष्टि का नकार है–निर्भ्रांत पूर्ण और नकार !

अपनी जाति के साथ जुड़े सामाजिक पूर्वग्रहों का वेदनापूर्ण बोध, और उसके साथ ही प्रदत्त अवधारणा-संस्कारों से बुनियादी इनकार–कबीर की काव्यसंवेदना में निहित 'व्यक्तित्व बोध' का सर्वप्रमुख लक्षण है। यह व्यक्ति बोध, उस बोध से अलग है जिसमें मनुष्य या व्यक्ति की सार्वभौम सत्ता का विचार सामाजिक वास्तविकता से कटकर आध्यात्मिक अमूर्तन मात्र बनकर रह जाता है। कबीर के व्यक्तित्व बोध तक सामाजिक वास्तविकता से गुजरे बिना पहुँचा ही नहीं जा सकता। ध्यान इस बात पर दें कि कबीर अपनी जाति का हवाला देते हैं–सामाजिक तथ्य को व्यंग्य, विरोधाभास या प्रत्यक्ष नकार के जरिए प्रश्नविद्ध करने के इरादे से; जाति के मूलभूत तर्क को ध्वस्त करने के इरादे से। उनकी बात एकदम साफ है। महत्ता जन्म से नहीं साधना से मिलनी चाहिए। साधना में इतना बल है कि यदि साधक सच्चा है; प्रेम वास्तविक है तो भक्त और भगवान के संबंध तक में नाटकीय परिवर्तन आ जाता है :

कबीर मन निर्मल भया, जैसे गंगा नीर।
पाछैं लागा हरि फिरै कहत कबीर-कबीर।

कबीर का लक्ष्य संप्रदाय प्रवर्तन नहीं था। वे निराला पंथ खड़ा करने के इरादे से चेले नहीं खोज रहे थे। वे खोज रहे थे–व्यक्ति और समाज; लौकिक और आध्यात्मिक; इंद्रियगम्य और इंद्रियातीत की जटिल आवाजाही को समझने और बखानने का मुहाविरा। उनकी सहज साधना सत्य के पारमार्थिक-व्यावहारिक में द्विभाजन के विपरीत सत्य के विविध रूपों में निहित अंतस्सूत्रों को खोजने की साधना है। वे एक कर्मकांड के स्थान पर दूसरा कर्मकांड नहीं प्रस्तावित करते। उनकी सहज साधना तो साधना की अवधारणा को ही आमूलचूल बदल देती है। भावपूर्ण, संवेदनशील और नैतिक जीवन के अलावा साधना है क्या ? कबीर के अनुसार–कुछ नहीं। अद्‌भुत स्पष्टता के साथ व्यंजित होता है कबीर का मत इस पद में :

संतो, सहज समाधि भली।
गुरु परताप भई जा दिन से सुरति अंत चली।।
जहाँ जहाँ जावों सो परिकरमा, जो कुछ करौं सो पूजा।
गृह बनखंड एक करि जानौं, भाव मिटावहुँ दूजा।।
आँख न मूदौं कान न रूधौं काय कष्ट नहीं धारूँ।
खुले नयन हँसि-हँसि पहचानूँ, सुंदर रूप निहारूँ।
सबद निरंतर मनुवा राते, मलिन वासना त्यागे।
उठत बैठत कबहुँ न बिसरै, ऐसी तारि लागे।

कहै कबीर यह उनमुन रहनि, सो परगट करि गाई।
दुख सुख से एक परे, परम पद सो पद है सुखदाई।।

'सहज साधना' दिनचर्या को ही पूजा बनाने की विधि है, साथ ही व्यक्ति के नैतिक उत्तरदायित्व का रेखांकन भी। कबीर की सहजसाधना और भक्तिभावना उस भक्ति सिद्धांत से भिन्न बल्कि विपरीत है, जहाँ कि (मिसाल के तौर पर पुष्टिमार्ग में) कृष्णार्पण के माध्यम से व्यक्ति अपने किए के नैतिक दायित्व से मुक्त मान लिया जाता है। आज जबकि सामाजिक अस्मिताओं के उत्साही समर्थक व्यक्ति की दार्शनिक सत्ता और उसके नैतिक दायित्व को हाशिए पर ठेल देने को उतारू हैं—कबीर की सहज साधना का महत्त्व और भी अधिक है।

कबीर का संबोध्य श्रोता किसी समुदाय या पंथ की चौहद्दी तक सीमित नहीं है। लिंडा हेस्स ने इस ओर ठीक ही ध्यान खींचा है कि कबीर अपने श्रोता को बड़े निजी धरातल पर संबोधित करते हैं (देखें, लिंडा हेस्स का लेख 'कबीर्स रफ रिटॉरिक'—कैरीन शॉमर और डब्ल्यू. एच. मैकल्योड द्वारा संपादित 'द संत्स' में—नई दिल्ली, 1987)। कबीर का लक्ष्य व्यक्ति का विवेक है। उनकी सतत खोज है ऐसे श्रोता के लिए जिससे हृदय की बात निःशंक होकर कही जा सके :

ऐसा कोई न मिले जासों कहूँ निसंक,
जासों हिरदय की क़हूँ सो फिरि मारे डंक।

आचार्य द्विवेदी की प्रसिद्ध उक्ति है, "वस्तुतः वे व्यक्तिगत साधना के प्रचारक थे, समष्टिवृत्ति उनके चित्त का स्वाभाविक धर्म नहीं था।" (ग्रंथावली-4, नई दिल्ली, 1981, पृ. 368) यह कथन वहीं तक ठीक है, जहाँ तक यह हमें कबीर को उन्नीसवीं सदी के समाज सुधारकों की कोटि का सुधारक मानने के प्रति सशंक करता है। इसके आगे ध्यान रखना चाहिए कि वस्तुतः कबीर का तर्क वैयक्तिकता और सामाजिकता के बीच मान लिए गए द्वैध को नकारने वाला ही तर्क है। कबीर का समय संदर्भ ऐसा था जहाँ उनकी वैयक्तिकता उपलब्ध धार्मिक-दार्शनिक व्यवस्थाओं को रद्द करके ही स्वयं को रेखांकित कर सकती थी। साथ ही उनकी 'सामाजिक आलोचना' सार्थक और प्रासंगिक तभी हो सकती थी जबकि वे एक ओर अपने अनुभव सत्य की आध्यात्मिक सचाई के प्रति आश्वस्त हों, और दूसरी ओर अपनी जन्मगत सामाजिक पहचान के साथ जुड़े हुए पूर्वग्रहों को साहसपूर्वक खारिज करें। दूसरे शब्दों में, महत्ता का आधार व्यक्तित्व को निरूपित करें, वंश को नहीं। कह सकें स्पष्ट शब्दों में, 'मोल करो तलवार का, पड़ी रहन दो म्यान।' मयान नहीं तलवार, वंश या जाति नहीं व्यक्ति की महत्ता का मार्मिक आग्रह ही कबीर की कविता को उनके पहले हुए वर्णाश्रम विरोधियों के उपदेशों से अलगाता है।

कबीर शब्द के पारंपरिक अर्थ में दार्शनिक नहीं थे। वर्णाश्रम और इस्लाम की

परंपरा में व्यक्तित्व का ऐसा कोई विमर्श भी उपलब्ध नहीं था, जो सामाजिक संबंधों से गुजरते हुए व्यक्तिसत्ता की कोई अवधारणा प्रस्तुत करता हो। स्वाभाविक रूप से, कबीर की संवेदना में खासकर और निर्गुण परंपरा में सामान्य रूप से अंतर्निहित व्यक्तिसत्ता की अवधारणा किसी पूर्णतः विकसित, दार्शनिक परिकल्पना का रूप न ले सकी। फिर भी, सत्य के द्विभाजन को नकारकर और प्रदत्त सामाजिक अस्मिता के बावजूद प्राप्य वैयक्तिकता को रेखांकित कर कबीर की कविता वैयक्तिक और सामाजिक के अंतस्संबंध को मार्मिक व्यंजना देती है। साथ ही रेखांकित होता है यह तथ्य भी कि सर्वव्यापी चैतन्य की जिस अवधारणा पर ब्राह्मण-परंपरा इतना गर्व करती है—वर्णाश्रम का सिद्धांत और व्यदहार वस्तुतः उसी का खंडन करता है। कबीर की कविता हमारे समय के लिए भी चेतावनी है। हमारा समय—जिसमें कि व्यक्ति की नैतिक, दार्शनिक सत्ता का लोप या उसका प्रतिरोध अस्मिताओं के विमर्श का अनिवार्य हिस्सा बन गया है।

मुक्तिबोध के इस मार्मिक प्रश्न में गहरी दूरदृष्टि थी कि "...कबीर और निर्गुण पंथ के अन्य कवि तथा दक्षिण के कुछ महाराष्ट्रीय संत तुलसीदासजी की अपेक्षा अधिक आधुनिक क्यों लगते हैं ?" (रचनावली-5, नई दिल्ली, पृ. 292) इसी तरह की जिज्ञासा लिंडा हेस्स द्वारा किए गए विवेचन के मूल में भी है।

बात सिर्फ इतनी नहीं है कि कबीर बाह्याचार विवर्जन के कवि हैं। उनकी संवेदना की प्रासंगिकता का गहरा संबंध व्यक्ति और अस्मिता के अंतस्संबंध पर साहसपूर्ण पुनर्विचार से है। यह पुनर्विचार अस्मिता विमर्श के इस जमाने में और भी ज्यादा जरूरी है। कबीर के प्रति शुक्लजी की नाराजगी समझ में आती है, आखिरकार शुक्लजी का 'लोक धर्म' वर्णाश्रम चिंतन का ही आधुनिक मुहावरे में अनुवाद जो है ! इसी मुहावरे का एक रूप रामविलासजी जैसे मार्क्सवादी आलोचकों के यहाँ मिलता है। ऐसे विचारक 'सामाजिकता' की लगभग अमूर्त अवधारणा से इतने मोहाविष्ट हैं कि व्यक्ति के कोण में की गई समाज की कोई भी आलोचना उनके लिए संदिग्ध ही है। दूसरी ओर वर्णाश्रम चिंतन और उससे जुड़े 'लोकधर्म' का विरोध करने वालों में ऐसे लोग भी हैं जो कबीर की कविता में व्यंजित वेदना को सामाजिक समूह विशेष की ही वेदना तक सीमित कर देना चाहते हैं। जो कबीर की जातिगत अस्मिता पर इतना एकांगी बल देते हैं कि कबीर की कविता का सबसे उत्तेजक योगदान—उनकी कविताओं में अंतर्निहित व्यक्तिसत्ता की अवधारणा—ही उनकी निगाह से ओझल हो जाता है। ध्यान दें : कबीर के अपने व्यक्तित्व के अलावा, कविता में अंतर्निहित व्यक्तित्व मात्र की दार्शनिक, नैतिक अवधारणा के ही कारण कबीर का आध्यात्मिक अनुभव इतना आत्मीय और उनका सामाजिक सरोकार इतना खरा लगता है।

[1999]

15

'बालम आव हमारे गेह रे...'
कबीर का नारी रूप

बालम आव हमारे गेह रे
तुम बिन दुखिया देह रे।।
सब कोई कहैं तुम्हारी नारी, मोको यह संदेह रे।
एकमेक है सेज न सोवै, तब लगि कैसा नेह रे।।
अन्न न भावै नींद न आवै, गृह बन धरै न धीर रे।
ज्यूँ कामी को काम प्यारा, ज्यूँ पियासे कूँ नीर रे।।
है कोई ऐसा पर उपकारी, पिय सूँ कहै सुनाइ रे।
ऐसे हाल कबीर भए हैं, बिन देखे जीव जाइ रे।।

कबीर प्रीतड़ो तौ तुझ सों बहु गुणियाले केत।
जे हँसि बोलौं और सों तौ नील रँगाऊँ देत।।

हँसि हँसि कंत न पाइए, जिनि पाया तिन रोइ।
जो हाँसे ही हरि मिलैं, तौ नहीं दुहागिन कोइ।।

हो बलिया कब देखोंगी तोहि।
अह निस आतुर दरसन कारनि, ऐसी व्यापै मोहि।।
नैन हमारे तुम को चाहें, रति न मानै हार।
बिरह अगनि तन अधिक जरावै ऐसी लेहु बिचारि।।
सुनहुँ हमारी दादि गुसाईं अब जिन करहु बधीर।
तुम धीरज मैं आतुर स्वामी, काचै भाँड़े नीर।।
बहुत दिनन के बिछुरे माधौ, मन नहीं बाँधै धीर।
देह छताँ तुम मिलहु कृपा करि, आरतिवंत कबीर।।

ग्रंथावली, पद-301

उपरोक्त पदों और साखियों को पढ़कर कुछ उलझन होती है। ये कविताएँ क्या सचमुच उसी कवि की हैं, जिसने नारी की घोर निंदा भी की है ? 'ग्रंथावली' का एक पूरा अंग—'कामी नर को अंग' ऐसी ही साखियों का संकलन है, जिसमें साधना में आने वाले वासना के खतरों का रूपक नारी को मान लिया गया है। अन्यत्र भी ऐसी पंक्तियाँ मिलती ही हैं, जिनमें कबीर साधक को नारी से बचने की चेतावनी देते हैं।

नारी का नारीत्व यदि साधना में ऐसा बाधक है, तो परमात्मा के प्रति अपने समर्पण को नारी के प्रेमाकुल समर्पण का, और परमात्मा से दूर होने की अपनी मजबूरी को नारी की विरह वेदना का मुहावरा देने की क्या जरूरत है ? यदि नर नारी का परस्पर कामज आकर्षण इतना ही पापपूर्ण है तो राम को 'बालम' कहकर उन्हें पाप में घसीटने की क्या जरूरत है ? क्या कारण है कि अपने प्रेम और विरह की तीव्रता को व्यक्त करने के लिए पुरुष कबीर कविता में लगभग हर जगह नारी बन जाते हैं ? क्या कारण है कि इस तीव्र आकुलता की अभिव्यक्ति निर्भ्रांत रूप से कामपरक-एरॉटिक-शब्दावली और चित्रों में होती है ! क्या कारण है कि प्रेम की संपूर्णता तभी संभव लगती है कि कबीर रूपी नारी और बालम रूपी राम केवल 'सबद' में ही नहीं 'देह' में भी एकमेक हो जाएँ, अन्यथा—'एकमेक ह्वै सेज न सोवै तब लगि कैसा नेह रे ?'

कोई तो कारण होना चाहिए कि भक्त मन की अबूझ, असहनीय आतुरता का आर्त्तनाद व्यंजित करने के लिए कबीर नारी रूप धारण करके प्रेम के काव्यानुभव में जाते हैं। और वह आर्त्तनाद इस बेहिचक शब्दावली में प्रकट होता है—'रति न मानै हार', ऐसे बिंब का रूप लेता है, जिसके अर्थ की लहरें भावक के मन में लोमहर्षक पीर की तरह फैलती ही जाती हैं—'तुम धीरज मैं आतुर स्वामी—काचै भाँडे नीर।' कच्चे घड़े को गलाकर जिस तरह पानी फूट पड़ता है—वैसे ही कबीर की आतुरता फूट पड़ने को है—जीवन तक को समाप्त करके। इस आतुरता की अभिव्यक्ति करने के लिए पुरुष कबीर स्त्री बन गए हैं, या ऐसी आतुरता की अनुभूति ही पुरुष मात्र में एक तरह का स्त्रीत्व उद्‌बुध कर देती है ? क्या यह 'अरध सरीरी नारि' के शाश्वत तथ्य का सहज बोध नहीं है ? ऐसा सहज बोध जिसे विभिन्न प्रकार की विचारधाराओं से रंजित ज्ञान-मीमांसाएँ छिपाती रहती हैं—और जो कविता की अपनी सहज, निगूढ़ ज्ञान प्रक्रिया में कबीर जैसे कवि के सर्जनात्मक मन में अपनी अपरिहार्यता और गरिमा के साथ एकाएक उद्‌भासित हो जाता है।

स्त्री के प्रति आकर्षण को साधक की सबसे बड़ी समस्या मानना, स्त्री के प्रति आकर्षण से साधक को विरत करने के लिए स्त्री मात्र को भयावह और तिरस्करणीय छवि देना; उसकी छाया मात्र से भुजंग के अंधे हो जाने का बयान करना—और दूसरी तरफ साधना के गहनतम धरातल पर नारी की बानी बोलने लगना, प्रेम के समूचे प्रसंग को नारी की निगाह से देखने लगना, मिलन की आतुरता और विरह की व्यथा को स्त्री की तरह महसूसना—कबीर की काव्य संवेदना की यह फाँक गौरतलब है। इस फाँक को पढ़ने के लिए अब तक अपनाई गई आलोचनात्मक युक्तियाँ इसका अर्थ खोलने में बहुत

सहायता नहीं करतीं। एक युक्ति यह है कि नारी निंदा के असुविधाजनक अंशों को या तो 'प्रक्षिप्त' कह दिया जाए; या फिर किसी-न-किसी तरह उन्हें 'रेशनलाइज' किया जाए। जहाँ तक प्रक्षिप्त होने-न होने का सवाल है—कबीर (या मौखिक से लिखित परंपरा के बीच आवाजाही करने वाले किसी भी कवि) के प्रसंग में प्रामाणिक और प्रक्षिप्त पाठ की बहस की सार्थकता-निरर्थकता अपनी जगह—लेकिन उसे सार्थक ही मान लें तो भी पाठ निर्धारण का यह तरीका एकदम बेतुका है कि मनचाहे को प्रामाणिक कह दिया जाए और अनचाहे को प्रक्षिप्त। यह तरीका कवि को मसीहा या धर्मप्रवर्तक मानने वालों को ही रास आ सकता है—कविता के पाठकों को नहीं। जहाँ तक ऐसे 'रेशनलाइजेशन' का सवाल है कि 'साहब कबीर तो साधक को विरत करने के लिए, उसे सच्चरित्र बनाने के लिए नारी की, कामिनी की निंदा करते रहे हैं...' तो पलटकर पूछा जा सकता है कि ऐसी स्थिति में निंदा स्वयं साधक की क्यों न की जाए ? बजाय नारी को कोसने के, उस 'चरित्र' को ही क्यों न कोसा जाए जो नारीमात्र का तिरस्कार किए बिना दृढ़ रह नहीं सकता।

एक और युक्ति यह है कि कम-से-कम स्त्री के प्रति दृष्टिकोण के मुद्दे पर कबीर और तुलसी की काव्यसंवेदना एक सी मान ली जाए। तर्क कुछ इस प्रकार है कि यदि 'नारी की झाँई पड़त अंधे होत भुजंग' कहने वाले कवि को आप जनवादी मानते हैं तो 'ढोल गँवार सूद्र पसु नारी' के बावजूद तुलसी को प्रगतिशील क्यों न माना जाए ? यह भी साथ-साथ कह दिया जाता है कि 'बाबा को ऐसी बातें नहीं कहनी चाहिए थीं।' क्योंकि 'स्त्रियाँ भी आखिरकार मनुष्य हैं, उनका जी दुख सकता है।' यह आलोचनात्मक दृष्टि जितने कृपाभाव से स्त्रियों को भी 'आखिरकार मनुष्य' मान लेती है, उतने ही अधिकार भाव से यह आग्रह करती है कि सारी भक्ति संवेदना के सहज अंश के रूप में नारी-निंदा को स्वीकार कर लिया जाए, या फिर यह मान लिया जाए कि 'जी दुखने' का खतरा न होता तो बात में दम तो है ही !

कबीर की तुलना में तुलसी अपने आधुनिक प्रशंसकों को अधिक उलझन में डालते हैं। उनकी काव्य-संवेदना आधुनिक चेतना में बद्धमूल आग्रहों के ऐन विपरीत पड़ती है। इसीलिए तुलसी के ऐसे कथनों, उनके द्वारा रचे ऐसे प्रसंगों—जो आधुनिक मानस के लिए अझेल हैं—को 'रेशनालाइज' करने के प्रयत्न बार-बार हुए हैं। कभी कहा जाता है कि ऐसे कथन, ऐसे प्रसंग तुलसी की मौलिक उद्‌भावना नहीं, किसी-न-किसी पूर्ववर्ती पाठ की पुनर्रचना हैं। गोया कि ऐसी पुनर्रचना में कवि के अपने चुनाव का कोई महत्त्व ही न हो। और भी रोचक तब लगता है जब ऐन इस बात के लिए तुलसी के मानवतावाद की दाद दी जाती है कि उन्होंने सीता-निर्वासन और शंबूक-वध के प्रसंगों की पुनर्रचना नहीं करने का चुनाव किया। सीता-निर्वासन की पुनर्रचना न करने के लिए साधुवाद के पात्र तुलसी हैं, लेकिन 'ढोल गँवार सूद्र पसु नारी, सकल ताड़ना के अधिकारी' लिखने का अपराध गर्ग मुनि का है—क्योंकि मूल संस्कृत श्लोक उन्हीं का है !

इसी युक्ति का एक रूप तुलसी के राम को 'सूचित' और 'चित्रित' में अलगा कर

पढ़ने का आग्रह करता है। तर्क यह कि 'सूचित' पारंपरिक संस्कारों की जकड़ का वाचक है, और 'चित्रित' तुलसी की अपनी संवेदना का। बात बहुत दूर तक नहीं जा पाती। सवाल उठता है कि 'नारि हानि बिसेस छति नाहीं', 'जिमि सुतंत्र होई बिगरैं नारी' कहने वाले या सीताहरण के बाद 'जुबती, सास्त्र, नृपति बस नाहीं' कहकर अपहृता नारी पर स्वेच्छाचारिता का आरोप लगाते राम 'सूचित' हैं या 'चित्रित' ? असल में तो सवाल राम की नहीं, कवि की संवेदना का है। उसी संवेदना का जो ऐसी विदग्ध पंक्ति रचती है—'दारुण वैरी मीचु के बीच विराजाति नारि।' तुलसी की कविता ऐसा साक्ष्य नहीं देती जिससे लगे कि स्त्री के प्रसंग में उनकी काव्यसंवेदना में पारंपरिक संस्कार और कवि की अपनी भावसत्ता के बीच कोई द्वंद्व है। तुलसी की भक्ति संवेदना से गुजरते हुए ऐसा नहीं लगता कि वहाँ नारी निंदा के संस्कार और नारी महिमा के स्वीकार के बीच कोई संघर्ष भक्त की अनुभूति के धरातल पर चल रहा है।

और, यही सबसे गहरा, सबसे मार्मिक अंतर है कबीर और तुलसी के नारी संबंधी दृष्टिकोण में। एक की संवेदना नारी निंदा के संस्कार के बावजूद नारी महिमा का उन्मुक्त स्वीकार कर अपनी साधना की अनुभूति रचती है; दूसरे की संवेदना नारी निंदा के संस्कार का पूर्ण आत्मसातीकरण कर लेती है।

तुलसी के प्रसंग में पूर्ववर्ती पाठों की पुनर्रचना, परंपराप्राप्त काव्य-प्रसंगों, रूढ़ियों, मोटिव्स आदि में से चुनाव की बात करना ठीक ही है—बशर्ते हम उस चुनाव में निहित तुलसी के अपने विवेक का विश्लेषण करें—न कि अपने मनचीते चुनाव का श्रेय (या कुश्रेय) तुलसी को देने लगें। ठीक इसी तरह कबीर की काव्यसंवेदना में परंपरा प्राप्त तत्त्वों की उपस्थिति, उपलब्ध तत्त्वों में से कुछ को चुनने, कुछ को छोड़ने के सहज कवि विवेक का विश्लेषण जरूरी है। 'मसि कागद छुयो नहीं' को शब्दशः लेना उतना ही सार्थक या व्यर्थ है जितना कि 'कवित विवेक एक नहिं मोरे' को शब्दशः सत्य मान लेना। यह मान ही लिया जाए कि कबीर 'पढ़े-लिखे' नहीं थे (क्योंकि संस्कृत से अनभिज्ञ थे) तब भी कबीर की कविता स्वयं साक्ष्य है कि उस पर विविध परंपराओं का प्रभाव पड़ा है—और कबीर की काव्यसंवेदना ने अपने स्वभाव और विवेक के अनुकूल कुछ चुनाव किए हैं—जैसे कि किसी भी कवि की संवेदना करती है। कबीर की साधना—शून्य की साधना है; लेकिन उनकी कविता किसी शून्य से नहीं टपक पड़ी है। किसी भी सार्थक कविता की तरह उसमें भी उपलब्ध परंपरा, संस्कारों और कवि की अपनी संवेदना का द्वंद्व विन्यस्त है। जरूरत इस विन्यास के स्रोतों और स्वभाव को समझने की है।

नारी रूप कबीर का कहना है :

बहुत दिनन की जोवती, बाट तुम्हारी राम।
जिव तरसै तुझ मिलन को, मन नाहीं विश्राम।।
बिरहिन ऊठै भी पड़े, दरसन कारनि राम।
मूवाँ पीछै देहुगे, सो दरसन किहि काम।

मिलन की यह जीवनाग्रही आतुरता शायद किसी और ढंग से भी कही जा सकती थी। स्त्री का अबाध समर्पण और उस समर्पण के संभव न हो पाने पर उसकी पीड़ा यदि लौकिक मानवीय संबंधों में माया का जाल भर है, तो साधक को अपने अलौकिक प्रेम की व्यंजना के लिए कोई और ढंग तलाशना चाहिए। स्त्री का प्रेम यदि साधना की बाधाओं का रूपक ही है तो फिर आश्वासन देने का यह तरीका तो अटपटा ही है न :

तोको पीव मिलैंगे, घूँघट के पट खोल रे।

X X

सुन्न महल में दियना बारि ले आसा सों मत डोल रे।।
जोग जुगुत सो रंग महल में पिय पायो अनमोल रे।
कहैं कबीर आनंद भयो है बाजत अनहद ढोल रे।

इस 'अटपटेपन' से साधना शायद मुक्ति पा ले, लेकिन कविता कैसे पाएगी ? साधना कविता बनती तभी है, जब वह प्रकृत मनोभूमि और स्वाभाविक भावदशाओं के अनुकूल बने। और साधना की जिस व्याकुलता को, जिस आश्वासन को साधक कवि अनुभूत और अभिव्यक्त करना चाहता है—उसकी गहराई की तुलना स्त्री-पुरुष के प्रेम के अलावा किस भावदशा से की जा सकती है ? जिस प्रेम विवशता को साधक अपनी आत्मा में जीता है, उसकी अनुभूति का सशक्ततम मुहावरा स्त्री के प्रेम के अलावा और किस स्रोत से आ सकता है ? प्रेम के मनोराज्य के जिस अभाव को कवि आसपास की दुनिया में पसरा देखता है, उस अभाव की वेदना को महसूसने की श्रेष्ठतम विधि क्या उस अभाव के प्रति संवेदनशील होना नहीं है—जो 'विरहनि' की रग-रग में बजता है, लेकिन किसी को सुनाई नहीं पड़ता। अंतरात्मा सिसकती रहती है और चेहरे पर शिकन नहीं आती :

सब रग तंत रबाब तन, बिरह बजावै नित्त।
और न कोई सुनि सकै, कै साईं कै चित्त।।

आध्यात्मिक अभाव और प्रेम विरह को एकमेक करके साधने वाले कबीर अकेले नहीं हैं। आचार्य शुक्ल ने किंचित् तिरस्कार के साथ, विरह को 'सूफियों की रूढ़ि' कहा है। उनके अनुसार, "भारतीय भक्त तो अपनी व्यक्तिगत सत्ता के बाहर सर्वत्र भगवान का नित्य लीला क्षेत्र देखता है, उसके लिए विरह कैसा ?" (गोस्वामी तुलसीदास, नागरी प्रचारिणी सभा, 2033 वि., पृ. 8) इस 'भारतीय' तर्क पद्धति की ऐतिहासिक प्रामाणिकता और सांस्कृतिक आशयों पर विचार का तो यहाँ अवकाश नहीं, लेकिन शुक्लजी की टिप्पणी इस अर्थ में तथ्यात्मक है कि कबीर तथा अन्य निर्गुणपंथी कवियों की विरह भावना का गहरा संबंध सूफी परंपरा से है। स्वयं को परमात्मा की दुलहिन मानना सूफी साधकों की प्रिय साधनात्मक युक्ति रही है। यह साधनात्मक युक्ति काव्योक्ति किस दर्जे की बनती है, यह जाहिर है कि साधना की ऊँचाई पर कम, काव्यसंवेदना की गहराई

पर ज्यादा निर्भर करता है। संसार में प्रेम का, सहज संबंध का जो अभाव साधक को सताता है, अपने परमात्मा से दूर होने का जो आध्यात्मिक दर्द कवि को सालता है—वही ऐसे बिंब का रूप लेता है :

कागा सब तन खाइयो चुन चुन खाइयो मांस।
दो नैना मत खाइयो पिया मिलन की आस।।

ठेठ लौकिक प्रेम के संबंध में भी आतुरता और विरह दोनों को नारी के 'आर्केटाइप' के जरिए व्यक्त करने की रूढ़ि 'प्रकृत काव्य परंपरा' में भी रही है। सूफी साधक इस रूढ़ि को आध्यात्मिक अर्थवत्ता से जोड़कर इसे साधना की युक्ति में रूपांतरित कर देते हैं। यह युक्ति कबीर की भाव प्रवण संवेदना में पग कर प्रेम के प्रसंग में लौकिक-आध्यात्मिक के विभाजन का निषेध तो करती ही है—साथ ही कबीर की कविता को नारी संबंधी पूर्वग्रह और नारी की प्रेम क्षमता के स्वीकार के बीच गहरे, व्यंजक द्वंद्व का क्षेत्र भी बना देती है।

कबीर की काव्यसंवेदना का यह द्वंद्व बरबस हमें अन्य रचनाओं की ओर भी ले जाता है—और कुछ ज्वलंत प्रश्नों की ओर भी।

सबसे ज्वलंत प्रश्न तो उन सभ्यताओं और संस्कृतियों की ग्रंथियों का है जो अपने सामाजिक संगठन और सांस्कृतिक रूपाकारों में स्त्री से, खासकर, उसकी 'सेक्सुअलिटी' से भयभीत सी लगती हैं। हम आदिवासी संस्कृतियों की चर्चा तो इस प्रसंग में नहीं कर सकते—बाकी स्वयं को सभ्य कहने वाली सभी परंपराएँ उस स्त्री से कमोबेश आतंकित लगती हैं जो देह और देवी की बजाय व्यक्ति होना चाहे। यही भय है जो नियंत्रण की मंशा को पवित्रता के विमर्श में सँवारकर पेश करता है। स्त्री की सेक्सुअलिटी का यही आतंक है जो सेक्सुअलिटी के अबूझ तथ्य को या तो देवीपन के जरिए हानिरहित—हार्मलेस—बनाने की कोशिश करता है या फिर कामिनीपन के जरिए स्त्री को सेक्सुअलिटी के 'ऑब्जेक्ट' में तब्दील कर देता है। स्त्री स्वयं अपनी सेक्सुअलिटी की—उसके उदात्त और स्थूल आशयों की—कर्ता स्वयं हो तो सभ्यता खतरे में पड़ जाती है, सांस्कृतिक मूल्यों का संकट खड़ा हो जाता है। अपने देश में तो और भी रोचक स्थिति है। यहाँ बहुत से महानुभाव ऐसे हैं जो राजनीति में वामपंथ और सांस्कृतिक विमर्श में दक्षिणपंथ को बड़ी ही सहजता से साध लेते हैं। जिन्हें वर्ग-विमर्श के बड़े स्थूल चौखटे के बाहर किसी भी समस्या पर विचार करना कुफ्र ही लगता है। जो स्त्री को इस लायक भी नहीं मानते कि वह ऐन अपने स्त्रीत्व—अपनी सेक्सुअलिटी—के विचार और व्यवहार की कर्त्ता स्वयं बन सके—और जो बिना किसी उलझन के स्वकीया बनाम परकीया प्रेम को पूरी गंभीरता के साथ काव्यप्रतिमान की हैसियत बख्श देते हैं।

ऐसी कविता बतौर सांस्कृतिक पाठ के भी महत्त्वपूर्ण है जो स्त्री को जीवन के विविध व्यापारों के कर्त्ता की स्थिति में बखानती है ! ऐसी कविता और भी अधिक महत्त्वपूर्ण है जो प्रेम और रति सरीखे नाजुक, आत्मीय प्रसंगों को नारी के कोण से

अनुभूति और अभिव्यक्ति का विषय बनाती है। वजह यह कि प्रेम का भाव मात्र गढ़ी-गढ़ाई सामाजिक मर्यादाओं के लिए चुनौती बन जाता है। परिवार के संबंधों और सामाजिक अस्मिता की परिभाषाओं से बँधा व्यक्तित्व अपने होने का—अपने निजी व्यक्तिभाव का—पहला बोध शायद पहले प्रेम में—किशोरावस्था के प्रेम में ही पाता है। इसीलिए पहला प्यार भुलाए नहीं भूलता। लाख जतन कर लें लेकिन 'लरिकाई को प्रेम' चित्त से दूर नहीं होता। अपने व्यक्तित्व का मोल पहचनवा देने वाला प्रेम किसी भी स्त्री या पुरुष के लिए स्वर्णपात्र से ढँके सत्य के अनावृत्त साक्षात्कार का सा अनुभव है। ऐसा अनमोल अनुभव जिसका मोल प्रेमीजन शब्दशः अपने प्राणों से चुकाते आए हैं। मीराँबाई के राजस्थान में भी और सन् दो हजार के जिला मुजफ्फरनगर के गाँव राजपुर खुर्द में भी।

किसी के अदम्य आकर्षण का केंद्र होना, किसी के जीवन का सार होना—अपने होने की सार्थकता का इससे सघन अनुभव भला क्या हो सकता है ? फिर स्त्री-पुरुष का प्राकृतिक आकर्षण ! कवि तो खैर जानते ही हैं। साधक भी अपनी साधना के निविड़ एकांत में अनुभव करते हैं कि यदि सामाजिक परिणतियों को एक पल के लिए स्थगित कर दें तो स्त्री-पुरुष और भक्त भगवान् के प्रेम में कोई वास्तविक अंतर है नहीं। अनुभूति एक ही है—व्याख्या और संप्रेषण की सुविधा के लिए भले ही आप उसे लौकिक और आध्यात्मिक में विभाजित कर लें। या एक कदम और बढ़ाकर 'लौकिक' को पाप, 'आध्यात्मिक' प्रेम को परम साध्य कह लें। कुछ भी कर लें, लेकिन वास्तविकता यही है कि :

"...संसार भर में प्रेम से अधिक संदिग्ध कुछ भी नहीं। न मनुष्य, न शैतान। वजह यह कि जितनी गहराई से प्रेम आत्मा में पैठता है, और कुछ नहीं। हृदय को प्रेम जैसे भरता है, जैसे बाँधता है—कोई और चीज नहीं बाँधती, नहीं भरती। प्रेम आत्मा को अनंत भूल-भुलैया में ले जाता है—इसलिए जरूरी है कि आपके पास इसे काबू में रखने के अस्त्र-शस्त्र हों। ध्यान रहे कि ये बातें सिर्फ वासनापूर्ण प्रेम पर लागू नहीं होतीं। वह तो है ही शैतान की खुराफात—लेकिन कितना भी डरावना लगे—सच है यही कि स्त्री-पुरुष का प्रेम, यहाँ तक कि ईश्वरीय प्रेम भी उतना ही भयावह है, जितना कि पापपूर्ण प्रेम।" (अंबर्टो ईको के उपन्यास 'नेम ऑफ दि रोज' में फादर अबरटिनो का एक कथन)

व्यक्तित्व के हनन पर आधारित मर्यादा; प्रतिष्ठान का रूप ले चुकी आस्था की मान्यताओं, प्रेम के प्रति उसके संदेह और भय का दुर्लभ रूप से दो टूक बयान है यह। समस्या उन मनुष्यों की है जो आत्मा को अनंत की भूल-भुलैया में ले जाने का जोखिम उठाना चाहते हैं। जो प्रेम को 'आतम साधन सार' में रूपांतरित कर देना चाहते हैं। ऐसे मनुष्य अनजाने ही उस 'मर्यादा' से जिरह करने की स्थिति में आ जाते हैं, उसके 'इंटेरोगेटर' बन जाते हैं जो मर्यादा या तो प्रेम के नाममात्र से बिदकती है या फिर उसे लौकिक-अलौकिक में बाँटकर उसकी प्रश्नाकुलता, उसकी जिज्ञासा-क्षमता को घटाना

चाहती है। अकारण नहीं है कि संस्कृति के जिस पल में 'प्रेम' जितना बड़ा टैबू होता है, उस पल में साधना और कविता की समानांतर दुनिया में लौकिक प्रेम का अलौकिकीकरण उतना ही अधिक होता है—जिसे आचार्य लोग चट से रहस्यवाद कह उठते हैं।

कबीर के मुस्लिम परिवेश में जन्म और उनकी साधना पद्धति में सूफी तत्त्व की उपस्थिति की चर्चा करना इन दिनों 'आउट ऑफ फैशन' है। मजे की बात यह है कि इस एक मुद्दे पर कबीर के 'ब्राह्मणवादी' व्याख्याकारों और उन व्याख्याकारों के 'दलित' आलोचकों के बीच पूर्ण सहमति है। वरना सूफियों के प्रसंग में आचार्य हजारीप्रसाद द्विवेदी के इस सारपूर्ण संकेत से न केवल कबीर की विरह भावना, बल्कि स्वयं उस विरह भावना के मूल स्रोत—नारी रूप धारण—के अर्थ को और बेहतर समझा जा सकता था।

"इन्होंने प्रेम के जिस ऐकांतिक रूप का चित्रण किया है, वह भारतीय साहित्य में नई चीज है। प्रेम की इस पीर के समाने ये लोकाचार की कुछ परवा नहीं करते। भारतीय काव्य साधना में प्रेम की ऐसी उत्कट तन्मयता दुर्लभ थी।" ('हिंदी साहित्य की भूमिका'—हजारीप्रसाद द्विवेदी ग्रंथावली-3, पृ. 82)

कबीर को प्रेमानुभूति में नारी रूप धारण करना पड़ता है—बल्कि कहना चाहिए, ऐसा स्वतः हो जाता है। कवि कबीर की महत्ता इस बात में है कि वे इस 'हो जाने' को संस्कारजनित, आभ्यंतरीकृत सेंसर के हवाले नहीं करते। वे संस्कार-विचार और प्रेम-अनुभूति के इस अंतस्संघर्ष को जितने साहस के साथ जीते हैं, उतनी ही पारदर्शिता के साथ इस अंतस्संघर्ष के साक्ष्य अपनी कविता में छोड़ जाते हैं। कबीर के विचारजगत में जो नारी निंदा मौजूद है, उसका स्रोत वही है जिसकी चर्चा की जा चुकी है—विचार परंपरा और उसे धारण करने वाली संस्कृति में व्याप्त नारी की 'सेक्सुअलिटी' का आतंक ! जो लोग मानते हैं कि साधना की एकनिष्ठा बनाए रखने के लिए माया उर्फ कामिनी उर्फ नारी की निंदा आवश्यक है वे आंदाल और मीराँबाई की साधना के बारे में क्या कहेंगे ? इन्हें तो कहीं पुरुष मात्र की निंदा करने की जरूरत नहीं पड़ती। वे प्रेम के लौकिक-अलौकिक विभाजन को अतिक्रांत कर जाती हैं—अपने नारीत्व के साथ; बिना पुरुष की निंदा किए। क्या इसलिए कि उनका स्त्रीत्व उन्हें ऐसा आत्मज्ञान सहज रूप से ही दे देता है, जैसा आत्मज्ञान पाने के लिए पुरुष विचार के धरातल पर नारी को नींदता है और अनुभूति में स्वयं नारी का रूप धारता है।

बरबस याद आता है, ऐन ओकले के उपन्यास 'दि मेंस रूम' में एक पात्र का कथन :

"अपने आपका जो अहसास, जो आत्मज्ञान स्त्री को अंततः जिताता है; पुरुष में उसी आत्मज्ञान का अभाव होता है।"

यदि प्रेम ही लक्ष्य है, और नारी निंदा साधक के प्रेम को एकनिष्ठ बनाए रखने की युक्ति है, तो साधक लोग सचमुच साधिकाओं से बहुत कुछ सीख सकते हैं। कबीर को

प्रेमाश्रयी नहीं, ज्ञानाश्रयी शाखा से जुड़ा बताने के निश्चित सांस्कृतिक आशय हैं, उनकी ज्ञान प्रक्रिया को 'ज्ञान की प्रकृत पद्धति' के विपरीत बताने के पीछे गहरी सांस्कृतिक राजनीति है। इस राजनीति का विश्लेषण फिर कभी, फिलहाल हम उन कबीर की वाणी सुनें जिन्हें प्रेमाश्रयी नहीं ज्ञानाश्रयी कहा जा रहा है :

"संतौ भाई आई ग्याँन की आँधी रे।
भ्रम की टाटी सबै उड़ाणीं, माया रहै न बाँधी।।

X X

कूड़ा कपट काया का निकस्या, हरि की गति जब जाणी।
आँधी पीछैं जो जल बूड़ा, प्रेम हरिजन भीनाँ।।
कहै कबीर भान के प्रगटे उदित भया तम खीनाँ।।

इस रूपक में ज्ञान की आँधी आरंभ है, परिणति है प्रेम। ज्ञान की आँधी जरूरी इसीलिए है कि प्रेम के मार्ग में संस्कार के रूप में, जड़ मर्यादा के रूप में आने वाली बाधाएँ हट जाएँ। संस्कार गढ़ने वाली संस्कृति जिसे ज्ञान की प्रकृत पद्धति मानती है, वह स्वयं अनभै-साँच के मार्ग में बाधक है—इन सब बाधाओं को हटाते हुए आती है ज्ञान की आँधी, जिसके बाद हरिजन प्रेम में भीग-भीग उठता है। ज्ञान की इस आँधी को संभव करने वाले सद्गुरु के प्रति कृतज्ञता का कारण ही यह है :

सतगुर हम सूँ रीझि कर, एक कह्या प्रसंग।
बरस्या बादल प्रेम का, भीजि गया सब अंग।।

कबीर की काव्यसंवेदना में नारी के प्रश्न पर सर्जनात्मक फाँक इसीलिए है कि दूसरों को चेतावनी देने वाले, साधना की विधि बताने वाले कबीर जो बात साधिका से नहीं सीख पाते, प्रेम में गहरे बूड़ने वाले कबीर सीख जाते हैं। मीराँबाई के यहाँ ऐसी फाँक नहीं है, क्योंकि वे तो समाज और शरीर में भी नारी हैं, मन और साधना में भी। ऐसी फाँक तुलसी के यहाँ भी नहीं है क्योंकि प्रदत्त सामाजिक संबंधों की पवित्रता (अर्थात् मर्यादा) उनके लिए ऐसा अनुल्लंघनीय सत्य है; स्त्री-पुरुष संबंध की पुरुषवादी दृष्टि उनके लिए ऐसा अकाट्य तथ्य है कि प्रेम को स्त्री की तरह जीने की संभावना ही तुलसी की काव्यसंवेदना के लिए अगम्य है। सूफी साधना परंपरा के प्रभाव और 'प्रकृत काव्य-परंपरा' से जुड़ाव के कारण कबीर में यह अनोखी बात है कि उनकी कविता अपने उपदेशक रूप में तुलसी की नारी निंदा के निकट पड़ती है, और अपनी प्रेमानुभूति में मीराबाई के। मीरा की कविता उन मतवाले बादलों से शिकायत करती है जो हरि का संदेस न लाएँ, कबीर की कविता रास्ते के छोर पर खड़ी हर आते-जाते से पीव का एक सबद सुनने को आतुर है। मीराँ के विरह का दुख कोई नहीं बूझ सकता, सिवा स्वयं उनके और उस साँवलिया बैद के जो 'रोगी अंतर्' में ही बसता है—ठीक उस तरह जैसे विरह से बेहाल कबीर का हाल या तो साँई जानता है या चित्त। समाज

की मर्यादावादी दृष्टि से देखें तो गिरिधर के हाथ बिकाणी मीराँ वैसे ही 'बिगड़ गई' है, जैसे कबीर राम से एकाकार होकर–'कहै कबीर जे राम कहैला। बिगरि-बिगरि सो रामहि ह्वैला।'

कबीर की नारी संबंधी दृटि में फाँक इसलिए सर्जनात्मक है कि यहाँ हम संस्कार का रूप ले चुकी विचारधारा के सामने सहज मानवीय संवेदना और बोध को पूरी तेजस्विता के साथ खड़े होते देखते हैं। स्वयं साधना के धरातल पर द्वंद्व है–नारी निंदा की रूढ़ि और नारी रूप धारण करने की युक्ति के बीच। यह द्वंद्व जो कबीर को परंपरा से ही प्राप्त है–कबीर की कविता में और भी रोमांचक बन जाता है–उनकी स्वाभाविक पारदर्शिता के कारण, उनकी अद्वितीय काव्य क्षमता के कारण। यहाँ फाँक सर्जनात्मक होने के साथ-साथ अपने सांस्कृतिक आशयों में भी अत्यंत उत्तेजक और सार्थक है। बार-बार कौंधती है यह सचाई इस फाँक से गुजरते हुए कि महान् कविता विचारधारात्मक ज्ञानमीमांसाओं पर सहज विवेक और अनुभव पर आधारित प्रश्नचिह्न लगाने का काम भी करती है–मर्यादावादी संस्कारों पर टिके संसार के समानांतर संवेदना और प्रश्नाकुलता का एक प्रतिसंसार रचने का काम भी करती है। वस्तुतः प्रेम के लौकिक-अलौकिक विभाजन को अतिक्रांत कर, सारी मर्यादाओं और संस्थाओं के आकलन का मानदंड प्रेम को बनाकर (बजाय इसके, कि प्रेम को संस्थाओं के अनुकूल बना दिया जाए) प्रेम की निजी पीर को हर तरह से अन्याय के प्रतिकार का मुहावरा बनाकर कबीर की कविता यह याद दिलाने का काम करती है, "अच्छर तो हैं दो ही इश्क के, लेकिन है विस्तार बहुत।"

कवि कबीर का नारी रूप इतना निश्छल, स्वाभाविक और वास्तविक है कि वह साधना की युक्ति मात्र होने से कुछ आगे निकल जाता है। यह रूप कबीर का 'एक अन्य' रूप नहीं, उनके आत्म का सर्वाधिक व्यंजक रूप है। केवल साधनात्मक युक्ति के रूप में औरतपन को अपना लेने की बजाय कबीर की कविता प्रेमानुभूति के प्रसंग में नारी की कविता ही बन जाने का बोध कराती है। उनकी ऐसी कविताओं के संदर्भ में 'कबीर' नाम का प्रयोग पुल्लिंग में करना तक अटपटा लगने लगता है। अधिक स्वाभाविक बनेगा, यदि हम कहें कि "कबीर कह रही हैं...'हरि मोर पीव, मैं राम की बहुरिया'–'न हौं देखूँ और कूँ, न तुझ देखन देऊँ', 'तन रति करि मैं मन रति करिहौं', 'साँई के संग सासुर आई'।" लंबी सूची बनाई जा सकती है, ऐसी उक्तियों की, ऐसे मुहावरों की जो नारी की स्थिति और उसके अनुभवों से ही उपजते हैं। सच तो यह है कि ऐसी कविताएँ कबीर के यहाँ खोजने से ही मिलेंगी जहाँ प्रसंग प्रेमानुभूति का हो और कबीर कविता में नारी न बन गए हों। ऐसे प्रसंगों में कबीर को याद नहीं रहता कि नारी की छायामात्र से भुजंग अंधे हो जाते हैं ! ऐसी स्थितियाँ प्रेमालोक की स्थितियाँ हैं–अपनी कमजोरियों को नारी पर थोपने वाले पुरुषदर्प के अंधकार को गला देने वाले प्रेमालोक की !

प्रेमालोकस्नात यह संवेदना ऐसी मार्मिक उक्तियों में फलीभूत होती है, जो स्त्री के

अपने आंतरिक और सामाजिक अनुभवों से उपजे मुहावरे में विन्यस्त है :

मिलन कठिन है, कैसे मिलौंगी पिय जाय।
समुझि सोच पग धरौं जतन से बार-बार डिग जाय।।
ऊँची गेल राह रपटीली पाँव नहीं ठहराय।
लोक लाज की मरजादा देखत मन सकुचाय।।
नैहर बास बसा पिहर में लाज तजी नहिं जाय।

X X X

दूती सतगुरु मिले बीच में दीन्हों भेद बताय।।
साहब कबिरा पिया सों भेट्यो सीतल कंठ लगाय।

प्रेम करती स्त्री के आंतरिक द्वंद्व कितने अनायास ढंग से यहाँ व्यंजित हो रहे हैं—द्वंद्व आतुरता और लाज-संकोच के बीच, द्वंद्व जतन और रपटीली राह के बीच ! सर्वाधिक व्यंजक और मार्मिक है—सद्‌गुरु को दूती कहना। सामाजिक अनुभव के संसार में 'दूती' का कर्म कोई बहुत सम्मानजनक नहीं है, क्योंकि सामाजिक मर्यादा का उल्लंघन करता है वह कर्म। ऐन इसी वजह से कबीर की प्रतिभा उस कर्म को कविता के प्रति संसार में इतना महिमापूर्ण मानती है, क्योंकि पिया से कंठ भर भेंटने के लिए मर्यादाओं के परे जाना अनिवार्य है। परे जाने की राह सद्‌गुरु ने ही कबीर को दिखाई है—दूती सद्‌गुरु ने ! प्रेमानुभूति ही नहीं—मनुष्य के मूलभूत आध्यात्मिक अकेलेपन की व्यंजना करने वाले मार्मिक प्रसंगों में से भी अनेक कबीर ने अपने नारी रूप में सिरजे हैं—रोम रोम में व्याप जाने वाली सम-वेदना के साथ, अकेलेपन के निविड़ साक्षात्कार की सघन संप्रेषणीयता के साथ :

सती पुकारै सलि चढ़ि, सुन रे मीत मसाँन।
लोग बटाऊ चलि गए, हँम तुझ रहे निदान।।

यह तथा ऐसी अनेक अन्य कविताएँ कबीर की उन जीवनासक्ति परक कविताओं के साथ पढ़नी चाहिए, जहाँ वे अपने प्रिय से इसी जीवन में पूरमपूर मिलन चाहते हैं। जीवनासक्ति और मरण की शाश्वत उपस्थिति परस्पर विरोधी नहीं, पूरक भाव हैं—कवि कबीर के बोध में। श्मशान या शव यात्रा का चाक्षुष बिंब कबीर की कविता में बारंबार आता है—अधिकांश स्थानों पर ऐसे बिंब स्त्री की बोध दृष्टि से रचे गए हैं, ठीक वैसे ही जैसे मिलन के अधिकांश बिंब रति के लिए आतुर स्त्री, संकोच और लाज से दबी दुलहिन की दृष्टि से रचे गए हैं। कहीं-कहीं तो दोनों प्रकार के बिंबों का अद्‌भुत संयोग घटित हुआ है :

कौन ठगवा नगरिया लूटल हो।
चंदन खाट कै बनत खटोलना तापर दुलहिन सूतल हो।।
उठो सखी मोर माँग सँवारो दुलहा मोसे रूठल हो।

चारि जने मिलि खाट उठाइन चहुँ दिस धू धू ऊठल हो।
आए जमराज पलंग चढ़ि बैठे, नैनन आँसू टूटल हो।
कहत कबीर सुनो भाई साधो जग से नाता टूटल हो।

मनुष्य, बल्कि प्राणिमात्र के लिए जीवनासक्ति जितनी सहज है, उतना ही वास्तविक है उसका मरणधर्मा होना। कवि कबीर के लिए, प्रेम में नारी बनते कबीर के लिए जितनी आत्मीय है उनके पिया की सेज, उतनी ही निकट है मात्र श्मशान को मीत कहती, चिता पर बैठी सती की पुकार। प्रेम लौकिक-अलौकिक के भेद को ही नहीं, जीवन-मृत्यु के विरोध को भी अतिक्रांत कर जाता है, उसे अवास्तविक बना देता है। इश्क में जीने और मरने के बीच का फर्क मिट जाता है।

कहा जाता है कि दांपत्य रति कबीर के लिए साधना का रूपक है। हो सकता है कि यह बात उस सूफी साधना के बारे में सच हो, जहाँ से कबीर की संवेदना में यह तत्त्व आया है। जहाँ तक स्वयं कबीर की बात है, उनकी कविता से गुजरते हुए तो लगता है कि उनकी साधना ही प्रेम के सबसे संश्लिष्ट रूप—दांपत्य रति—का रूपक है। उनका समर्पण, प्रेमावेश, विरह और उनकी कटूक्तियाँ भी मार्मिक इसीलिए हैं कि उनकी कविता जीवन और मृत्यु दोनों से ही प्रेम का अवकाश—स्पेस—तलब करती है। अपने जीवन यथार्थ में प्रेम के पवित्र अनुष्ठान और उसकी स्वाभाविक परिणतियों की गुंजाइश कबीर को नजर नहीं आती। इसीलिए उनकी संवेदना उस यथार्थ को निर्धारित करने वाली विचारधारा और ज्ञानमीमांसा पर इतने कड़वे और चुटीले आक्रमण करती है। उनकी साधना स्त्री-पुरुष के संबंध को कविता के समानांतर संसार में सिरजती है। प्रदत्त विचार के संसार में भले ही स्त्री 'माया' हो—लेकिन कविता के संसार में तो वही प्रेम की विधायिका, कर्ता और द्रष्टा है। इस संसार में कबीर की कविता जिसे प्रेम करती है—उस राम को ही 'जगजीवन' और 'परमानंद' कहती है। यथार्थ के संसार में प्रेम जितना असाध्य है, कविता के संसार में उतना ही नित्य। उस समांतर संसार से कबीर की संवेदना शक्ति पाती है—यथार्थ संसार से टकराने की, उससे जिरह करने की और मानो अपने प्रिय राजा राम भरतार से यह कहने की, मेरे लिए इतना ही काफी है कि उसी हवा में चलती है मेरी साँस जिसमें आपकी।

मिलान कुंदेरा का उपन्यास 'इम्मॉरेटिलिटी' एक जगह कहता है, ''अरागाँ का कथन है 'स्त्री ही मनुष्य का भविष्य है'—मतलब यह कि जो दुनिया पुरुष की छवि में रची गई थी, अब स्त्री की छवि में रूपांतरित होने को है। दुनिया जितनी तकनीकी, यांत्रिक, ठंडी और धातुवत् होती जाएगी, उस ऊष्मा की जरूरत उतनी ही बढ़ती जाएगी—जो ऊष्मा केवल स्त्री दे सकती है। यदि हम दुनिया को बचाना चाहते हैं, तो हमें स्त्रीत्व अपनाना होगा। स्त्री की अगुआई स्वीकारनी होगी। शाश्वत स्त्रीत्व को अपने

आपमें व्यापने देना होगा।''

कबीर की काव्य-संवेदना वस्तुतः शाश्वत स्त्रीत्व को अपने आपमें व्यापने देने के अंतस्संघर्ष का मार्मिक साक्ष्य देती है। इस अंतस्संघर्ष में भाषा के दो मुहावरे आपस में टकराते हैं। रीति-रिवाज, धर्म-कर्म और प्रदत्त मर्यादा का पुरुषोन्मुख मुहावरा नारी-निंदा कराता है, तो साधना का प्रेमोन्मुख मुहावरा कवि को नारी ही बना देता है। मदमाता आवेश और तड़पता विरह स्वयं एक नैतिक प्रतिमान का सृजन करता है; यह नैतिक प्रतिमान उपलब्ध मर्यादा के प्रतिमानों से कबीर की तीखी जिरह का आधार बन जाता है। वे प्रतिमान चाहे वेद के हों चाहे किताब के। वर्णाश्रम के हों चाहे हठयोग के—कबीर के प्रेमपगे व्यक्तित्व को अपर्याप्त बल्कि बाधक प्रतीत होते हैं। इन प्रतिमानों के बरक्स कबीर की कविता प्रेम को ही कसौटी बनाती है। वंशगत मर्यादा, जातिगत 'स्वधर्म' का दो टूक नकार कबीर को हर व्यक्ति को प्रतिष्ठा देने वाली प्रेमभक्ति और उस पर आधारित 'रहनि' की ओर ले जाता है। कबीर की कविता एक ही साथ फंतासी और प्रेरणा दोनों बन जाती है। फंतासी की एक अभिव्यक्ति है—प्रदत्त सामाजिक संबंधों के मूल तर्क को स्पष्टतः नकारते हुए प्रेमपगी भक्ति की 'रहनि' से स्पंदित संबंधों का उज्ज्वल लोक रचना। दूसरी अभिव्यक्ति है संस्कारगत नारी निंदा के बावजूद अपने इस अंतर्लोक में प्रेम को—उसकी उदात्त पीर को पूरेपन में जीने के लिए, प्रेम के लौकिक-अलौकिक विभाजन को व्यर्थ करने के लिए, उसमें उमगने और सकुचने के लिए कविता में स्वयं नारी बन जाना।

ऐसा लग सकता है कि कबीर 'जानबूझकर', सायास अपनी भाषा का ऐसा प्रतिसंसार, कविता का अपार संसार रचते हैं जिसमें प्रेम का कर्त्ता शाश्वत स्त्रीत्व ही हो सकता है। यह लगना वस्तुतः व्याख्या की सीमा है। प्रेम-सत्य के अनुभव को भाषा में निरूपित करने की सीमा। प्रेम में तो ऐसा हो जाता है, किया नहीं जाता। कबीर किसी 'पॉलिटिकली करेक्ट प्रोजेक्ट' के तहत कविता में नारी नहीं बनते। उनके कविमन में संचित अनुभव और स्मृतियाँ उनकी अनुपम प्रेमवेदना के क्षणों में, अपूर्व आकांक्षा के प्रज्ञापूर्ण क्षणों में उन्हें नारी बना देते हैं। कबीर की महत्ता इस बात में है कि वे कम-से-कम कविता के क्षणों में तो शाश्वत स्त्रीत्व को अपने आपमें व्यापने देते हैं। उनकी कविता की महत्ता इस बात में है कि वहाँ रचा गया प्रतिसंसार—वहाँ रची गई फंतासी भावक को प्रेरणा भी देती है—इस अंतस्संघर्ष से गुजरने की। सबद निरंतर के सहारे बाहर-भीतर दोनों धरातलों पर चलने वाले अंतस्संघर्ष से गुजरने की प्रेरणा। खासकर पुरुषभावकों के लिए प्रेरणा कि वे ''शाश्वत स्त्रीत्व को अपने आपमें व्यापने दें।''

नारी निंदा और नारी रूप का यह सह-अस्तित्व कुछ लोगों को बिगूचन (भ्रांति—कबीर का अपना शब्द) का प्रमाण लग सकता है। वह है भी। मनुष्य के अंतर्मन की जटिलताओं का 'बिगूचन'—जिसे प्रेम ही थोड़ा बहुत खोल पाता है। नारी बनने की साधनात्मक युक्ति अपनाते-अपनाते कबीर उस युक्ति से आगे बढ़ जाते हैं—क्योंकि वे

कवि हैं। उनकी कविता नारी के समर्पण भाव के साथ उसकी सामाजिक स्थितियों की व्यंजना भी करने लगती है। इसीलिए यह बिगूचन रोमांचक और मादक तो है ही—विचारोत्तेजक भी है। साधना में नारी भाव साधते-साधते कवि कबीर नारी की नियति और उसकी मनोरचना से तद्रूप हो जाते हैं, कुछ-कुछ वैसे ही जैसे राम के साथ—'तूँ तूँ करता तूँ भया—मुझमें रही न हूँ।'

सारी सांसारिक बाधाओं के बावजूद सतत स्मरण ऐसा ही चमत्कार करता है। अत्यंत संवेदनशील कवि कबीर ही के यहाँ नहीं, भक्ति को दार्शनिक प्रतीति के रूप में साधने वाले साधकों के यहाँ भी :

भवद्भक्तस्य संजातभवद्रूपस्य मेऽधुना
त्वामात्मरूपं संप्रेक्ष्य तुभ्यं मह्यं नमोनमः

[2000]

नामानुक्रमणिका

●●●